赣南师范大学学术著作出版专项经费资助项目

内方外圆

中国企业驻沙特人员跨文化适应研究

赵光存　著

光明日报出版社

图书在版编目（CIP）数据

内方外圆：中国企业驻沙特人员跨文化适应研究 /
赵光存著. -- 北京：光明日报出版社，2023.5
ISBN 978 - 7 - 5194 - 7331 - 0

Ⅰ.①内… Ⅱ.①赵… Ⅲ.①企业管理—跨文化管理
—研究—中国 Ⅳ.①F279.23

中国国家版本馆 CIP 数据核字（2023）第 114530 号

内方外圆：中国企业驻沙特人员跨文化适应研究

NEIFANG WAIYUAN：ZHONGGUO QIYE ZHU SHATE RENYUAN KUAWENHUA
SHIYING YANJIU

著　者：赵光存

责任编辑：李壬杰　　　　　　　责任校对：李　倩　龚彩虹
封面设计：中联华文　　　　　　责任印制：曹　净

出版发行：光明日报出版社
地　　址：北京市西城区永安路 106 号，100050
电　　话：010 - 63169890（咨询），010 - 63131930（邮购）
传　　真：010 - 63131930
网　　址：http：// book. gmw. cn
E - mail：gmrbcbs@ gmw. cn
法律顾问：北京市兰台律师事务所龚柳方律师

印　　刷：三河市华东印刷有限公司
装　　订：三河市华东印刷有限公司
本书如有破损、缺页、装订错误，请与本社联系调换，电话：010 - 63131930

开　　本：170mm×240mm
字　　数：248 千字　　　　　　印　　张：13
版　　次：2023 年 5 月第 1 版　　印　　次：2023 年 5 月第 1 次印刷
书　　号：ISBN 978 - 7 - 5194 - 7331 - 0
定　　价：85.00 元

推荐序一

赵光存博士，是我近年来培养的博士生中年龄"偏大"的一位。他为人谦和，学习刻苦，骨子里有一股不服输的韧劲，是一位有理想抱负、积极向上的大男孩。在读博期间，他把自己的学习计划和日常生活安排得井然有序，除了上课、参加学术会议、外出调研，以及必要的运动锻炼等，大部分时间都泡在图书馆里埋头苦读。在这期间，他发表了四篇学术论文，参加了六次国内学术会议和一次在香港中文大学举办的国际学术会议。为了获得撰写博士学位论文的第一手语料，他还两次出国进行调研，深入十多家驻外中国企业项目部，并在沙特哈立德国王大学进行了为期四个月的短期访学。可以说，赵光存同学的博士学位论文是一步一个脚印、扎扎实实做出来的。

前几天，光存来信要我为他的新书《内方外圆：中国企业驻沙特人员跨文化适应研究》作序。作为他的导师，我倍感欣慰，也替他高兴，毕竟他花费大量的心血写就的博士学位论文终于可以出版成书了！至于如何作序，我考虑再三，还是想多谈谈他这本书的独特之处。

第一点，本书的写作背景是"自中国加入WTO以来，一大批中国企业走出国门，进入国外投资、经商或承建项目。进入异文化环境中，中国企业及企业管理人员也必然会遇到跨文化适应问题"。选题非常契合中国企业"走出去"发展战略和"一带一路"倡议，具有很强的理论意义和现实意义。

第二点，本书是基于作者扎实的调研撰写而成的。赵光存博士用两年多的时间对46位驻外中国企业管理人员和17位沙特人及其他外籍人员进行了深度访谈，并通过参与式观察法对驻外某中国企业进行了为期一个月的实地调研，还在沙特哈立德国王大学进行了为期四个多月的短期访学。通过对所获语料的翔实分析，生动具体地回答了有关中国企业驻外人员跨文化适应的相关问题。

第三点，本书以跨文化适应经典理论、跨文化适应影响因素理论、中国文化中"内方外圆"的思想作为理论支撑，深入探讨了驻沙特中国企业管理人员在生活、工作、交往、心理等维度的跨文化适应问题，总结了中国企业管理人员跨文化适应的三大影响因素，提出了中国企业管理人员跨文化适应的新模型理论，阐述了中国文化中"内方外圆"的智慧，并就中国企业驻外人员跨文化适应问题提出一系列思考。

　　总之，本书将理论和实践相结合，运用扎根理论，将上百万字的语料进行编码、分类、统计、描述，然后建构起本土化的跨文化适应理论，再结合中国传统文化的精髓，将跨文化适应研究打上中国的烙印。本书内容新颖、语言流畅，并提出一些原创性的观点和理论，呈现给读者关于中国企业驻外人员跨文化适应的新视角。最后，我想送给光存博士一句话：老骥伏枥，志在千里！更何况你还年轻，正处于职业和学术生涯的黄金期，未来之路一定会前程似锦，无限光明！此为序。

郑立华

2021 年 9 月 1 日　于广东外语外贸大学

推荐序二

　　赵光存老师的博士论文即将转化为专著出版，嘱我作序。赵老师是我在广东外语外贸大学攻读博士学位期间的同期好友，得知他的博士论文定稿付梓的消息，不禁为他感到开心，但也自忖对其选题的生疏，恐难将其研究中的精妙之处提点到位。但三年的同窗时光，使我对赵老师如何凝萃出这一百余页的研究论文有着切实直观的记忆。通读完这份书稿，更使我对跨文化研究领域及这位好友的治学品性有了更为丰满的认知。特此作序，谨为诸位读者抛砖引玉。

　　此研究围绕驻沙特中国企业管理人员的跨文化适应问题展开探讨。文化层面的研究本已颇具难度。因为当我们谈及"文化"时，论述的重点便聚焦在"普遍性"（universal）的概念上，是针对某一特定群体的共性特征所进行的症候式查究，需要从物质、精神、社会、价值等诸多宏观维度作出统观，这本身就对研究者的认知广度提出了较高要求。而跨文化适应问题，更需要对所"跨"的两种文化都有着较为深刻的认知，如此才能真正呈现出文化之间的差异与冲突所在。文化的宏观性注定了切入视角的多元特质，而跨文化适应问题的提出，更迫使研究者必须沉浸至深厚的文化冲突逻辑中去寻找答案。既要"广"又要"深"，跨文化研究者所面临的种种困难可想而知。

　　如何在选题上迎难而上、如何通过限定范围来逐一化解困难？在我看来，此篇研究就此问题提供了一个颇具参考价值的范例。赵老师的导师郑立华教授长期致力于跨文化领域的研究，其所带领的跨文化研究团队在中外企业及企业人员的跨文化适应问题方面深耕多年，"外国企业在中国"和"中国企业在海外"两个专题的研究成果成绩斐然。在加入导师的研究团队后，赵老师便将目光聚焦到中国企业在中东地区的跨文化适应问题上。一方面，赵老师将中国企业管理人员选作研究对象，由于研究者与研究对象有着共同的母文化背景（中国文化背景），这不仅有助于实证调查的顺利开展，更为理解研究对象的跨文化适应行为奠定了良好的经验基础；另一方面，将沙特选作跨文化适应的研究背景，这不仅能够反映出中国企业在国外所遇到的文化适应问题，同时也能够以见微知著的方式，集中呈现出中国企业在沙特所遇到的诸多跨文化适应问题。研究者以导师团队的丰富的研究经验为依托，以横跨了中国"母文化"与"他文化"的企业管理者们为切入口，围绕着跨文化者对"他文化"的认知、跨文化者在"他文化"中的适应两个大问题铺陈开来，从生活中的"食""居""行""交"、工作中的"内""外""上""下"等多个维度展开研究，以小窥大、由点及面，选题的深度与广度由此得以平衡。

知易行难。对于博士生来说，在文献研读、田野调查、后期数据分析、论文撰写等诸多繁重的工作面前，三年时光不过白驹过隙。如何在有限的时间内将清晰可行的逻辑框架变为厚实丰硕的研究成果？这考验的便是研究者的决心与毅力了。我与赵老师同期进入广外攻读博士学位，他是我们这一期博士生中为数不多的按时三年毕业的同学之一。赵老师不只是如期完成了博士论文，还获得了博士生国家奖学金和"广东外语外贸大学优秀博士毕业生"的称号。而这一切成绩的背后，都与他强烈的学习能动性和自律、积极的生活方式密不可分。我们同期的博士同学都把他称作"正能量"，这个称号他当之无愧。课堂上的他认真活跃，老师们都对他有着较深的印象。除了外出访学之外，图书馆和学校的运动场便是他三年读博期间的每日打卡地。我至今仍记得他的作息规律：清晨先到操场慢跑、晨读英语，早餐后直奔图书馆开始工作，午饭午休后继续在图书馆工作至四点左右，然后与其他博士同学打篮球，晚饭后又回到图书馆继续工作。规律、自律的作息不仅使他每日都保持着饱满的精神状态，更使得他的学问在日积月累的坚持中有了质的提升。

初认识赵老师时，我还隐隐觉得他这种一丝不苟的作息有些刻意而为的意思。后来与他谈天时才知道，他这种孜孜不倦的踏实做派，其实是一直以来的生活态度与自幼养成的习惯。他出生于安徽农村，打小就喜欢读书，19岁时做了乡村教师；后来读了本科后，进入乡镇中学做老师；再后来又去广西师范大学攻读硕士学位，毕业后进入高校工作；而今博士毕业，任教于赣南师范大学。这一路教学相长的人生履历，就在这一步一台阶的努力中逐渐书写而成。而生活中，有多少人，是在他曾经走过的台阶上便停住了求索的脚步，只求安于现状。这种永不停歇的求知求真的态度，是学术人最难能可贵的品质。也正因为有了这份执着，才有了如今这本沉甸甸的研究专著。

论证严密、视域深广的选题，再加上踏实努力的治学品性，赵老师的博士论文初稿洋洋洒洒写了七十万字，后来删繁就简，雕琢打磨，压缩至二十多万字。这部研究专著语言流畅生动，读来甚为有趣，里面不仅有对跨文化适应理论的提炼与升华，更有诸多鲜活的在沙中国企业人员的案例分析。它不仅丰富了观瞻沙特社会的多维度视角，更从理论层面为中国企业实施"走出去"战略提供参考与指导。如果您对跨文化、国别和中东地区跨国企业等方面的研究感兴趣，不妨一读此书，其中或不无裨益。

沈绍芸

2021 年 9 月 13 日 于广外校园

目　录
CONTENTS

第一章

引　言

一、选题依据

一方面，选题过程受到研究团队影响，经历了一个由宽泛到适切的窄化过程。另一方面，研究驻沙特中国企业管理人员的跨文化适应问题与中国企业"走出去"发展战略高度契合。在本研究中，对"跨文化"与"适应"的英译形式进行了详细辨析，并对选题中的核心概念，如"企业""驻沙特中国企业""驻沙特中国企业管理人员"等进行了明确界定。

1. 选题来源

研究题目的确立，是因为笔者感佩于导师所带领的跨文化研究团队对企业跨文化适应问题的持续关注及取得的突出成果，从而萌发对驻沙特中国企业管理人员的跨文化适应问题进行研究的想法。再结合研究者本人的学术背景，并对该研究的可行性进行综合研判之后，最终确定题目。同时，该选题也契合眼下中国企业"走出去"发展战略和"一带一路"倡议。

（1）跨文化研究团队的影响

多年来，笔者一直关注导师及其带领的研究团队所进行的跨文化研究，并认真研读了相关论文和专著。另外，笔者自博士入学以后，便很快加入导师的"中国企业在海外"的跨文化研究团队。加入团队以后，逐渐了解到，近些年来导师及其带领的跨文化研究团队一直致力于中外企业及企业人员的跨文化适应问题的研究，即"外国企业在中国"和"中国企业在海外"的跨文化适应研究，而且成绩斐然，已陆续出版了跨文化研究系列丛书。但是，这些研究成果还没有涉及对中国企业在世界中东地区的跨文化适应问题的研究。因此，在选择研究方向时，很自然地产生了对驻沙特中国企业管理人员跨文化适应问题进行研究的想法，从而洞窥驻外中国企业管理人员的跨文化适应状况。

（2）选题开展的可行性

本研究具有一定的可行性，表现在以下几个方面。

首先，有找到受访者的可能性。本研究主要采取的研究方法是深入访谈法。本研究最大的困难就是要找到受访对象，但是因为有导师的引荐和帮助，以及某中国企业项目部的大力支持，笔者完全有可能对从国外回国的中国企业管理人员进行深入访谈，并通过滚雪球的方式，联系更多的深访对象。这些回国人员大多是曾经在沙特工作过至少一年以上的中国企业管理人员，而且多集中在广州市区，对他们进行访谈是可行的。

其次，有去沙特调研的可能性。笔者可以通过某中国企业项目部的邀请获得出国调研的签证许可，在国外短期逗留是没有问题的；并通过向沙特哈立德国王大学提交访学申请的方式，获得出国访学机会。这样，笔者就可以亲赴沙特，真切感受和体验跨文化活动发生的现场，避免仅靠回国受访者的"一面之词"和"道听途说"之嫌，也为进一步深访驻沙特中国企业管理人员、沙特人以及其他外籍人员提供了有利条件。通过深访、观察，以及亲身体验和感受，全面了解中国企业管理人员跨文化适应状况，并反向了解外国人眼中的中国人以及中国企业的真实情况，以此来验证国内访谈语料中所呈现的问题。

最后，研究者本人的学术背景和语言能力有助于完成研究任务。笔者硕士阶段攻读的专业是外国语言学及应用语言学，研究方向是跨文化交际，而博士阶段攻读的专业是比较文化研究，研究方向是跨文化研究，因此，两阶段的学术方向有一定的互补性，有助于研究的顺利进行与完成。另外，在沙特，英语是除当地语之外最重要的交际语言，而笔者多年来一直坚持学习英语，取得了全国英语笔译二级证书（Translator Level II），英语口语和书面语的表达能力都能胜任在沙特的访学及调研任务。这些都为本研究提供了有利条件。

（3）选题契合企业"走出去"战略

本研究契合眼下中国企业"走出去"发展战略，选题具有一定的必然性。中国企业要走出去，外国企业要引进来，跨文化交际已成常态。但在这一往一来之间，难免会产生跨文化碰撞与冲突，直接影响中外贸易交往的顺利进行。特别是自2001年中国加入WTO之后，2002年党的十六大报告提出要全面提高对外开放水平，中国企业应坚持"走出去"和"引进来"相结合，第一次将中国企业"走出去"提升到国家发展战略高度。2007年党的十七大报告进一步指出，坚持对外开放的基本国策，把"引进来"和"走出去"更好地结合起来，预示着我国"引进来"和"走出去"的双向开放向纵深发展（赵杰，2014）。2012年党的十八大报告再次重申完善开放型经济体系时，对开放型经济体系的内容作了与时俱进的界定，用"多元平衡"替代了十七大报告的"内外联动"。多元平衡，就是既要加强与发达国家的经贸合作，也要加强同发展中国家特别是新兴经济体和周边国家的经贸合作，增强对外经济的稳定性。加快实施"走出去"战略、促进贸易平衡发展等，其基本要求是"推动开放朝着优化结构、拓展深度、提高效益方向转变"。加快走出去步伐，培育一批世界水平的跨国公司（杜飞进，2013）。2017 年党的十九大报告提出了"全面开放新格局"的思想，指出中国开放的大门不会关闭，只会越开越大。要以"一带一路"建设为重点，坚持"引进来"和"走出去"并重，遵循共商、共建、共享原则，加强创新能力开放合作，形成陆海内外联动、东西双向互济的开放格局（《新长征》编辑部，2017）。党的二十大报告指出，"共建'一带一路'成为深受欢迎的国际公共产品和国际合作平台"，并提出了"推动共建'一带一路'高质量发展"的要求。共建"一带一路"倡议提出 9 年来，从夯基垒台、立柱架梁到落地生根、持续推进，取得了令人瞩目的丰硕成果，共建"一带一路"的朋友圈越来越大，合作质量越来越高，发展前景越来越好。作为世界第二大经济体，中国在追求实现自身现代化的同时，坚定历史自信，增强历史主动，同共建各方共同努力，推动共建"一带一路"高质量发展，必将为促进世界经济增长、增进各国人民福祉、推动构建人类命运共同体作出更大贡献（《光明日报》，2022）。

可见，中国企业走出去，是国家全面开放的发展战略，势在必行。中国企业走出去，通过独资、合资、合作、特许经营和外包等形式，彻底改变了传统的以国内经营为主的经营方式。企业国际化过程中处于不同的、复杂的经营环境，其环境由单一的、同质的文化转向多元的、异质的、复杂的文化，彼此之间的相互作用在深度和广度两个层面上都超越了以往的程度，其经营活动越来越多地渗透进文化的色彩（赵云龙，2012）。因此，研究中国企业走出去过程中所面临的跨文化冲突与跨文化适应问题，建构跨文化适应理论，并提出建设性应对策略，为中国企业"出海"提供理论与实践支持，意义深远。

综上所述，本研究题目来源与选题过程既是深思熟虑的结果，也有一定的形势必然性，并经历了一个从选题过大到选题适切的细化过程。研究背景为中国企业进驻的国家沙特，研究对象为驻沙特中国企业及中国企业管理人员，研究焦点集中在跨文化适应方面。研究者本人结合自身优势和学术背景，并通过熟人介绍与支持，通过对回国中国企业管理人员、仍在沙特工作的中国企业管理人员、沙特人和其他外籍人员的深入访谈，再结合研究者本人在沙特的生活学习体验及参与式观察，获得了丰富的第一手语料。本研究希望以驻沙特中国企业及中国企业管理人员的跨文化适应问题为突破口，洞悉中国企业跨文化适应状况与中国企业管理人员所遇到的各种跨文化适应问题，找出症结、分析原因、寻求对策，从而为"出海"中国企业的发展提供理论和实践支持。

2. 选题概念界定

本部分内容是对选题概念的界定，即对选题中的关键词进行辨析，追根溯源，厘清选题概念。考虑在本书后边的章节中会详细阐述"跨文化适应"的概念及相关理论，此部分不对其作概念分析与界定，仅对"跨文化适应"的英译形式进行讨论。这样的讨论也是从另一个视角对"跨文化适应"概念进行剖析，有助于我们对"跨文化适应"有一个更为全面的了解。同时，本部分还会结合研究实际，对"企业""驻沙特中国企业""驻沙特中国企业管理人员"等概念进行简单梳理，并阐明这些概念在本研究中的意义。

(1)"跨文化适应"英译辨析

汉语中"跨文化适应"有固定的表达，"跨"和"适应"没有变体。"跨"（字源）是形声字，足为形，夸为声。一说跨是形声兼会意字，夸兼表义，表示分开两条腿，以便越过（《古代汉语字典》，2007）。"跨"，渡也。从足，夸声。（译文）跨，越过。（注释）跨：《段注》："谓大（拉大）其两股间（两腿的距离），以有所越也"（许慎，1997）。这样从形、音、义三方面基本固定了"跨"的表征形式。"适应"，（动词）适合（客观条件或需要）。并列式：适+应，适应环境（作谓语）（《现代汉语辞海》，2003）。这样的注解确定了"适应"的意义、用法及书写形式。但如果对"跨文化适应"进行英译，可能会有多种表达，如 Intercultural（or Cross-cultural）Adaptation（or Adjustment）等。因此，有必要对 intercultural 和 cross-cultural，以及 adaptation 和 adjustment 两组词进行辨析，从而为选题的英译给出一个相对合理的解释。

"跨文化"英译辨析：此处主要对 intercultural 和 cross-cultural 进行辨析。根据林大津的观点，"intercultural 与 cross-cultural 的细微差别可以忽略不计，行文中该用哪个除了考虑上下文修辞需要外，完全是个人偏好之事"（林大津，1996）。但林大津（1996）引用 Kitao（1985）的一段英语原文，意思是"intercultural communication 包括跨种族交际（inter-racial communication）、跨族群交际（inter-ethnic communication）、跨文化比较（cross-cultural communication）和跨民族交际（international communication）"。由此可见，intercultural 是 cross-cultural 的上义词。紧接着，林大津又援引胡文仲的观点，关于"跨文化交际"，早期有人称 cross-cultural communication，现在多用 intercultural communication。而且与"跨文化交际"相关的两个国际型组织均用 intercultural，即 The Society for Intercultural Education, Training and Research 与 The International Association for Intercultural Communication Studies。可见，"跨文化"一词的翻译，intercultural 的接受度更广一些。

Stella Ting-Toomey（2007）认为，intercultural 和 cross-cultural 两者都是指交往过程，但 cross-cultural 强调文化冲突类型的差异比较，而 intercultural 则强调不同文化群体间的人际互动。intercultural communication（跨文化交际）就是具有不同"信仰、价值观、行为准则和交际脚本"文化群体成员间的交际。因此，"跨文化交际"的翻译，Stella Ting-Toomey 更偏向于 intercultural communication。Myron W. Lusting & Jolene Koester（2007）持相似的观点。他们认为，cross-cultural 主要是对许多文化中的某一个特殊的思想或概念进行研究，所进行的多为文化内分析，如研究多种文化中的婚礼问题，多为静态的跨文化对比。intercultural communication 涉及来自不同文化背景人群的互动，而 cross-cultural communication 则涉及来自同一文化人群与来自不同文化人群互动的比较。即 intercultural 更强调文化间的互动，通过互动增进彼此的了解，从而为更进一步的交流打下基础；而 cross-cultural 更强调不同文化背景人群之间互动的比较，强调静态的对比。

可见，当 intercultural 与 cross-cultural 跟 communication 连用时，两者的区别与联系对"跨文化适应"中"跨文化"的翻译有一定的启迪意义。总结起来就是，intercultural 比 cross-cultural 的含义更宽泛一些，概括性更强一些，接受度更广一些。另外，intercultural 更强调动态的人际互动，而 cross-cultural 更强调静态的文化对比。这说明，"跨文化适应"中"跨文化"一词的翻译，用 intercultural 更普遍、更稳妥，接受度更高。

"适应"英译辨析：此处主要对 adaptation 和 adjustment 进行辨析。Stella Ting-Toomey（2007）对"跨文化适应"（intercultural adaptation）定义如下："The intercultural adaptation process is defined as the degree of change that occurs when individuals move from a familiar environment to an unfamiliar one"。可见，"跨文化适应"是指个体进入异文化中所发生变化的程度，也是个体由熟悉的文化进入陌生文化环境中逐渐适应的动态过程。此时的"适应"（adaptation）并非指"旅居者在执行中短期外派任务期间的适应过程（adjustment）"（More specifically, the term, adjustment has been used to refer to the short-term and medium-term adaptive process of sojourners in their overseas assignments. ）；或"移民或难民适应新环境的长期的变化过程（acculturation）"（In contrast, the term acculturation has been employed in the intercultural literature to describe the long-term change process of immigrants or refugees in adapting to their new homeland. ）；抑或"'陌生人'对母语文化持续的、基本的社会化以将原初文化价值观内化的过程（enculturation）"（Enculturation, on the other hand, often refers to the sustained, primary socialization process of strangers in their original home or natal culture wherein they have internalized their primary cultural values.), 而是"旅居者或移民进入新环境中身份认同日益变化的过程（adaptation）"（The term intercultural adaptation refers to the incremental identity-related change process of sojourners and immigrants in a new environment. ）。

　　可见，不同群体进入异文化中的变化或适应过程，Stella Ting-Toomey 使用了不同的表达方式，如 adjustment, acculturation, enculturation 及 adaptation。但通过对"适应"的四种表述进行对比分析，我们发现，表达"适应"之义，"adaptation"含义更全面、更具概括性。杨军红（2005）对 adaptation, acculturation 和 enculturation 三个单词的辨析，更清楚地体现了它们之间的差异。culture adaptation 指的是"个体从一种文化转移至另一种与其当初生活的文化不同的异质文化中后，个体基于对两种文化的认知和感情依附而做出的一种有意识、有倾向的行为选择和行为调整"。acculturation 指"个体从当初所熟悉的母体文化进入异质文化后产生的行为变迁和适应过程，因而它是一种他文化适应或外文化适应"，是"再社会化"，或"涵化""濡化"。adaptation 强调的是一种部分的"行为选择"和"行为调整"，而 acculturation 则是一种"他文化的融入"，比前者更广泛和深刻。因此，前者多用于旅居者的短期适应，而后者多用于长期移民的文化适应。enculturation 指"个体在社会化的过程中对母体文化的价值观和习俗等的学习和适应过程，因而它是一种自文化适应或内文化适应"。所以，enculturation 是个体在早期社会化过程中的一种文化适应，而 acculturation 则晚于 enculturation 而发生，往往是再社会化过程中的一种文化适应。

　　综上所述，本书题目中"跨文化适应"的英译，笔者更倾向于使用"intercultural adaptation"。因为"intercultural"相较"cross-cultural"更能体现中国企业管理人员进入沙特之后的跨文化互动过程。他们立足自身文化背景，又不囿于自身文化的束缚，并能作出适当调整和改变，或积极适应沙特社会文化环境，这显然是一个动态的、人际的、跨文化过程（a dynamic interpersonal intercultural interaction process）。之所以选择 adaptation 而非其他表达，因为 adaptation 更强调个体进入异文化环境中通过部分的"行为选择"和"行为调整"，以使言行举止得体与恰当（apt），尤其指旅居者的跨文化适应，而非移民的跨文化适应（acculturation），或早期社会化过程中的文化适应（enculturation）。综合来看，选择 adaptation 更合理一些。当然，把"跨文化适应"翻译成"intercultural/cross-cultural adaptation/adjustment"都是可以的，用它们作为关键词进行外文搜索时，都能搜索到有关"跨文化适应"的文献。但鉴于本研究的特殊性，以及

2

基于以上的文献分析及词源探索，本书更倾向于将"跨文化适应"翻译成"Intercultural Adaptation"。

（2）"企业"概念及特点

"企业"一词，是由英语单词 enterprise 翻译而来，国外通常把它作为工商业组织的全称。传统的观点认为，企业是一种具有法人资格、以盈利为目的，并承担一定社会责任与市场风险的经济组织。企业是拥有有形资产和无形资产的社会组织，是采用现代化生产技术和市场营销手段从事生产、流通、服务等活动的经济组织，是实行"四自"（自主经营、自负盈亏、自我约束、自我发展）要求以盈利为目的的商品生产经营组织，是具有一定权利和义务的法人组织（谢立仁等，2002）。周颖、杜玉梅（2006）对企业的概念作了如下陈述：企业指为满足社会需要并获取盈利，实行自主经营、自负盈亏、独立核算，具有法人资格，从事商品生产和经营的基本经济单位。百度搜索给出的关于"企业"的解释大同小异：企业一般是指以盈利为目的，运用各种生产要素（土地、劳动力、资本、技术和企业家才能等），向市场提供商品或服务，实行自主经营、自负盈亏、独立核算的法人或其他社会经济组织。

综合以上观点，不同学者对"企业"所下的定义大致包含了这些关键词：盈利、"四自"、法人、生产要素、商品生产、流通、服务、分工、管理、组织、契约等。由此可以对"企业"一词作出这样的定义：企业是以盈利为目的，运用各种生产要素，通过分工合作与协调管理，从事商品生产、流通、服务，并实行"四自"管理，具有法人资格和高度契约化的经济单位。

（3）"驻沙特中国企业"界定

首先，一般按所有制性质划分，中国企业包括国有企业、集体企业、私营企业和混合制企业。国有企业又称全民所有制企业，是指所有权为国家所有，依法注册、登记，自主经营、自负盈亏、独立核算的生产经营组织。国有企业具有法人资格，对国家授予其经营管理的财产承担民事责任。国有企业财产属于国家所有，对国家负责，经营目标是确保国有资产增值和保值。集体企业即集体所有制企业，是指所有权属于人民群众集体所有，依法注册、登记的生产经营性组织。它目前在我国主要分为农业中的集体所有制和工商业中的集体所有制，其中农业中的集体所有制现在主要是指家庭联产承包责任制。私营企业是指生产资料属于私人所有，依法注册、登记的生产经营性组织。私营企业的所有权属于私人企业主，所以其资金规模一般不大。混合制企业是指所有制中可能既有国家和集体等公有制成分，又有个人与外资等私有制成分的企业，是不同性质所有制之间的联合。正由于其混合所有的性质，其组建和经营更加灵活、有活力，更有利于资源的优化组合和合理调配，应变能力较强（周颖、杜玉梅，2006）。

其次，"驻沙特中国企业"包括哪些？结合以上对"中国企业"的划分，可见，"驻沙特中国企业"主要包括在沙特的中国国有企业、私营企业和混合制企业，主体为国有企业与私营企业。之所以用"驻沙特中国企业"，是因为这些企业在国内大都有一定的规模或基础，具有成熟的经营与管理模式。在已有国内生产过程和管理过程"标准化"的基础上，走出中国，走向海外市场。它们有国内与国外两个市场，国内是母公司，国外为子公司、项目部。虽然国外的分支公司有一定的经营和管理的自主权，但重大决策权还在国内母公司或集团总部。另外，"驻"是形声字，马为形，主为声。"驻"的本义是指马停止，泛指短时间内停留，特指军队驻扎、驻防。"驻"还指工作人员住在执行任务、履行任务的地方。可见，"驻"的本义是"马停止"，然后引申为人停留或驻扎在某一个地方，再到派遣工作人员到某地执行任务、履行任务。照此理解，"驻沙特"，即为"派驻在沙特"的意思，为派出和分支机构，联系国外与国内两个市场。"驻沙特中国企业"是指在沙特成立的分公司或项目部，直接进行海外投资，或进行相关的生产、承包或服务项目等。当业务发展顺利，持续盈利的情况下，"驻沙特"可以是持久的、长期的"驻扎""扎根"，一旦出现经营亏损严重、入不敷出，就会将这些海外的资本、人员、机构等撤回国内。所以，此时的"驻"就具有一定的可变性，可以是"常驻"，也可以是"短驻"，起决定因素的是企业运营状况。

（4）"驻沙特中国企业管理人员"界定

为什么研究对象为"驻沙特中国企业管理人员"？因为通常情况下，中国企业在国外经商、服务、投资或承建项目，会以国内总公司或集团为依托，然后在国外设立子公司、项目部或总代理。这些企业的所有制形式可以为国有企业、私营企业或混合制企业。这些企业派驻国外的工作人员大多为管理人员，而工人、劳力或普通员工多聘用当地人或其他外籍人员，中国企业管理人员以"一拖二""一拖三"或"一拖几"的方式对他们进行管理。这样既带动了当地就业，培养了当地人才，又降低了用人成本。另外，本研究的深访对象也多为驻沙特中国企业管理人员，如项目经理、部门经理、普通管理人员或在沙特做生意的中国商人等。所以，总体上看，驻沙特中国企业管理人员应该是本研究的主要关注对象，他们的跨文化适应状况也与中国企业在海外的跨文化适应顺利与否息息相关。

结合以上对"企业""驻沙特中国企业"以及"驻沙特中国企业管理人员"

的概念辨析与讨论，可见"驻沙特中国企业"完全具备"企业"的概念及特点。即企业是以盈利为目的，运用各种生产要素，通过分工合作与协调管理，从事商品生产、流通、服务，并实行"四自"管理，具有法人资格和高度契约化的经济单位。同时，"驻沙特中国企业"主要包括国有企业、私营企业、混合制企业等，主体是国有企业和私营企业。很自然地，"驻沙特中国企业管理人员"就是指在这些"经济单位"工作的企业领导或普通管理人员等。当然，为了使研究更为全面，我们还会对在沙特从事商业活动并具有一定经营规模的中国商人进行研究，作为对"驻沙特中国企业管理人员"跨文化适应研究的补充。

综上所述，本书选题受到多种因素的影响，具有一定的理论意义和实践意义。另外，选题确立后，对于题目自身的核心概念论证有助于进一步强化选题依据，使研究更加合理、合法、合适。通过对"跨文化适应"英译的辨析、对"企业""驻沙特中国企业"以及"驻沙特中国企业管理人员"等概念的阐释，基本确定了选题中"跨文化适应"的英译形式应以 Intercultural Adaptation 为首选，当然也不能完全否定其他的翻译形式；明确了"企业"的概念及特点，界定了"驻沙特中国企业"及"驻沙特中国企业管理人员"的意义和范围，为本研究确定了相对明确的方向与目标。

二、研究意义

本研究以习近平新时代中国特色社会主义思想为指导，契合眼下中国企业"走出去"发展战略，践行习近平"一带一路"倡议和人类命运共同体思想。在这样的时代背景下，研究中国企业"走出去"过程中所遇到的跨文化差异与冲突，以及跨文化适应等问题，对于支持和指导企业"走出去"发展战略具有很强的理论意义和实践意义。

1. 理论意义

从理论意义上看，本研究除了对沙特在政治、经济、教育、贸易、法律、风俗等方面进行宏观涉猎外，还会从微观层面详细展示沙特的社会文化现状。通过对中国企业管理人员的跨文化适应状况进行研究，本研究将为中国企业走出去提供理论指导，并在研究方法、研究对象、研究背景等方面都具有一定的独特性和创新性，所建构的中国企业管理人员跨文化适应理论模型及相关研究结果具有一定的学术价值，是对跨文化适应理论的丰富和补充。

（1）丰富了对沙特社会的多维度文献研究成果

宏观层面上，很多学者对沙特的研究多集中在政治、经济、贸易、教育、法律法规、风俗习惯等方面。相关文献，如吴彦（2009；2017）、李丽丽等

（2015）、孙承熙（2001）、周少青（2018）、李沙利（2001）、吴思科（2002）、卢家银（2015）、刘中民（2014）、王潮生（2014）等。这些学者大都把沙特看成一个横截面，或者一个多维系统，然后从宏观层面上对沙特社会的各个方面进行研究。而本研究既从宏观层面对沙特社会进行广泛涉猎，又从微观层面聚焦在沙特工作与生活的中国企业管理人员的跨文化适应情况，并进行深入探究。本研究采用质性研究方法，通过深访和观察，获得第一手语料，然后对语料进行加工、分析、描述、概括，从而充分了解驻沙特中国企业管理人员的跨文化适应情况，建构驻沙特中国企业管理人员的跨文化适应理论模型。因而，在某种意义上，本研究丰富了对沙特社会的多维度文献研究成果，尤其以中国企业管理人员的跨文化适应问题为主线，从微观层面展示了沙特的社会文化现状。

（2）为中国企业走出去提供理论指导

中国从 1998 年开始实施企业"走出去"战略，鼓励和支持各种形式的国际经济技术合作。至 2007 年，中国的对外投资、承包工程、劳务合作业务已经遍及全世界近 200 个国家和地区，基本形成了"亚洲为主，发展非洲，拓展欧美、拉美和南太"的多元化市场格局。加入 WTO 后，中国进一步融入世界市场经济体系中，我国企业也不得不面临国内外两种市场、两种资源和两类竞争对手的冲击和考验。近年来，我国政府陆续出台了一些优惠政策，鼓励我国企业实施国际化经营，许多企业也加快了"走出去"的步伐。但是，我国企业走出去仍然面临着许多问题，缺乏国际竞争力（廖泽芳，2007）。当前，在中国企业"走出去"发展战略、习近平"一带一路"倡议和人类命运共同体思想的建构下，更需要中国企业走出国门，去海外开拓更大的市场。但是，中国企业如何走出去？走出去之后能否进得去、立得住、留得下、有效益？中国企业能否充当中国文化的使者，在当地产生积极影响，为树立正面的中国形象作出贡献？中国企业走出去之后如何才能尽快适应并融入当地社会文化环境？诸如此类的问题困扰着一大批想走出去又畏惧走出去、苦于"出海"无门的中国企业。而本研究所取得的成果将为这些"战战兢兢""瞻前顾后"的中国企业提供出海经验和理论支撑。

（3）对跨文化适应理论的有益补充

本研究对跨文化适应理论的有益补充，主要体现在以下几个方面：一是研究方法，本研究主要采用质性研究方法，通过深入访谈和参与式观察法，从微观层面了解研究对象（或当事人）内心深处的真实情感、态度、观点等，是对传统的定性和量化研究的有益补充。国内学者，如陈向明、安然、郑立华等，是质性研究的提倡者和践行者，可以借鉴其相关理论和方法。二是研究对象，通过文献搜索发现，国内学者的跨文化适应研究对象多为"旅居者"，尤以留学生和商业人士居多，而研究中国企业管理人员在海外的跨文化适应问题的文献还不是很多，将质性研究的方法应用于中国企业管理人员在海外的跨文化适应情况的研究则少之又少。三是研究背景，研究背景为外国学生在中国、外国企业在中国的跨文化适应情况的研究要明显多于中国留学生在海外、中国企业在海外的跨文化适应研究，而专门研究中国企业管理人员在沙特的跨文化适应情况的文献几乎为零。四是跨文化适应理论的本土化，国外关于跨文化适应研究的理论已经相当成熟了，但国外的理论是否适合走出国门的中国企业管理人员，仍需要通过研究去验证。本研究将丰富和验证已有的跨文化适应理论，形成本土化的跨文化适应理论，是对国际学术界跨文化适应研究的有益补充。

可见，从理论意义上来看，本研究是以中国企业管理人员的跨文化适应问题为主线，从微观层面详细探讨中国企业管理人员在生活、工作及交往过程中所遇到的跨文化适应问题，也从微观层面展示沙特复杂的社会文化现状。另外，本研究是对跨文化适应理论的有益补充，在研究方法、研究对象、研究背景和本土化理论建构等方面都具有一定的创新意义，研究成果将为中国企业"走出去"培养和储备更多跨文化专业人才提供理论指导，具有一定的学术价值和创新性。

2. 实践意义

本研究具有一定的实践意义，因为大部分受访者都是曾经在沙特工作和生活过的中国企业管理人员，他们根据自身体验和感受，详细阐述在沙特工作与生活期间的跨文化适应情况，这本身就是实践性很强的跨文化经历。这些受访者所谈内容涉及沙特的历史传统、风俗习惯、人际交往、语言文化等社会人文方面的信息知识，以及社会环境、市场行情、商业规则、投资政策、法律法规等商业经贸方面的政策法规等，这些无疑会为中国企业"走出去"发展战略以及"一带一路"倡议提供宝贵的实践支持，也为驻沙特中国企业管理人员的跨文化适应提供可资借鉴的行为指导。

（1）为企业"走出去"提供实践支持

中国与沙特在历史传统、社会习俗、地理环境、语言文化等方面存在很大差异。"文化距离"越大，产生文化冲突的可能性也就越大，这对于中国企业以及中国企业管理人员的跨文化适应势必会造成不小的影响。中国企业在"出海"的过程中可谓机遇与挑战并存，因为，沙特集传统与现代、保守与开放于一体，投资与经商环境跟世界上其他国家和地区差异很大，中国企业进入沙特后更是在短期内无所适从，水土不服现象非常明显。

本研究通过对驻沙特中国企业管理人员的跨文化适应状况进行探讨，将详细提供沙特的社会文化、历史传统、市场规则等丰富的信息知识，呈现两国间的文化异同，帮助中国企业及中国企业管理人员适应异文化环境。从中国企业的角度，详细阐述企业在沙特经商、投资或承建项目过程中所遇到的重重困难与挑战；从中国企业管理人员的角度，详细阐述中国人在沙特所面临的生活、工作、交往等方面的跨文化适应问题。所有这些研究成果，将为中国企业以及中国企业管理人员的跨文化适应提供宝贵经验，从大的方面讲，这也为中国企业"走出去"发展战略提供实践支持。

（2）助力"一带一路"倡议

自 2013 年习近平主席相继在哈萨克斯坦、印度尼西亚提出"丝绸之路经济带"和"21 世纪海上丝绸之路"倡议以来，"一带一路"倡议获得了沿线国家的普遍认同和积极回应（戴永红、秦永红，2014）。"一带一路"沿线主要涉及65 个国家，约占世界总面积的 1/4，其中西亚有 19 个国家。"一带一路"沿线国家横跨亚欧非三大洲，从东北亚、东南亚延伸到中亚、南亚和西亚，直至中东欧和北非地区，幅员辽阔，资源丰富，发展空间巨大（杨言洪、徐天鹏，2016）。而沙特属于"一带一路"沿线最重要的国家之一，在中东地区占据着非常重要的位置。中国所提出的"一带一路"倡议是人类历史上最大的跨文化活动，"一带一路"倡议的践行不可能绕开沙特。

但是，一部分早期"走出去"的中国企业，尤其是国有企业，在经商、投资或承建项目的过程中可谓一波三折，迫使很多亏损企业逐渐压缩市场份额或干脆撤离市场，其中既有中国企业自身的问题，也有沙特社会文化方面的客观原因。如果中国企业在走出去的过程中遇到挫折就知难而退，这势必对中国企业"走出去"发展战略以及"一带一路"倡议的实施带来不利影响。本研究的目的在于深度挖掘出中国企业以及中国企业管理人员在沙特跨文化适应的过程中遇到了哪些水土不服的问题，并探寻其中的原因，为以后"出海"中国企业以及中国企业管理人员的跨文化适应提供实践支持。

（3）提供中国与沙特文化异同详单

近年来，中国企业在沙特的发展可谓机遇与风险共存，尤其是中国加入世贸组织之后第一批进入沙特的大型国有企业，有的经历大浪淘沙，最终做得非常成功，有的却一路坎坷，一再亏损。为了避免中国企业一直"交学费"，避免更大的经济损失和国有资产亏损，有必要为后续在沙特或中东投资、经商或承建工程项目的中国企业提供"出海"指南。本研究将详细阐述中国与沙特文化异同详情，为以后"出海"中国企业提供"有章可循"的范本。

可见，本研究具有很强的实践意义，研究成果将为中国企业"走出去"提供实践支持和宝贵经验，有利于"一带一路"倡议的实施与推进。另外，本研究将详细阐述沙特的社会文化、历史传统、市场规则等方面的信息，以及中国与沙特在衣食住行、环境气候、法律法规、风俗习惯、人际关系、消遣娱乐、商业环境、投资政策等方面的异同，为中国企业以及中国企业管理人员在沙特的跨文化适应提供实践依据。

综上所述，本研究具有一定的理论意义和实践意义，在理论与实践方面为中国企业"走出去"发展战略和"一带一路"倡议提供强有力的支持。理论方面，本研究把重点放在对驻沙特中国企业管理人员的跨文化适应问题的探讨上，在建构本土化跨文化适应理论的同时，也从微观层面详细展示了沙特的社会文化现状，为中国企业以及中国企业管理人员适应异文化社会文化环境提供理论支撑，也是对国际跨文化适应研究的丰富与补充，具有一定的学术价值。实践方面，本研究所取得的成果将为中国企业"走出去"发展战略和"一带一路"倡议提供宝贵经验和实践支持，为中国企业以及中国企业管理人员的跨文化适应提供可资借鉴的实践指南，尽可能地使中国企业避免"重蹈覆辙"，使中国企业管理人员的跨文化适应能力得到一定程度的提高。

三、研究方法

本研究主要采用质性研究的方法，通过深入访谈法和参与式观察法获取语料，然后对语料进行加工、分析、描述，最后上升到理论的高度。本研究中使用的深入访谈法主要是半结构化访谈法，以预先设定好的访谈提纲为脚本，对受访者进行追根问底式的访谈，旨在挖掘事实、追问细节，为研究获取第一手语料。然后，本研究又辅以参与式观察法，进一步收集语料，作为辅助资料，以验证访谈内容。

1. 深入访谈法

深入访谈法，更容易挖掘出受访者内心深处的真实情感、态度与观点，这些往往无法通过问卷调查中所设计的客观而冰冷的问题所获得。这就是深入访谈中"深"的含义，即深访能获取深入、真实、全面的信息。深入访谈法包括结构化访谈法、半结构化访谈法和开放式访谈法三种。本研究采用的是半结构化访谈法，既有结构性的访谈提纲，又不囿于访谈提纲中所设计的结构性问题，访谈者不必完全按照访谈提纲中的问题进行逐一询问，受访者也可以根据自己对问题的理解而自由发挥。但深访的宗旨只有一个：访谈者需要尽可能客观而全面地了解事实真相和故事细节。

深入访谈法是一种很典型的质性研究方法，本研究在准备与实施阶段都很严谨。首先，制定访谈提纲。研究者基于研究内容、研究目的及研究问题，编制初步的半结构化访谈提纲。设计好访谈提纲之后，进行试访，对初步的访谈提纲进行修改，形成基本合理，几乎能覆盖所有研究问题和研究目的的访谈纲要。然后，通过访谈的推进，在访谈中逐步完善访谈提纲，最终形成覆盖面广、逻辑性强、语言表述得体的相对成熟的访谈提纲。在本研究中，既要设计驻沙特中国企业管理人员的访谈提纲，又要设计针对沙特人和其他外籍人员的访谈提纲。

2. 参与式观察法

本研究中除了采取深入访谈法收集语料之外，还辅以参与式观察法收集和验证语料。参与式观察法就是以当事人的身份参与受访者的工作和生活中，近距离亲身体验、感受、观察受访者的工作和生活状况，从而获得最为真实的第一手语料，并验证受访者在接受访谈中谈及的事实真相和故事细节是否属实。如，2019年4月，研究者本人入驻在沙特的某中国企业项目部，与项目部人员同吃同住一个月，一起外出、娱乐或运动，经常交流，并密切观察他们的工作与生活状况；2019年9月至2020年1月，研究者本人在沙特哈立德国王大学有一段为期四个多月的访学经历。访学期间，研究者本人经常深入课堂、图书馆、食堂、体育馆等，与在该校任教的当地教师、学生、外籍教师等进行多次接触和交谈，深入了解当地社会文化、外籍人员的跨文化适应状况以及本地人和其他外籍人员对中国、中国人以及中国文化的态度和看法等。当然，研究者本人在访学期间还经常深入当地社会，与各行各业的当地人以及其他外籍人员进行广泛交流，这些都有助于对沙特社会文化环境形成客观全面的认识。

综上所述，本研究主要采用质性研究的方法，即通过深入访谈法和参与式观察法获取语料。深入访谈法主要采用半结构化访谈法，访谈有提纲，但访谈过程又不完全被提纲所限，受访者有很大的发挥空间，能充分表达他们内心的真实情感、态度与观点。参与式观察法主要指研究者本人以参与者的身份深入受访者工作与生活现场，通过观察、访谈、反思等手段进一步获取语料，并验证已获取语料的真实性。在语料与数据收集的过程中，既有受访者的主观描述，又有研究者本人的亲身体验与感受，做到主观与客观、理论与实践的统一，研究结果可信有效，具有一定的借鉴意义。

四、研究问题

围绕选题内容，本书着力研究有关驻沙特中国企业管理人员跨文化适应的

四个方面的问题:

(1) 在生活、工作、交往等方面的跨文化适应状况如何?

(2) 跨文化适应影响因素包括哪些?

(3) 跨文化适应模式是怎样的?

(4) 跨文化适应的应对之策是什么?

在以上四个研究问题中,第一个问题最为重要,也最为具体,通过对语料的加工、分析与讨论,探索驻沙特中国企业管理人员在生活、工作、交往、心理等方面的跨文化适应状况。第二个问题着重探讨影响驻沙特中国企业管理人员跨文化适应的一些重要因素。第三个问题是在第一个和第二个问题得到解答的前提下,抽象并建构出具有本土化理论性质的驻外中国企业管理人员跨文化适应模式理论。第四个问题是对驻沙特中国企业管理人员跨文化适应问题的反思,并结合前三个问题的答案,提出驻沙特中国企业管理人员跨文化适应的应对策略。

五、研究对象

本研究对 63 人进行了深入访谈,其中包括驻沙特中国企业管理人员共 46 人,沙特人以及其他外籍人员共 17 人。访谈地点主要集中在广州和沙特的四个城市,访谈总时间约为 5020 分钟,人均访谈时间约为 80 分钟。驻沙特中国企业管理人员中除一人外(C28,尤女士),其他均在国外工作满一年以上。其中,男性 42 人,女性 4 人。受访者皆为专科及以上学历,其中专科学历 5 人,本科学历 32 人,硕士 9 人。年龄在 27~56 岁,其中,30 岁以下 3 人,40 岁以上 19 人,30~40 岁 24 人,居多数。职位有项目经理、副经理、经理助理、部门经理、部门副经理、一般管理人员等。所学专业除部分为英语或阿语以外,其他有造价、土木工程、工程管理、会计、设计、建筑、财务、机电、商务、水利水电等。受访者工龄在 4~34 年,10 年以下 7 人,20 年以上 14 人,其中 10~20 年有 25 人,居多数。在沙特工作时间最短的为 3 个月(C28,尤女士),最长的为 20 年(C41,海先生),1~3 年的有 17 人,3~7 年的有 13 人,7 年以上的有 15 人。所有受访者,无论在年龄、职位、专业,还是在沙特工作时间等各方面都有一定的广泛性和代表性。唯一缺憾的是男女性别比例差别太大,只有 4 位女性。另外,受访者中,沙特人以及其他外籍人员共 17 人,其中外籍人员的工作和生活时间都在 3 年以上,而沙特人中除了 3 位曾在中国留学 5 年外,其他均没有在国外工作的经历。

也就是说,驻沙特中国企业管理人员中男性员工占绝大多数;中青年人较多，年龄段多集中在 27~46 岁；学历层次多为本科生，也有少数的专科生和硕士生；工龄在 10 年以上的居多，10 年以下者占少数；在沙特工作年限方面，大都在一年半以上，个别人甚至长达 20 年，对沙特的社会文化环境适应性较强。

六、本书结构

本书结构包括：第一章至第九章、结语等，内容涉及研究现状、理论基础、中国企业管理人员跨文化适应研究、理论提升等。

第一章为引言部分，包括选题依据（包括选题来源和选题概念界定）、研究意义（包括理论意义和实践意义）、研究方法（包括深入访谈法和参与式观察法）、研究问题、研究对象等。

文献综述与理论基础部分包括两章内容，其中，第二章为国内外相关研究现状；第三章为跨文化适应理论综述，阐述跨文化适应经典理论及跨文化适应影响因素，包括文化冲击/休克理论、U/W 曲线理论、Mansell 的跨文化适应维度理论、Bennett 的跨文化敏感度发展理论、Berry 的涵化策略管理理论、跨文化适应维度理论、跨文化适应螺旋上升理论、跨文化适应影响因素等。

第四章至第六章为主体部分，详细阐述与分析中国企业管理人员跨文化适应状况。第四章为"中国企业管理人员生活适应"，主要阐述中国企业管理人员在饮食、居住、出行、购物、娱乐、语言、社交、心理等方面的适应情况。第五章为"中国企业管理人员内部工作适应"，包含"上下班考勤管理""加班及节假日管理""上下级管理""工作效率管理""工作态度管理""本地化管理"等。第六章为"中国企业管理人员外部交往适应"，包括"与监理公司打交道""与分包商打交道""与供应商打交道""与业主打交道"等。

第七章至第九章为理论提升部分。第七章为"中国企业人员跨文化适应影响因素"，总结出中国企业人员跨文化适应的影响因素，包括个人因素、本族群因素和东道国因素等。第八章为"中国企业人员跨文化适应的结构和方向维度"，内容包括"中国企业人员跨文化适应的结构维度"和"中国企业人员跨文化适应的方向维度"两部分，概括中国企业人员跨文化适应结构维度表，建构中国企业管理人员跨文化适应新模型理论。第九章为"中国企业驻外人员跨文化适应中'内方外圆'的中国智慧"，内容包括"内方外圆"的中国智慧和"内方外圆"智慧在跨文化适应中的应用两部分。

最后结语总结研究成果，得出研究结论，提出后续研究展望，分析创新及不足之处，并为驻外中国企业管理人员跨文化适应提出建议等。

第二章

国内外相关研究现状

一、国外研究现状

国外的跨文化适应研究肇始于 20 世纪初，Ezra Park（1928）和 Everett Stonequist（1935）提出了"边缘化者"（marginal man）的概念。"边缘化者就是处于两种文化交界处，或者由于异族通婚，或者由于生于此长于彼，才声称同时属于这两种文化的人"（王宝，2012）。在此期间，Tsung-Kao Yieh（1934）发表了《在美中国研究生适应问题》一文，探讨了中国留学生在美国的跨文化适应问题。可以说，Ezra Park、Everett Stonequist 和 Tsung-Kao Yieh 开创了跨文化适应研究的先河。1935 年，美国人类学协会指派 Robert Redfield、Ralph Linton、Melville Herskovits 三位学者负责一项跨文化适应研究。三位学者经过一年的努力，写成报告，把"跨文化适应"定义为：不同文化团体持续性直接接触，给某一团体或双方带来改变的现象（王宝，2012）。这为以后的跨文化适应研究奠定了基础。

关于国外跨文化适应研究的现状，笔者通过 Emerald 期刊回溯全文库和 SAGE 期刊全文数据库（人文社科子群）进行搜索，输入关键词，如 intercultural adaptation、cross-cultural adaptation、acculturation、cross-cultural adjustment，获得大量文献。由于文献数量巨大，笔者仅选择下载了几十篇 2000 年以来与跨文化适应最相关的文章，并根据研究对象将文章大致分为以下几类：移民、企业外派人员、留学生、出国工作教师等。下面依次进行分析讨论。

1. 移民跨文化适应研究

移民进入新的文化环境中的文化适应问题是一个研究热点，而美国、加拿大、澳大利亚等国本来就是移民国家，更是汇集了来自不同国家和地区、不同种族和信仰的大量移民，如 Lee & Chen（2000）、Yagmurlu & Sanson（2009）、Dawson（2009）、Gorman 等（2010）、Goforth 等（2015）、Tang 等（2018）的研究。另外三篇则研究以色列、意大利和英国的移民跨文化适应问题，如

Eisikovits（2000）、Brown 等（2013）和 Gattino 等（2016）。另外，移民文化适应研究对象也由关注成年人向关注青少年、女性和老年人等群体转变，如 Lee & Chen（2000）以问卷调查的形式对 124 位（男 56、女 68）加拿大华裔七、八年级青少年的跨文化适应情况进行研究，研究他们的心理适应（心理问题）与文化交际能力（母国与客居国文化交际能力）之间的关系。

Eisikovits（2000）以深度访谈和参与式观察法对 20 位（男、女各 10 人）由苏联移民到以色列的高三学生的跨文化适应情况进行研究。Brown 等（2013）把结构化访谈和教师打分相结合，对 215 位（女 110，男 105）英国亚裔儿童（5~11 岁）进行为期一年的纵向研究。Goforth 等（2015）对 76 位（男 35、女 41）美国阿拉伯裔青少年（11~18 岁）进行问卷调查，然后用回归分析和中介分析的统计方法对数据进行处理，从而得出结论。Tang 等（2018）以活动参与为因变量，以文化适应为自变量，对美国中国裔老年人的跨文化适应情况进行研究。跨文化适应也关注女性群体以及性别的影响。如 Yagmurlu 和 Sanson（2009）以问卷调查的形式对 58 位生活在澳大利亚墨尔本的土耳其妈妈的文化适应态度与育儿行为之间的相关关系进行研究。Dawson（2009）研究生活在纽约周边的 246 名多米尼加女性移民在日常生活中受到的歧视与压力水平之间的相关关系。Gorman 等（2010）探讨美国墨西哥裔移民的文化适应和健康之间的关系是如何存在性别上的差异的。Gattino 等（2016）以问卷的形式对 282 名移民到意大利的穆斯林（18~74 岁）的跨文化适应与相关维度之间的关系进行研究。以上研究多是以跨文化适应的经典理论为依据，以不同的移民群体为研究对象所进行的多角度的跨文化适应研究。如 Lee & Chen（2000）的理论依据为 Young Yun Kim 的"压力—适应—成长"动态模型理论，将文化适应分为濡化（enculturation）、去文化（deculturation）、涵化（acculturation）和同化（assimilation）四个阶段。Eisikovits（2000）、Yagmurlu & Sanson（2009）、Brown 等（2013）、Goforth 等（2015）都以 John Berry 的文化适应理论为依据，探索受试者"同化、整合、隔离、边缘化"四种不同文化适应方式之间的关系。

可见，国外关于移民群体的跨文化适应研究有以下特点：首先，以在美国、加拿大、澳大利亚的移民为研究对象的研究居多；其次，研究方法包括深度访谈、问卷调查、参与式观察、结构访谈、纵向研究等；再次，研究对象由关注成年人向关注儿童、青少年、女性、老年人等群体转变；最后，研究理论依据多以 Young Yun Kim、John Berry 等所提出的文化适应经典理论为主。

2. 企业外派人员跨文化适应研究

企业外派人员在新的环境中生活、工作、人际交往等，身心各方面都会面临着因文化差异带来的挑战。从外派人员工作的国家和地区来看，研究内容有韩国人在斯洛伐克（Jun & Lee，2008），美国人在中国（Lin，2004），欧洲人在越南（Wafler & Swierczek，2013），法国人在新加坡（Lee，2013），日本人在中国（Jia 等，2016），法、韩等国人在印度（Waxin & Panaccio，2005），印度人在美国（Vijayakumar & Cunningham，2016），澳大利亚人在东南亚（Fish，2005），还有对多国外派人员进行跨文化适应的研究（Ditchburn & Brook，2015）。

这些文献主要有以下特点：一是收集语料的方式多样化。有的以调查问卷为主（Lin，2004；Waxin & Panaccio，2005；Ditchburn & Brook，2015；Vijayakumar & Cunningham，2016；Fish，2005）；有的以深度访谈、参与式观察、扎根理论为主（Jun & Lee，2008；Lee，2013；Jia 等，2016；Wafler & Swierczek，2013）。二是研究的理论依据多为文化价值维度理论、跨文化适应理论和外派理论等。如 Jun & Lee（2008）、Lin（2004）、Lee（2013）使用了 Hofstede 的文化价值四维度理论；Waxin & Panaccio（2005）、Ditchburn & Brook（2015）、Vijayakumar & Cunningham（2016）以 Black 的跨文化适应多维模型（一般适应、工作适应和互动适应）为理论依据；有的从具体的文化维度进行对比研究，如 Jia 等（2016）从中日文化差异的多个层面进行对比研究（关系内涵、面子观、家庭观、公司观、国家观等）；Fish（2005）用定量的方式确认了八个影响跨文化适应的干预因素：生活质量意识、东道国商业文化意识、家庭影响意识、员工和公司同事意识、母国人际关系网、文化强化与支持、文化包容性、东道国语言技能。

可见，国际上一些学者所进行的企业外派人员跨文化适应研究具有以下特点：外派人员被派往的国家和地区呈现多样化趋势，外派人员在不同国家的跨文化适应情况引起了跨文化研究学者的极大关注；研究方法的多样性，以定量研究为主，但质性研究成为一种新趋势；研究理论仍以经典的跨文化适应理论、文化价值维度理论、外派研究理论为主。

3. 出国工作教师/留学生跨文化适应研究

国内研究中，对外汉语教师和留学生的跨文化适应研究的文章很多，但国外研究中，这方面的文章不多。在搜到的四篇文章中，只有一篇是以国际学校教师为研究对象（Roskell，2013）和三篇以留学生为研究对象（Shih & Brown，2000；Cemalcilar & Falbo，2008；Akhtar 等，2015）。

Roskell（2013）以半结构化访谈的方法对 12 位在东南亚某所国际学校任教的教师的文化休克现象进行了研究。文章以 Lysgaard 的 U 形假设、Oberg 的文化休克理论及后来提出的文化适应四阶段说（"蜜月期""危机期""恢复期"和"适应期"）和 Black 等学者提出的社会文化适应三维度理论为理论依据。通过对访谈内容进行分析，对于国际学校教师的文化休克现状进行了详细的阐述，并验证了 Oberg 的文化适应四阶段说。Shih & Brown（2000）、Cemalcilar & Falbo（2008）和 Akhtar 等（2015）都是以问卷调查的形式收集语料，并进行量化研究。Shih & Brown（2000）对 112 位（男 67、女 45；19~39 岁）几所美国中西部大学的中国籍留学生的适应水平与职业认同之间的关系进行研究。Cemalcilar & Falbo（2008）对 90 位（20~36 岁）在美国得克萨斯大学留学的来自不同国家（一半左右来自中国和印度）留学生的心理健康、社会和学术适应情况进行研究，理论依据为 Berry 的文化适应理论。Akhtar 等（2015）对在中国 6 所公立大学留学的 110 位来自 32 个非洲国家的学生的文化适应情况进行研究，了解他们对于新的文化和学术环境适应的满意度，所用理论为 Kim 的跨文化适应理论和 Ward 的适应二维度理论（心理适应和社会文化适应）。

通过搜索发现，国外对出国工作教师和留学生跨文化适应情况进行研究的文献比国内少很多；在研究方法上有量化研究，也有质性研究；理论依据也多是有关文化和跨文化适应领域的经典理论，如文化休克理论、U 形假设、文化适应理论、跨文化维度理论等。

综上所述，国外跨文化适应研究的理论流派较多，各成体系，从不同层面、不同视角为跨文化适应研究提供了思路，并为世界范围内不同的跨文化适应群体进行了大量的实证研究，也在各自的研究领域和方向创建了自己的理论。如：Oberg 的"文化休克"理论、Berry 的文化适应理论、Young Yun Kim 的"压力—适应—成长"动态模型理论、Ward 的跨文化适应"双维"模型、Black 的跨文化适应"三维"模型等理论。一部分学者从情感、态度、心理层面研究文化适应问题，提出了跨文化敏感的概念，并建立了自己的理论。如 Gudykunst、Kim、Chen 等都是跨文化敏感研究的专家，提出理论并设计问卷量表，更便于进行实证研究。关于跨文化适应研究对象和领域方面的文献，国外多集中在对以下几个群体的研究：移民、企业外派人员、留学生、出国工作教师等。在研究视角、理论、方法、对象等方面都呈现出多样化的倾向，质性研究成为一种新的研究方法。但在研究的过程中，研究者倾向于以传统的跨文化经典理论作为依据，很少能提出新的理论；很多研究都是使用单一的研究方法，将量化研究和质性研究结合起来进行研究的还很少；美国仍然是文化适应研究大国，很多文献都出自美国学者或在美工作的学者之手。

二、国内研究现状

传播学在 20 世纪 80 年代被引入中国，因此，跨文化适应研究在国内的研究历程还很短，众多理论仍处于建构与探讨之中。21 世纪初，有关跨文化适应的论文才见之于期刊。它们大多是从心理学和传播学或语言学习、教育学的角度所进行的理论引介、评述或有关旅居者生活的实证研究（李加莉，2015）。通过对 2003 年以来有关跨文化适应的文献进行搜索，发现这些文献的研究对象多为留学生、汉语教师志愿者、外籍教师、旅居者、农民工，以及商务人员等。在这些文献中，研究者往往会根据自己的专业方向和样本选取的便利性选择相应的研究对象和研究主题。可见，进入 21 世纪以来，尤其自 2003 年以来，国内越来越多的跨文化研究专家与学者开始关注跨文化适应问题。从研究主题、研究对象、研究内容来看，国内的跨文化适应研究（2003—2018）主要包括以下几类：留学生、汉语教师志愿者、企业外派人员等。

1. 留学生跨文化适应研究

留学生到海外学习与生活，离开母体文化环境，进入异质文化，肯定会遇到跨文化适应问题。随着中国改革开放的深入和中国经济的迅猛发展，中外各领域交往频繁，中国学生到海外留学数量越来越大。留学生跨文化适应研究主要分为两类，即外国留学生在中国和中国留学生在国外，或称为"来华留学生"和"中国留学生在海外"。鉴于研究需要，本部分只对"中国留学生在海外"的相关文献进行梳理。研究"中国留学生在海外"跨文化适应的文献，有郑雪（2003）、汤林芳（2009）、郁玮（2009）、田丽娜（2016）等研究。下面从研究对象、研究方法、研究内容、研究结果和理论依据五个方面进行分析。

（1）研究对象

郑雪（2003）调查了在澳大利亚的 157 名（72 男、85 女）中国留学生；汤林芳（2009）通过问卷调查对美国、英国、法国、加拿大的 68 名攻读硕士或博士学位的中国留学生进行了研究，并对其中的 22 名留学生进行了后续的深度访谈；郁玮（2009）对 228 名来自英国 31 所大学的中国留学生进行了网上调查，最终获得 175 份完整调查；田丽娜（2016）通过问卷调查的方式收集数据，采用李克特五度量表，对 111 名在俄中国留学生的跨文化适应状况进行了研究。

（2）研究方法

四篇文献中有两篇是纯量化研究（郑雪，2003；田丽娜，2016），即采用问卷调查的方式收集数据，然后对数据进行统计分析。另外，郁玮（2009）和汤林芳（2009）都是用定性与定量相结合的方式进行研究。前者先观察并做 12 个面对面访谈，然后根据定性分析的初步结果，提出假说，再进行问卷调查，验证假说；后者是先进行问卷调查，再做后续的深度访谈。也就是说，此四篇跨文化适应研究文献，都采取了实证的研究方法，或用量化，或将量化与定性相结合，对在澳大利亚、美国、英国、法国、加拿大、俄罗斯等国的中国留学生的跨文化适应状况进行研究，找出他们在跨文化适应过程中存在的问题，并提出提高跨文化适应的策略。

（3）研究内容

郑雪（2003）探讨两个维度（主族和客族文化认同）、四种方式（整合、分离、同化和边缘）及其与中国留学生适应的关系。汤林芳（2009）对中国留学生的跨文化适应进行了探讨，重点解决两个问题：一是中国留学生的交际圈现状；二是中国留学生交际圈与跨文化适应的关系。田丽娜（2016）研究了在俄中国留学生在跨文化适应过程中的整体跨文化适应状况，以及影响跨文化适应的 5 个个体层面的因素（留学动机、俄语水平、文化接触时间、留学经历及社会支持），并分析这些因素对在俄中国留学生跨文化适应的影响状况。郁玮（2009）发现了中国留学生在英国社会文化及心理适应过程中的主要困难以及他们使用校内网的三大主要动机，并验证了校内网使用与心理适应之间关系的四个假说。

（4）研究结果

郑雪（2003）在调查中发现中国留学生的跨文化适应状况为：整合者占 40.1%，分离者占 42.7%，同化者占 8.3%，边缘者占 8.9%；中国留学生的主族和客族文化认同指标均与心理适应指标有显著的正相关；在心理适应方面，整合者最好，其次为同化者和分离者，最差为边缘者。汤林芳（2009）发现学生社团组织能够给留学生提供生活上的便利，帮助他们尽快适应当地生活；中国留学生所得到的情感上的帮助大多来自中国交际圈；在非英语国家留学的中国留学生，更主动学习当地文化及语言；与中国人的接触能让中国留学生更加认同自己的文化。郁玮（2009）发现了中国留学生在心理适应过程中遇到的突出困难；年龄、在英居留时间以及个人感知从校内网获得的社会帮助与校内网使用黏度之间有直接联系。个人感知从校内网获得的社会帮助越多，心理适应程度越高，从而证实了校内网作为社交网络对于跨文化适应过程的积极作用。田丽娜（2016）发现在俄中国留学生在跨文化适应过程中持积极的融入态度，日常生活的适应优于学习与文化的适应，但受试者跨文化适应的个体差异性较显著。留学动机、语言水平、社会支持对在俄中国留学生的跨文化适应状况影响明显，文化接触时间对跨文化适应的影响不稳定，留学经历的影响作用仅体现在最初阶段。

（5）理论依据

郑雪（2003）的理论依据是 Berry（1987；1994）的文化融入二维度理论（保持原有文化认同和保持与其他文化群体的联系）及二维度相交所得到的四种文化融入态度或方式理论（整合、分离、同化与边缘化）。汤林芳（2009）的理论依据是：Berry（1997）的跨文化适应理论（整合、同化、隔离、边缘化）；Gudykunst（1995；1998）的焦虑/不确定性管理模式（AUM），即把跨文化适应视作不确定性减少的过程；Lysgaard（1995）的 U 形曲线理论，即跨文化适应三阶段：兴奋和期待阶段（excitement and expectation）、文化冲击和文化迷失（cultural shock and disorientation）、渐进而成功的适应（gradual but successful adaptation），以及关于交际圈方面的理论。

从以上分析可知，国内学者对于中国留学生的跨文化适应研究存在以下特点：一是方法上日臻成熟，注重量化与质性研究的结合；二是研究群体的多样性，对在美国、英国、法国、加拿大、澳大利亚、俄罗斯等国家的海外中国留学生群体的跨文化适应状况进行研究；三是研究内容以留学生群体的跨文化适应状况为主，探索影响跨文化适应的个人及社会因素，以及跨文化适应与影响因素之间的相关关系，也有学者研究留学生的交际圈现状及交际圈与跨文化适应的关系（汤林芳，2009）、研究校内网使用与心理适应之间的关系（郁玮，2009），极具创新性；四是从理论依据看，仍以国外跨文化适应经典理论为主要依据，如 Bennett 的跨文化敏感模式、Searle & Ward（1990）的跨文化适应二维理论、Black（1988）的跨文化适应三维理论、Berry 的文化适应四种变体理论、Oberg 的文化冲击（或文化休克）理论、Lysgaard（1995）的 U 形曲线理论、Gullahorn & Gullahorn 的 W 形曲线理论、Gudykunst（1995；1998）的焦虑/不确定性管理模式（AUM）等。

2. 汉语教师志愿者跨文化适应研究

汉语教师志愿者主要指外派至海外孔子学院或孔子课堂从事汉语教学和中国文化传播的汉语教师。孔子学院自 2004 年始建，至今已在 100 多个国家建立几百所孔子学院和上千个孔子课堂，因而对汉语教师志愿者的需求可想而知。下面分别从研究对象、研究内容、理论依据等五方面，对研究汉语教师志愿者跨文化适应问题的文献进行梳理。

（1）研究对象/方法

陈松松（2012）采用现象解释学的方法，先对包括自己在内的 8 名在泰汉语教师志愿者进行观察、访谈，然后再对 95 名在泰汉语教师志愿者进行问卷调查。岳豪（2016）和朱亚丽（2018）都是先做问卷调查，再做后续的深度访谈，前者对 118 名正在参加或参加过孔子学院对外汉语工作的教师、志愿者以及实习生们进行量表测评，并对 10 名进行了后续的深度访谈，后者对 130 名赴泰汉语教师志愿者进行调查研究。

（2）研究内容/结果

陈松松（2012）对在泰汉语教师志愿者在适应过程中遇到的冲突和矛盾进行研究，并验证这些问题的普遍性。岳豪（2016）研究孔子学院中方人员的社会生活适应、教学工作适应和心理适应的现状及导致他们文化不适应的因素有哪些，研究结果表明，心理适应与社会文化适应、工作适应并没有统计学意义上的关联性，跨文化培训因素变量虽然具有显著性，但在事后多重比较的结果中发现出国前跨文化培训和跨文化课程学习之间的变异值。朱亚丽（2018）研究赴泰汉语教师志愿者在缺乏海外教学经验及跨文化适应经历情况下所面临的跨文化适应问题，发现志愿者在生活、工作和人际方面的适应性总体良好，但有近 1/4 的志愿者有心理抑郁现象，并发现了影响志愿者跨文化适应的内部因素和外部因素。

（3）理论依据

以西方的跨文化研究经典理论作为理论依据的文献研究成果，如 Oberg（1960）的文化冲击及文化适应四阶段理论（蜜月期、危机期、恢复期和适应期）、Lysgaard（1995）的 U 形曲线理论、Gullahorn & Gullahorn 的 W 形曲线理论、Ward（1992）的"二维"结构理论（社会文化适应和心理适应）、Berry（1990）的双维模式及文化适应四种变体理论（整合、同化、分离、边缘化）、Kim 的"压力—适应—成长"理论、Danckwortt（1959）的留学生跨文化适应四阶段理论（观光者阶段、深入纠葛阶段、稳定适应阶段和归国前阶段）、Adler（1975）的文化适应五阶段模式假说（接触阶段、崩溃阶段、重新整合阶段、自治阶段和独立阶段）、Black（1988）的"三维"结构理论（人际关系适应、总体适应和工作适应）等。

由此可见，对于汉语教师志愿者的跨文化适应研究，既有量化研究，又有质性研究，或者将两者结合起来进行研究。量化研究重在对客观数据进行统计，并对统计结果进行讨论分析。定量与定性结合起来的方法可以做到研究结果的相互验证和相互补充。在内容上除了研究此类人群的心理适应和社会文化适应之外，还将教学工作适应考虑在内。在考察哪些因素影响研究对象的跨文化适应时，将跨文化培训、出国时间长短、教学经验等因素也考虑在内。理论依据方面，除了以国内外经典的跨文化适应研究理论为依据外，还增加了有关孔子学院研究和对外汉语教师研究的一些理论。

3. 企业外派人员跨文化适应研究

企业外派人员指的是被派到海外工作，以完成海外任务的企业管理人员或企业员工。企业外派人员到了一个陌生的文化环境，通常会遇到跨文化适应问题。刘俊振和张金成（2007）、刘俊振（2008）都做过理论性的探讨。随后，秦洁（2009）、李杨（2009）、曹经纬（2011）、金丹（2013）等一批国内学者相继探讨企业外派人员的跨文化适应问题。梳理如下：

秦洁（2009）通过对 94 名（日本人 41 名，美国人 53 名）在华从事商务工作的日本和美国外派人员进行问卷调查，旨在探讨文化距离和外派人员适应水平之间的关系。研究者借助统计软件 SPSS 对数据进行统计分析，发现文化差距与商务外派人员适应程度负相关，在华工作的日本商务外派人员比美国外派人员在一般和交互适应方面表现出更高的适应水平，然而两组人员在工作和心理适应方面没有明显差异。研究以 Black 等人的适应三维度理论（一般适应、工作适应、交互适应）和 Shaffer 等人的适应影响因素模型（个人因素、工作因素、组织因素、职位因素、非工作因素）作为基本理论框架。

李杨（2009）选取了四家享有国际声誉的法资企业，以问卷调查的形式对其中 71 名中国员工及 33 名法国管理人员进行了跨文化适应性研究。研究借鉴美国学者 Dodd（1991）的文化适应阶段模型，以及 Lee & Zhong（2003）的文化适应影响因素研究，探索在影响跨文化适应的四因素（适应时间、适应准备、期望及沟通技巧）作用下中国员工所处的适应阶段（早期期望阶段、蜜月阶段、危机阶段、适应阶段）。结果显示，相较法国管理人员的适应表现，中国员工总体适应程度较低，适应时间及期望二因素对中国员工跨文化适应程度影响最大，准备因素与沟通因素与中国员工的成功适应没有明显关系，而准备因素对受测者的预期高低有着重要影响。

曹经纬（2011）对 84 名（男 57 名，女 27 名）符合条件的在华跨国公司外籍高管进行调查研究，并对 28 名高管（男 20 名，女 8 名）进行了深度访谈。研究以 Ward（1992）的"二维"结构（心理适应和社会文化适应）、Berry（1990）的跨文化适应理论（二维四阶段），以及不同跨文化研究专家提出的影响文化适应的因素理论（旅居时间、文化距离、语言流利性、人格）作为理论框架。研究者从跨文化适应的角度出发，研究了在华跨国公司外籍高管的跨文化压力状况、压力源的影响，以及他们目前的压力应对策略。

金丹（2013）采取定性和定量研究相结合的方法，运用调查问卷的形式进行数据收集，并使用 SPSS 软件进行数据统计与分析。研究结合 Colleen Ward 的二维度文化适应理论（Two Aspects of Adaptation）以及 Grove & Torbion 的跨文化适应"动态平衡模型"（Homeostasis）进行理论框架的建构。研究结果显示，中国外派人员相较深层文化，能更好地适应表层文化；外派者在进行跨文化适应时，未参加培训与参加过培训的外派人员在跨文化适应中的表现具有显著性差异；跨文化培训与跨文化适应呈正相关，同时，跨文化适应与外派人员的工作表现也呈正相关。

可见，对于企业外派人员的跨文化适应研究，除了考察他们的跨文化适应状况之外，跨文化适应的影响因素也是重点考察内容。如秦洁（2009）对文化距离的考察，李杨（2009）对影响跨文化适应的四因素（适应时间、适应准备、期望及沟通技巧）的考察，曹经纬（2011）对影响文化适应的因素（旅居时间、文化距离、语言流利性、人格）和压力源的考察，金丹（2013）对跨文化培训因素的考察等。另外，研究多采取量化的方法（秦洁，2009；李杨，2009）及量化、质化相结合的方法（曹经纬，2011；金丹，2013），以跨文化适应经典理论（如跨文化适应维度理论和跨文化适应阶段理论等）和跨文化适应的影响因素理论为框架，对企业外派人员的跨文化适应进行研究。

综上所述，国内的跨文化适应研究有以下特点：一是研究对象多为跨文化流动群体，如留学生、对外汉语教师、企业外派人员、商务人员等；二是研究方法实证化、多样化，运用问卷调查、深度访谈、实地调查、观察法、个案研究等方法收集语料；三是他山之石可以攻玉，即将国外成熟的跨文化研究理论与方法运用到自己的研究之中，或根据国外学术观点建构自己的理论框架，这些都是对跨文化适应研究的补充与贡献；四是学位论文偏多，特别是自 2011 年以来，以跨文化适应为主题的硕博论文篇目很多，在整个相关文献中占据相当大的比例；五是孔院研究以及以对外汉语教师或企业外派人员等为研究对象逐渐成为跨文化适应研究的热点。

纵观国内外跨文化适应研究现状，对于留学生、移民、企业外派人员、出国工作教师等群体的研究依旧是跨文化适应研究的主流，实证研究方法依然是研究的主要方法。但随着经济全球化，以及国与国间经贸往来的日益密切，对于企业外派人员、商务人员的跨文化适应研究逐渐成为新的热点，而且研究方法上也更加注重质性研究，多采用访谈和观察的方法收集语料。另外，从国内研究现状来看，虽然部分学者已经展开企业跨文化适应研究，但研究背景多集中在日韩、欧美等国家，而对于以日韩、欧美以外的地区和国家为背景，研究驻沙特中国企业人员的跨文化适应状况的文献还比较少。因此，展开对"驻沙特中国企业管理人员跨文化适应研究"既顺应"质性研究企业人员跨文化适应"之"热"，又凸显"驻外中国企业人员"的研究之"新"，并契合当下"一带一路"倡议及企业"走出去"国家发展战略，具有一定的研究价值。

第三章

跨文化适应理论综述

一、跨文化适应经典理论

跨文化适应是个体或群体进入异文化环境中发生变化的过程。因为当个体或群体进入异文化环境中，为了适应新的环境，必须做出适当调整或变化。跨文化适应问题是复杂的、多面孔的。不同的专家学者对跨文化适应问题进行了深入研究，并提出了一系列跨文化适应经典理论。总结起来，跨文化适应研究的经典理论主要包括以下几种：文化休克理论、U/W 曲线理论、Mansell 的跨文化适应维度理论、Bennett 的跨文化敏感度发展模型、Berry 的涵化策略管理理论、Young Yun Kim 的跨文化适应螺旋上升模型理论，以及跨文化适应二维和三维理论等。这些跨文化适应经典理论，尤其是跨文化适应二维和三维理论等，是本研究的主要理论依据。

1. 文化休克理论

当个体进入一个新的文化环境中，文化休克现象将与之相伴。文化休克不可能是一时一事的经历，而是在日复一日应对不同符号环境中逐渐感受的过程。文化差异逐渐积累，当我们期待着没有文化差异将会出现的时候，也是我们最迷茫和最不知所措的时候（Chen & Starosta，2007）。根据 Furnham & Bochner（1982）的观点，文化休克发生在"旅居者和当地人之间的社会接触、社交情境、社交事件和社会交易中"，是"旅居者对在与当地人的来往中所遇到的困难的反应"。也就是说，文化休克发生的场所是在异文化环境中，发生的对象是在旅居者和当地人之间；之所以会发生文化休克，是因为在异文化环境中，旅居者原本熟悉的文化符号与模式被切断，原有的价值观与信念受到质疑，原有的行为与思维方式在新的环境下变得不合时宜。

文化休克是跨文化适应的早期阶段，或叫过渡阶段，是个体在进入新的文化环境之初所经历并伴随的紧张与焦虑的情感。经历文化休克无所谓对与错，尽管发生的程度不同，但几乎每个人都会发生。毕竟人的神经系统一直在工作，因为周围的环境都是新的，所以经历某种程度的文化休克是很正常的。了解文化休克的症状，对于应对焦虑心理是有帮助的。文化休克常见的症状有：生理方面，如经常性的头疼、胃疼、失眠；情感方面，如焦虑、易怒、偏执、极度想家、孤独、过分关注健康与安全，以及无力和无助的感觉；交流方面，如退出与别人的关系与对话、过分抱怨、挫败感和防御性的交际（Carley H. Dodd，2006）。Thomas（1985）认为文化休克包括沮丧、无助、对东道国的敌意、焦虑感、对母国的过分认同、畏缩情绪、思乡、孤独、妄想、洁癖、易怒、感觉混乱、迷失方向、孤立、紧张、建立联系的需求、戒备心理、无法容忍不确定性、缺乏耐心等（Chen & Starosta，2007）。

关于文化休克的症状，Oberg（1960）这样形象地描述："过分清洗双手；过分关注饮用水、食物、餐具和床上用品；害怕与侍者或服务员的身体接触；心不在焉地凝视远方；无助感，渴望对长住同乡的依赖；动辄因延误或小挫折而发火；拖延或彻底拒绝学习东道国语言；过分害怕被骗、被抢、被伤害；过分关注轻微的皮肤疼痛或出疹；最终，渴望回家、能喝上一杯优质咖啡、吃一块苹果馅饼、走进一家快餐店、探访亲友、跟真正理解自己的人聊几句"。

从积极意义上来说，文化休克可能会促进个人的成长。Adler（1987）指出文化休克或许会给旅居者带来几方面有利的结果：（1）文化休克提供了一个学习异文化的机会，它要求旅居者在应对持续变化的环境时做出新的回应；（2）因为大部分人倾向于追求一种独特的、特定的目标，文化休克能营造一种环境，并充当我们提升到一个新的自我实现水平的推动力；（3）因为要应对不同背景的人群，文化休克能给予旅居者某种惬意的挑战感与成就感；（4）随着个人焦虑水平提高到一定程度，交际者的学习获得感也在增加；（5）文化休克经历所产生的新思想反过来会为未来将要遇到的陌生情境提供一套新的行为反应方式；（6）通过比较与对比，我们在旅居过程中能产生一些新的思想，这样能帮助我们应对未曾经历过的文化。当然，文化休克也会导致消极的结果。Draguns（1977）讨论了有可能由文化休克所造成或加重的问题：（1）情感方面，文化休克打破了交际者的心理平衡。某一天，我们可能经历狂躁与兴奋的情绪；而另一天，我们则可能会感觉歇斯底里、困惑、焦虑与沮丧，这种不确定性可能对一些旅居者的心理成长是不利的；（2）认知与感受方面，一种文化中恰当的行为方式在另一种文化中可能被视为奇异的行为方式，交际者在短期内无法适应（Chen & Starosta，2007）。

可见，文化休克是旅居国外的人群在跨文化适应过程中必须面对的一个过渡阶段。由于进入一个和自己的母语文化差异很大的异文化环境中，在行为习惯、思维方式、言语符号、非言语符号、价值观、态度、信仰、法律法规、风土人情等方面，都发生了很大的变化，原来一些习以为常的想法和做法等在新的文化环境中或许会显得格格不入，这势必会在生理、情感、行为和交流等方面对旅居者造成消极的影响。于是，文化休克就产生了。文化休克对跨文化适应有消极的影响，同时也有积极的影响。如果一个旅居者总是选择逃避的方式，不去面对新的文化环境，那么，他跳出文化休克消极情绪的周期就会延长，跨文化适应就会很困难。如果他选择积极面对，并做出灵活而适当的调整或改变，他就有可能在短时间内从文化休克的不利影响中摆脱出来，跨文化适应过程就会很顺利。

2. U/W 曲线理论

Oberg 认为，个体进入异文化环境中，文化休克一般要经历四个阶段，即蜜月期、沮丧期、适应期和稳定期。这就是所谓的跨文化适应 U 形曲线模型。后来 Gullahorn & Gullahorn（1963）又在 U 形曲线模型的基础上添加旅居者回到原文化环境中的再适应，而将其拓展成 W 形曲线模型。从克服文化休克到适应新的文化，这个过程经历了一个情感态度的大转变。对于一部分人来说，经过数日或几个月就可以适应东道国的文化环境；而对于另一部分人来说，这个过程花费的时间更长，甚至到最后都不能适应东道国的文化，只能"打道回府"。在跨文化适应研究方面，最著名的是以 Oberg（1960）为代表的学者提出的 U 形曲线模型以及由 Gullahorn & Gullahorn（1963）将 U 形曲线模型拓展而成的 W 形曲线模型。

通常 U 形曲线模型包括四个阶段：蜜月期、危机期、调整期、双文化期。蜜月期（Honeymoon Period）又叫最初兴奋期（Initial Euphoria Stage），是跨文化适应的最初阶段。进入异文化环境中的人群会对新的文化着迷，并对所接触的一切新鲜事物感到兴奋。在这个阶段，我们仍然站在自己的文化立场去看待新环境。当我们察觉到母语文化与东道国文化之间的异同时，会感到好奇、兴奋、情绪高涨。不过，Adler（1975）指出，在这个阶段，旅居者从感知上往往会忽视文化差异，并通过强化文化相似性以确认自己的文化地位与身份（Chen & Starosta，2007）。

危机期（Crisis Period）也叫敌意或挫折期（Hostility/Frustration Stage）。这个阶段的旅居者在日常生活中必须直面新文化中所遇到的各种挑战。因为要面对价值观、信仰、行为方式、生活方式的差异，旅居者在这个阶段常常感到迷茫甚至崩溃。原本认为理所当然的活动突然变成了无法克服的难题，从而产生排斥东道国文化，或被其排斥的感觉。Smalley（1963）认为，旅居者这种对东道国文化日益增强的差异感、孤立感、不适感会使他们更加肯定自己的文化。这种自我文化中心主义的症状会对旅居者的个性提出挑战，并混淆他们的身份认同。如果旅居者无法克服这些困难，严重的压抑与畏缩情绪会毁掉他们在新环境中的生活（Chen & Starosta，2007）。

调整期（Adjustment Period）是指旅居者为应对危机阶段的各种难题付出努力的过程。努力付出会使他们逐渐能够生活在新的文化环境中，旅居者通过遵循东道国的社会文化准则开始学会如何适应新的环境。旅居者重新获得某种程度的有效、放松与舒适，对东道国文化的积极层面抑或消极层面的适应上都没有太多困难。源自调整期的自主性与自我效能感不仅提高了旅居者在新文化环境中无须借助母国文化的文化线索就能生存下去的能力，而且也标志着个人的灵活性也在增长（Chen & Starosta，2007）。

双文化期（Biculturalism Period）或称之为精通期（Mastery Period），是 U 形曲线的最后一个阶段。在这个阶段，旅居者仍然会偶尔经历一些焦虑与挫折，但旅居者已经培养了一种对东道国文化的理解，能够愉悦地在新的环境中开始工作与娱乐。旅居者已经从文化休克的症状中"康复"或"近乎康复"。根据 Adler（1975）的观点，这个阶段的标志就是旅居者在态度和行为上摆脱了母国文化的影响。就是这种完全发展的自主性为我们提供了自由与能力，从而使旅居者获得了二元文化身份、掌控创意娱乐的意识、文化对照的美学欣赏力、融洽的人际关系的培养，以及对两种文化环境的高度忠诚（Chen & Starosta，2007）。

关于 U 形曲线，国内学者史兴松（2010）的论述与以上大体一致。即跨文化适应过程分为四个阶段：第一阶段，"蜜月期"，在此阶段人们对新的文化环境着迷，会较为兴奋、欣喜和乐观；第二阶段进入"逆反期"，在此阶段，跨文化初期所经历的兴奋感逐渐减弱，取而代之的是对新环境的偏见甚至敌对情绪，会用比较消极的态度看待目标社会的文化现象，感到迷茫和受挫，并主要与自己国家的人接触；第三阶段为"恢复期"，在此阶段，经过一定时间的磨合和适应，人们的语言技能有所长进，跨文化交际能力有所提高，能够与当地文化更加广泛地接触，从而对当地社会更加适应；第四阶段为"适应期"，在这个阶段，旅居者对当地文化的适应过程结束，在客居国的不适感及敌对情绪完全消失，已逐渐克服了生活中出现的困难，慢慢对客居国产生一种归属感，能够接受乃至享受目标文化。

在 Oberg 研究的基础上，Gullahorn & Gullahorn（1963）添加了回到原文化环境的适应阶段，将 U 形曲线适应模型进一步拓展为 W 形曲线模型。他们指出，旅居者在适应客居国的文化和生活习惯之后，再回到母国时，往往需要重新适应母国文化，并经历一定的"回归文化冲击"（reverse culture shock），而这种适应过程是新一轮的 U 形适应调整过程。将跨文化个体于客居国经历的 U 形跨文化适应历程与其回国时经历的 U 形适应历程连接在一起就形成一个 W 形的整体（史兴松，2010）。尽管回国后的适应不会像适应异文化环境那样一波三折，但长时间待在国外，回国后依旧会出现文化休克现象，只是"症状"轻重不同而已。

史兴松（2010）指出，几年来，U 模型理论受到学术界的颇多质疑。许多研究都指出这一理论过于薄弱，并且以偏概全，缺乏可信度（Furnham & Bochner，1986；Church，1982；Anderson，1994）。首先，这一理论仅包含心理方面的适应与调整，而当前跨文化适应研究领域普遍认为影响适应程度的因素不仅包括心理方面，同时也包括社会文化及认知方面的因素，并且这几个因素是相互交织、密不可分的（Anderson，1994）。其次，此理论并非广泛适用，在刚刚进入一个新的环境时，并非所有人都是从"蜜月期"开始的，有些人从未真正地适应新的环境（Campbell & Yarrow，1958）。还有很大一部分人从"压抑期"和危机期开始，逐渐恢复和适应（Kim，1978）。基于以往研究结果和大量的实验，很多研究观察的现象都与 U 模型理论存在一定的冲突，因而 Ward 等学者（1998）建议放弃这一理论模型，把研究的重点转向文化学习（culture learning）等角度进行研究。所以，这样看来，U/W 曲线理论有一定的合理性，但它的普适性仍值得商榷。

3. Mansell 的跨文化适应维度理论

对于旅居者来说，在与东道国文化接触过程中，变化与差异是不可避免的。适应新文化的过程使一部分人产生文化身份的丧失感，使另一部分人获得了个人成长。Mansell（1981）指出，旅居者在跨文化适应过程中不同程度地经历四种情感状态，即疏远（Alienation）、边缘化（Marginality）、文化适应（Acculturation）、双重性（Duality）（Chen & Starosta，2007）。

疏远（Alienation）导致旅居者强烈渴望保持本国文化认同。对于东道国文化的排斥限制了他们的社交圈与工作接触，他们只能通过寻找自己的同胞获得社交乐趣。边缘化（Marginality）存在于当旅居者陷入两种不同的文化之间、不能清晰地理解自己该属于哪种文化之时。边缘化的旅居者与东道国国民之间的社会关系是功能性的，很难发展成个人或私密的关系。他们总是不情愿放弃自我文化的主要风俗习惯，所以这种边缘化的感觉经常阻止他们欣赏东道国文化。文化适应（Acculturation）发生在旅居者对东道国文化的生活方式有强烈需求的时候，对东道国文化的认同意味着他们的原初文化失去了重要性。在这种情况下，他们能够与东道国国民成为亲密的朋友，能够逐渐用东道国文化中的某些元素去代替他们原初文化的某些元素。双重性（Duality）代表他们在新的社会文化环境里，既能够适应原初文化，也能够适应东道国文化。在这种情况下，需要开放的心态与灵活性思维来保持与发展之间的适当平衡（Chen & Starosta，2007）。

很显然，从疏远到双重性是旅居者在异文化环境中的跨文化适应情感历程。所谓双重性，并不是旅居者完全放弃自己的原初文化或身份认同，或认为其不重要，而是对自己母语文化的一种超越，是基于母语文化之上的跨文化适应与超越，是保持自身文化传统与适应东道国文化的双重身份认同状态。

4. Bennett 的跨文化敏感度发展模型

Bennett（1993）的跨文化敏感度发展模型（Developmental Model of Intercultural Sensitivity，DMIS）力图解释人们如何理解文化区别，并试图诊断个人或群体跨文化适应的发展阶段。DMIS 的核心概念是民族中心主义和民族相对主义。民族中心主义（Ethnocentrism）以母国文化的世界观为核心，而民族相对主义（Ethnorelativism）则认为文化之间的关系是相对的。总体来说，民族中心主义阶段可以看作通过否认文化差异的存在、提高对文化差异的防御，以及将差异的重要性通过最小化的方式规避文化差异；而民族相对主义阶段可视为一种寻求文化差异的方式，即通过接受文化差异的重要性，适应并把文化差异考虑在内，或将文化差异概念融入自己的身份认知中（Bennett & Bennett，2004）。

该模型将跨文化敏感度发展历程分成两大阶段、六小阶段。第一大阶段，民族中心主义，其下又可以进一步分为三个小阶段：对客居国文化的否认（Denial）、对母国文化的维护（Defense）和对两种文化间差异的主观忽视（Minimization）；在跨文化适应的第二大阶段，即民族相对主义阶段，旅居者开始认识到除了自己所认同的母国文化，还存在很多与本国文化大相径庭的文化以及思维模式。同样，第二大阶段也可以分成三个小阶段：对客居国文化的接受（Acceptance）、对客居国文化的适应（Adaptation）以及与客居国文化的融合（Integration）。Bennett（1993）的 DMIS 模型较为详细地阐述了跨文化敏感度的阶段性发展特征，从民族中心主义向民族相对主义的演变说明人们已经克服想要把母国文化作为中心的冲动，并且很愿意按照文化环境调整自己的行为取向。达到这一状态时，个体已将其他文化的元素融入自己的身份认知中，转变成双文化甚至多文化的人（史兴松，2010）。

1998 年 Bennett 和 Hammer 在跨文化敏感发展模型（DMIS）的理论基础上，

发展了跨文化发展测量问卷（Intercultural Development Inventory，IDI），成为较为有效的测量方法之一，在美国、亚洲和欧洲均得到了广泛应用。该测量问卷包含 60 道题目，囊括 DMIS 中六个阶段中的五个，采用传统的纸笔测试方式，每张问卷填写完毕之后，生成受试者目前所处的跨文化敏感阶段的数据图、相关文本解释以及过渡说明。这种测试结果可评估项目的有效性，亦可对教育和培训提供参考。跨文化发展测量问卷符合有效的心理测试工具的科学标准，因为它测试的是认知结构而非情感态度，但是 Sparrow（2000）认为定义跨文化学习成功与否时，还应包括社会和情感的因素，而不仅仅是认知能力（乔环润，2015）。Bennett 的跨文化敏感度发展模型（DMIS）详细区分了民族中心主义和民族相对主义，并设计出 IDI 量表，这对于研究跨文化敏感度和跨文化适应迈出了可喜的一步。但是，在一个线性的连续体上将跨文化敏感度的阶段划分得十分清晰，并且人为地确定跨文化适应的顺序与阶段总觉得有些牵强。因为，跨文化敏感度的发展也是一个不断变化的过程，跨文化适应状况也会呈现多样性、差异性、动态性的特点。

5. Berry 的涵化策略管理理论

Berry（1980）指出以往跨文化适应研究领域许多模型都存在着理论上缺少一致性、不够全面，且研究范本单一等问题。他与同事在以往研究的基础上，将涵化的研究从宏观向微观转化，并提出了心理涵化（Psychological Acculturation）的概念（Ward & Kennedy，1994）。根据 Berry 的定义，"涵化"是指两个不同的文化群体以及这两个群体中的个体在相互接触的过程中文化及心理上的双重改变（Berry，2005）。Berry（1980）认为并不是所有人都经历相同的涵化过程，个体间存在较大的差异，而这些差异被定义为"涵化策略"（Acculturation Strategies）。涵化策略包含"态度"和"行为"两个要素。前者指个体涵化的偏好，后者指个体实际的行为（Berry，2005）。根据个体在涵化过程中对于本文化及新文化的倾向性，涵化策略又可划分为个体保持传统文化和身份的倾向性，以及个体同其他文化群体交流的倾向性两个维度（Berry，1980）（史兴松，2010）。

而在这两个维度的基础上，不同个体会采取四种不同的涵化策略：当个体既重视保持原有文化，也注重与其他群体进行日常交往时，会采取"融合"（Integration）的策略；当个体不愿意保持自身原有文化，而与其他文化群体有经常性的日常交流时，则采用了"同化"（Assimilation）的策略；当这些个体重视自己原有文化，却希望避免与其他群体进行交流时，就采用了"分离"（Separation）策略；当个体对保持原有文化和与其他群体进行交流都缺乏兴趣时，其采用的涵化策略就是"边缘化"（Marginalization）（Berry，1980；Berry，2003）。

根据涵化策略理论，如果旅居者在跨文化适应过程中选择采用隔离策略，即与同国籍的人（co-nationals）在一起度过大部分时间，那么他们在跨文化过程中所感受的心理压力会相对减轻，然而，在对客居国社会文化的适应过程中，则会经历较大的困难；相反，如果旅居者选择积极融入客居国文化，即采取融合或同化策略时，他们在社会文化适应方面会取得较大进展，而适应过程中的心理压力则会增加。Berry 指出，采用隔离策略的旅居者在社会文化适应过程中将遇到最大的阻力和困难，其次是边缘化策略，采用同化和融合策略的旅居者承受的这方面的压力最小。而在心理状况方面，由于积极融入客居国文化需要很多的时间和精力，因此，采用同化和融合策略的旅居者会承受更大的心理压力，其次为边缘化和隔离策略（史兴松，2010）。

概括一下，即 John Berry 提出一个由四个模块构成的跨文化适应模型。在他的模型中，个人、群体和社会因素都是必须考虑的。在他的跨文化适应模型中的四个模块（隔离、整合、同化以及边缘化）代表着四种基本的文化适应方式。隔离是指个体因为特意保留原文化身份而避免与异文化的密切接触。整合是指个体在保留原文化的文化身份与接触异文化之间寻找的一种平衡。同化是指个体放弃绝大部分原文化的文化身份而采用异文化的生活方式。边缘化是指个体既不想保持原文化的文化身份，也不接受异文化的文化身份（邱珊、肖书成，2018）。但是，有学者（Rudmin & Ahmadzadeh，2001）曾经质疑是否真的存在涵化策略，以及融合（integration）是否为最可取的涵化策略。针对这种质疑，学术界通过大量大规模的调查，证实了涵化策略理论的可靠性（Ryder 等，2000；Berry & Sam，2003；Berry 等，2006）（史兴松，2010）。

6. Young Yun Kim 的跨文化适应螺旋上升模型理论

除了以上的几种跨文化适应理论之外，Young Yun Kim 的"压力—适应—成长"动态模型理论（或跨文化适应螺旋上升模型理论）也备受学界关注，并经常被用于跨文化适应研究之中。Gudykunst & Kim（2007）把跨文化适应过程分为社会化（Enculturation）、去文化化（Deculturation）、濡化（Acculturation）和同化（Assimilation）四个过程。跨文化适应的过程就是"去文化化"和"濡化"互相推、拉的过程。跨文化适应的最终方向就是同化，即高度濡化和高度去文化化的状态。社会化、去文化化、濡化及同化之间的关系见图 3.1：

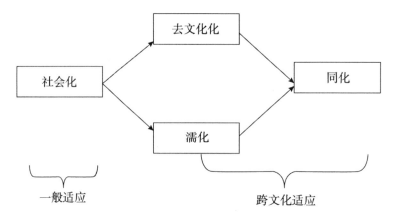

图 3.1　Kim Y. Y. 的跨文化适应相关术语关系图

也就是说，陌生人进入新的社会文化环境中，他需要经历一个再社会化的过程。在这个过程中，他必须适当调整、改变甚至放弃原有的文化习俗、思维习惯和行为方式，去学习和适应新文化环境中的一些习俗、思维和行为方式。在理想状态和理论意义上，陌生人只要经过再次社会化和去文化化的过程，他最终会被东道国主流文化所同化。不过，对于大多数人，甚至对于原住民来说，完全的同化是他们一生的目标，而个体在整体适应水平上的差异是很小的。因此，陌生人的适应水平可以认为是处于从最小的涵化和去文化化到最大的涵化和去文化化的连续体上的某个点上（Kim Y. Y.，2014）。

在此基础上，Kim 提出了"压力—适应—成长"动态模型理论。她认为跨文化适应是一个动态过程，是一个既有压力又有成长的上升过程。压力是适应性改变产生的必要条件，是内在的、产生适应性改变的驱动力，能实现个体进入异文化后的精神层面的成长。压力、适应和成长是个体跨文化适应过程的本质。这三个要素共同构成了一个向斜上方移动的三元动态心理活动曲线图。这个图形不是一条光滑的直线，而是一条像螺旋似的弹簧，进两步退一步，在压力的作用下向前推进。这种模型反映出一种如推与拉、变化与稳定、参与与脱离的辩证关系（邱珊、肖书成，2018）。所以，跨文化适应的过程与方向并非呈线性直指最终的同化，而是要经历一个"压力—适应—成长"的跨文化适应螺旋上升模型（见图3.2）。

这种对于跨文化转变的描述，是对 Dubos（1965）的"人类适应的问题可能是永久与变化之间辩证关系的呈现"观点的附和，它也与 Hall（1976）的"认同—分离—成长动力"思想及 Phinney（1993）的"分化—冲突—融合"过程概念相一致。同样，Jourard（1974）也用"融合—分裂—重组"的术语来描述相同的跨文化适应动力问题（Kim Y. Y.，2014）。Kim 的"压力—适应—成长"动态模型理论意味着陌生人进入新的文化环境之后，他在心理上会发生一定的变化，在身心各方面都随之产生应激反应，以应对新环境中的各种挑战。在这种跨文化转变过程中，陌生人可能会产生一定的心理压力，但在可承受范围内的心理压力又是陌生人跨文化适应的推动力。跨文化适应的过程就是陌生人不断接受新环境的挑战，在一定的积极压力推动下，通过学习并适应新环境中的思想观念、风俗习惯、行为方式以及主流价值观等，逐渐成长的动态发展过程。

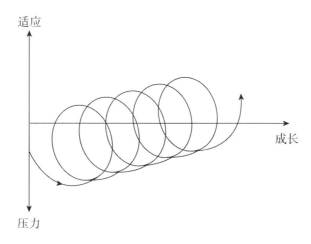

图 3.2　Kim Y. Y. 的"压力—适应—成长"跨文化适应动态模型图

7. 跨文化适应研究的维度

上述不同学者从跨文化适应心理、对待异文化的情感态度、跨文化适应策略，以及交际空间等角度对跨文化适应问题进行了研究，并提出一些经典的跨文化适应理论。但具体从哪几个维度来研究跨文化适应问题，代表性的理论有 Ward 的跨文化适应二维模型理论和 Black 的跨文化适应三维模型理论。

（1）Ward 的跨文化适应二维模型理论

新西兰跨文化研究学者 Colleen Ward 教授和她的同事们，从一个新的角度对 John Berry 教授的文化适应理论进行了解释。他们提出两个新的概念，即情感上的心理适应和行为上的社会文化适应。心理适应可用于测试个体在异文化生活中的满意度和心理健康程度；社会文化适应可用于测量个体在异文化中学习和掌握异文化的文化知识和生活技能等方面的程度，即是否能够与异文化的社会成员进行有效的沟通和交流，是否能够有效地应对在异文化的日常工作和生活中出现的各种情况和问题（邱珊、肖书成，2018）。

心理适应是以感情反应为基础，指在跨文化接触中的心理健康和生活满意度。在跨文化接触过程中，如果没有或较少产生抑郁、焦虑、孤独、失望等负面情绪，就算达到心理适应。社会适应是指适应当地社会文化环境，是否能与具有当地文化的人有效接触和交流的能力（王丽娟，2011）。心理适应指一种内部心理结果，包括清晰的个人与文化认同感、良好的心理健康状况，以及在新文化环境中个人满足感的获得；社会文化适应则指一套外部心理结果，包括在新环境中处理日常问题的能力，尤其在家庭生活、工作和学习领域。心理适应多和压力及心理疾病等相关因素有关，而社会适应多和社会技能框架密切相关。Aycan & Berry（1996）还提出了第三种适应结果，即经济适应，主要指在新文化环境中获得工作的难易度、工作满意度和效率程度（Berry，1997）。通过对多个影响跨文化适应的因素进行分析，Ward 发现心理适应主要受性格特征、生活变化和社会支持的影响，而社会文化适应主要受个体在新文化环境的旅居时间、文化距离以及同客居国人民交往的频率的影响（王电建，2011）。

（2）Black 的跨文化适应三维模型理论

Black 将跨文化社会适应分为三个维度：一般性适应（General Adaptation）、工作性适应（Work Adaptation）和交往性适应（Interact Adaptation）。一般性适应指对在异域文化中生活的适应，包括与日常生活有关的食物、住房、生活费用以及健康医疗。工作性适应是指熟悉新的工作任务、工作角色、工作责任和工作大环境。交往性适应是指与东道国人们社会交往中所感受的舒适和熟练感，通常是旅居者最难达到的。因为在与东道国人们直接交往中，双方文化的不同似乎难以逾越（王丽娟，2011）。

以上对一些跨文化适应研究的经典理论进行了详细梳理，这些理论主要对陌生人或外来者进入异文化环境中所处的跨文化适应阶段、所经历的跨文化适应过程，以及跨文化适应维度等问题进行研究，为跨文化适应研究提供了强有力的理论支持。

二、跨文化适应影响因素

跨文化适应影响因素研究，对于发现跨文化适应的一些关键症结，并找到培养和提高跨文化适应能力的方法非常重要。目前，有很多国内外专家学者已经对跨文化适应影响因素这一课题进行了广泛而深入的研究。如陈慧等学者对国内外有关跨文化适应影响因素的研究进行了综述，得出影响跨文化适应的内外部因素共十种。外部因素包括：生活变化、时间、社会支持、文化距离、歧视与偏见；内部因素包括：认知方式、人格因素、知识与技能、应对策略、人口统计学（陈慧、车宏生、朱敏，2003）。

刘俊振（2008）对跨国企业外派人员跨文化适应的核心影响要素进行了分析。他指出，影响外派人员跨文化适应的因素分为三类，即社会文化环境因素、组织因素以及个体特征因素。社会文化环境因素包括诸如文化差异程度、东道国政治稳定程度、恐怖事件、东道国经济发展与吸引程度、东道国文化吸引程度、东道国物质条件、交通与基本建设、服务的便利性等。组织因素包括诸如派遣任职时间、职位复杂与责任大小、职位需要与当地员工沟通互动的程度、报酬与激励、跨文化培训安排、组织支持以及职业吻合与生涯发展规划等。个体特征因素包括个体专业技能水平、语言能力、家庭状况、交际能力、个性、沟通意愿、国际派遣工作经验与时间、年龄、性别等。另外，通过综合分析，刘俊振提出影响跨国企业外派人员跨文化适应的七大核心因素，包括：文化距离、外派工作特性、外派意愿与动机、文化智力、文化态度、组织支持以及家庭与配偶支持。

李丹洁（2014）认为跨文化能力和自我身份认同是跨文化适应的主要影响因素，其中跨文化能力包括文化移情（cultural empathy）、性格的外向开放（open-mindedness）、情绪稳定（emotional stability）、社会交往主动性和灵活性（social initiative and flexibility）四方面的能力。丘珊、颜晓敏（2016）将跨文化适应影响因素分为三类：社会文化适应因素、心理适应因素和人口统计学因素。其中，社会文化适应因素包括文化距离、跨文化交流经验、社会参与度、对异文化的了解程度；心理适应因素包括：社会支持程度、动机和期望、异文化社会成员的态度、心理因素；人口统计学因素包括年龄、性别、受教育程度、婚姻状况、旅居时间。

韩国学者 Young Yun Kim 认为陌生人的个人交际、与当地居民的交际及与本族群成员的交际、环境和个人倾向等五个层面的因素促进跨文化转变（Kim Y. Y.，2014）。其中，个人交际主要涉及陌生人与当地居民的交际能力，涵盖认知、情感与行为三个方面，它为跨文化转变提供根本的驱动力，在跨文化适应结构中处于中心位置。与当地居民的交际及与本族群成员的交际，构成跨文化适应的第二个与第三个层面。跨文化适应的第四个层面是环境因素，包括当地社会的接受度、同化压力与族群力量。个人倾向是跨文化适应的第五个层面，涉及准备改变的程度、族群接近程度和适应性人格三方面。表 3.1 概括了 Young Yun Kim 的跨文化适应结构五层面因素内容。

表 3.1　Young Yun Kim 的跨文化适应结构五层面因素一览表

五层面	构成
个人交际	认知（交际系统知识、文化理解、认知结构复杂性）、情感（适应动机、身份灵活性、审美协作定位）、行为（技巧、协同和随机应变）
与当地居民交际	人际交往和大众交际
与本族群成员交际	人际交往和大众交际
环境	当地社会的接受度（对待陌生人的态度和相关的交际讯息）、同化压力（同化主义或多元主义）、族群力量（族群声望、机制完整性和身份政治）
个人倾向	准备改变的程度（学校教育、机构培训、跨文化经历、移居意愿）、族群接近程度（族群相似性和相容性）、适应性人格（人格开放性、人格力量、人格正面性）

综合以上国内外学者对跨文化适应影响因素的论述可以发现，主要有这三个方面的因素影响外来者、旅居者或陌生人的跨文化适应状况：个人因素、本族群因素和东道国因素。个人因素包括跨文化认知、跨文化态度、身份认同、出国动机、跨文化经历、人格特征、人口统计学、自身实力、身心健康状态等；本族群因素包括：组织支持、家庭及配偶支持、本族群交往、本族群力量等；东道国因素包括：文化距离、当地社会接受度、同化压力、当地人朋友圈等。有关跨文化适应影响因素构成详见表 3.2。

表 3.2　跨文化适应影响因素构成一览表

分类	构成
个人因素	跨文化认知、跨文化态度、身份认同、出国动机、跨文化经历、人格特征、人口统计学、自身实力、身心健康状态等
本族群因素	组织支持、家庭及配偶支持、本族群交往、本族群力量等
东道国因素	文化距离、当地社会接受度、同化压力、当地人朋友圈等

可见，外来者、旅居者或陌生人进入异文化环境中，一些个人因素、群体因素和社会因素共同影响着他们的跨文化适应进程。这些因素可大致归纳为三类，即个人因素、本族群因素和东道国因素。研究驻沙特中国企业管理人员的跨文化适应情况不可能不对影响他们的跨文化适应状况的相关因素进行探讨，

而关于跨文化适应影响因素的讨论将作为研究驻沙特中国企业管理人员跨文化适应影响因素的理论依据之一。

跨文化适应，就是短期旅居者或长期居住者离开自己熟悉的、习以为常的文化氛围，进入异文化环境中，意识到文化差异，为突如其来的文化差异所困扰，经受文化差异之苦、反思文化差异之因、探索应对文化差异之策、寻求文化适应之路的过程。以上所提及的跨文化适应经典理论，以及对跨文化适应影响因素研究的分析，为更好地研究旅居者的跨文化适应的阶段、过程、特点、策略，以及了解影响跨文化适应的因素等提供了理论依据。本研究将主要以Ward 的跨文化适应二维理论（心理适应和社会文化适应）和 Black 跨文化适应三维理论（一般性适应、工作性适应和交往性适应）为理论框架，并结合国内外其他跨文化研究的相关理论对驻沙特中国企业管理人员的跨文化适应状况进行研究。研究重点放在探索中国企业管理人员的生活、工作、交往三个维度的跨文化适应方面，并分析影响他们跨文化适应的相关因素，建构中国企业管理人员跨文化适应维度模型理论，并试着提出中国企业管理人员跨文化适应的应对策略。

第四章

中国企业管理人员生活适应

一、饮食适应

驻外中国企业很注重员工的一日三餐问题，毕竟中国企业人员远离祖国，解决好吃饭问题是头等大事。一般情况下，但凡有一定的规模的中国企业就会从国内聘请专业厨师烹饪一日三餐，使企业员工在国外也能够吃上家乡饭菜。当企业员工在食堂吃腻的时候，他们就三五个人一起在宿舍开小灶。另外，中国企业人员还会偶尔走出项目部去品尝当地饮食。在中国企业人员外出就餐时，当地的饮食习惯、风俗习惯等，也与国内有所不同。下面，将从食堂就餐、宿舍小灶、外出就餐等几个方面对中国企业人员的饮食适应情况进行阐述与分析。

1. 食堂就餐

中国企业根据规模大小、员工数量，以及员工的饮食特点等，会从国内聘请一些擅长不同菜系的厨师去国外中国企业项目部从事烹饪工作，专门解决中国企业人员的一日三餐问题。那些规模较大、职工人数较多的中国企业，聘请的中国厨师数量也会相应地多一些，并尽量考虑到来自不同地区企业员工的饮食特点，聘请擅长不同菜系的中国厨师去为他们做饭。当然，那些规模相对较小、职工人数也不太多的中国企业，就没法同时聘请几个中国厨师去项目部食堂工作，只能尽量聘请擅长多种菜系烹饪技术的一两个中国厨师。当然，个别项目部规模的确很小，只有不到十人的工作团队，考虑用人成本，他们不会从国内聘请厨师，而是企业员工们自己轮流做饭，烹饪技术好一些的员工就多做几天饭，大家下班后一起帮厨。但是，来自不同区域的中国人有不同的饮食特点，如有的地区，人们喜欢吃辛辣食品，有的地区的人们对甜食情有独钟，有的地区的人们又偏好酸菜，所以，甘辣咸淡酸，可谓众口难调。尽管中国企业项目部食堂伙食丰盛，几乎每天都能吃上牛羊鸡鱼肉，但是一些企业人员仍然觉得食堂饭菜的口味不适合自己，他们喜欢吃清淡少油的饭菜，而食堂饭菜油、腻、辣，烹饪方法非煎即炸，或者只能吃冰鲜的鸡鱼肉，不像国内那样能吃上新鲜的鸡鱼肉等。

但总体上看，中国企业项目部伙食标准很高，再加上沙特的牛羊鸡鱼肉也比较丰富，物美价廉，企业员工几乎每天都能吃上荤素搭配的家乡饭菜，一日三餐不成问题。

2. 宿舍小灶

尽管中国企业项目部聘有专门的中国厨师，食堂饭菜伙食也不错，几乎每天都能吃到牛羊鸡鱼肉，但是食堂饭菜也不可能天天更新变花样，常吃食堂也有吃腻的时候，而选择经常出去吃饭也不方便，更何况一部分中国企业人员又不习惯当地饭菜的味道，如沙特麦当劳的味道和中国麦当劳的味道就不一样。所以，有时候中国企业人员就自己备料，偶尔在宿舍吃一次火锅，改善一下口味。

> 吃的方面有点不适应，不适合中国人的胃口。食堂也经常烹饪海鲜，但做得并不一定好吃，不符合自己的口味。沙特也有相当长的海岸线，海鲜比较多。但是，同一种食物吃多了就想换换口味，于是就在宿舍自己做。有人从国内带过去一些火锅底料，几个人一起吃火锅。再买点其他食材，偶尔自己做着吃。（C29，孙先生，29 岁，管理人员）

或者，一部分中国企业人员吃腻了食堂饭菜，五六个人一起，在休息日从市场上买些牛肉，在宿舍包牛肉青菜馅饺子。沙特的肥牛价格便宜，合人民币几十块钱一公斤，质量也很好。另外，项目部后勤人员也种了一些小菜，如韭菜、白菜等，中国企业人员就就地取材，自己切菜，自己剁馅，包饺子调剂一下胃口。同时，用这种宿舍聚餐的方式，也能排遣长期在国外工作与生活的烦闷情绪，也是中国企业人员在枯燥的环境下发掘出来的生活情趣，是一种有趣的自娱自乐的生活方式。中国人讲究吃，民以食为天，在享受美食的过程中也能放松心情、排遣郁闷、联络感情等。

3. 外出就餐

也有时候，中国企业人员需要外出办理业务或者去外地出差等，或者特意选择休息日或空闲时间，大家开着车去市区或附近的镇上品尝当地美食，这种外出就餐的机会也很多。另外，沙特人的饮食也与中国人不一样，有些食物和饮料中国人比较喜欢和适应，而有些就谈不上喜欢和适应了。中国人注重饮食，所有这些因素，都会直接影响中国企业人员的外出就餐适应和在沙特的生活适应问题。提及当地饮食，如"焖迪"、手抓羊肉饭、饮料、椰枣、炸烤食物等，都给中国企业人员留下了深刻的印象，不同的中国企业人员对当地饮食的看法以及适应情况也会因人而异。

特别好吃的"焖迪"："焖迪"很受一部分中国企业人员喜欢，他们用"特别好吃"来形容对"焖迪"的喜爱程度。"焖迪"，是阿语发音的音译名，也恰巧，这种当地美食的名称与制作方法、过程几乎是吻合的，即通过"焖"的方法制作而成。"焖迪"以焖羊肉为主，在宰杀后的鲜羊肉上抹上一些盐，然后放到一个地下的特制的锅里焖熟，味道鲜美香嫩。除了焖羊肉之外，还有焖鸡肉、焖骆驼肉等。

其实，"焖迪"就是羊肉饭，但其特色是焖羊肉。根据高先生的介绍，"焖迪"是在羊肉上放上几种阿拉伯香料，在地下挖一个大坑，熏出来的。熏好之后，再切成块，有点像西北的手抓羊肉，但味道不同。另外，在"焖迪"里，还会放咖啡豆、藏红花等，吃的时候再搭配一些柠檬，风味独特，吃起来口感很好，对身体也有好处，当地人虽然吃得油腻，但"三高"人群还不太多，或许这跟他们的饮食习惯也有关系。通过一部分中国企业人员对"焖迪"的描述，可见他们很接受这种当地食物。

> 吃这方面，当地有一种有特色的美食，我们叫焖迪。它是用几种阿拉伯香料，在地下挖一大坑，熏出来的，但肉质确实鲜美。至于他用炭火还是什么，我就不太清楚了。熏好之后，再切成块。焖迪里面会放些绿咖啡豆，有一种清香的味道。这种咖啡豆还可以熬成咖啡，和生姜掺在一起，有驱寒祛湿的作用，喝起来口味独特，有点像茶。还可以放藏红花，藏红花在那边的使用率很高，他们在米饭里也放藏红花。另外，他们吃焖迪的时候，喜欢搭配一些柠檬。（C33，高先生，30岁，阿语翻译）

很香的手抓羊肉饭：除了焖迪之外，当地人常吃的手抓羊肉饭味道也不错，吃起来很香。手抓羊肉饭是当地人的主食，中国企业人员外出就餐时，经常看到当地人吃这种手抓饭。但中国人不习惯用手抓，有的当地餐厅会配备手套，或者汤匙之类的餐具。很多中国企业人员回国后，吃不到地道的手抓羊肉饭，很想念手抓羊肉饭的味道，甚至有想让回国的同事帮忙从国外打包一份回来解解馋的念头。可见，一部分中国企业人员很喜欢手抓羊肉饭。

便宜的本地餐：中国人的适应性是比较强的，能迅速适应当地的饮食习惯。

中国企业人员平时在食堂吃一日三餐，周末或其他空闲时间就开着车去市区或附近的镇上品尝当地美食。在沙特生活，如果不吃大餐，不吃西餐，也不吃"焖迪"（"焖迪"属于比较高的消费），而选择吃本地餐，如一份炸鸡，再加点米饭，价格跟国内同类食物相比还算是比较便宜的。还有，当地的一部分蔬菜是从国外空运过来的，价格昂贵，但如果吃本地种植或者从附近国家进口过来的一些蔬菜，价格要便宜很多。总的来说，本地餐价格并不贵，中国人在生活成本这一块，跟国内相比甚至还要低一些。

好喝的当地饮料：虽然沙特严重缺乏淡水资源，但是当地的海水淡化技术比较先进，建了很多海水淡化厂，海水淡化量比较大，连同其他淡水资源一起，很好地解决了沙特国内生产生活用水需求问题。在超市里，桶装水、瓶装水等各种饮用水，以及各种各样的饮料和奶制品等应有尽有。另外，当地咖啡茶风味独特，把咖啡和姜汁混合在一起，有点像姜糖茶中加入咖啡的味道。一些果汁饮料和奶制品饮料浓度很高，几乎是原汁原味，质量好，很好喝。当然，就像食堂就餐一样，再好的东西，吃久了喝多了也会腻。

> 喝的饮料和中国也并非完全一样，浓度很高，原汁原味。刚开始去的时候很喜欢喝，喝了一段时间后不喝了。刚去的时候感觉原汁原味很好喝，喝久了也很少喝了。另外，这些饮料还要冰箱保存，买回来一开盖就要喝掉，不能存放。（C24，潘先生，35岁，工程师）

营养价值很高的椰枣：椰枣是当地特产，在过去，椰枣也是沙特人的主食，吃几颗椰枣，喝几口骆驼奶，就能迅速补充体力和能量，可以说椰枣对于沙特人来说具有特殊的意义。再加上大部分沙特人喜欢吃甜食，所以，椰枣也是多数沙特人的最爱。当然，现在椰枣已经不是主食了，而是变成了消遣食品或招待客人的零食。椰枣的糖分高、热量高，营养价值也很高。另外，椰枣的糖分是天然的，糖尿病病人也可以食用。当然，椰枣因为糖分太高，对于中国人而言，他们喜爱与否就看个人的偏好了。

> 我偶尔会吃些椰枣，椰枣是当地的特产，很大，泡在蜜里面弄出来的，很甜。当地人很喜欢吃甜食，吃什么都喜欢在里面放点糖，喝茶也放点糖。（C17，郭先生，36岁，财务部副经理）

不太适应的炸烤食物：大部分中国人对于沙特美食"焖迪"和手抓羊肉饭

比较喜欢，但对于其他当地食物就不一定能够完全适应，如炸鸡、炸鱼、烤肉等，味道重、盐味轻、太过油腻、香料刺鼻等。另外，当地食物中所放的香料也跟中国人饭菜中的调料不一样，都是阿拉伯香料，偶尔吃一次还行，经常吃就不太适应了。还有，当地食物做法简单，以炸、烤、炖、凉拌等为主，很少炒菜。所以，跟中国烹饪相比，很多中国人认为当地食物根本称不上美食。

> 其实，当地是没有美食的。除了外面餐厅的手抓牛肉，其他真的很一般。米饭炸鸡，有时喜欢炖土豆、蔬菜沙拉，还有羊肉。没有炒，只有一两种简单的做法，炖或者烤，没有特有的美食。（C33，高先生，30岁，阿语翻译）

综上所述，中国企业人员在饮食方面既存在不适应的地方，也有很多适应之处。食堂就餐方面，中国企业项目部从国内聘请了擅长烹饪中国饭菜的厨师，员工们可以顿顿吃上中国餐。如果经常在食堂就餐吃腻了，中国企业人员还可以在宿舍吃小灶，这也是烦闷工作之余的一种消遣方式。另外，在当地，牛、羊、鸡、鱼肉等物美价廉，又有一些像"焖迪"和手抓羊肉饭等之类的当地美食，都很受中国人的喜爱。当地有各种水果饮料和奶制品，以及具有当地风味的姜汁咖啡等，这些都是非常不错的饮品。还有国际品牌的快餐店、西餐店，以及其他国家风味的餐馆。因此，中国企业人员在饮食方面有很多选择。只要不吃太高档的西餐、大餐，只吃本地餐，消费水平也很低。中国企业人员在饮食方面不适应的地方，主要是当地食物的烹饪方法多为炸烤，而且甜食较多，饮料也甜得发腻。但是，只要了解沙特的饮食习惯和营业规律，主动适应、适当调整，饮食适应是基本没有问题的。

二、居住适应

居住适应关乎中国企业人员能否住得下来、生活下去的问题。沙特大部分地区都是沙漠、戈壁、山区或高原，平原地区很少。接下来，将以项目部位于沙特西南地区的某中国企业为重点研究对象，阐述和分析中国企业人员的居住适应问题。该地区气候条件要比其他地区好很多，气温低一些，还时不时地下一场小雨，是沙特著名的度假和旅游胜地，在地理条件和气候环境方面，算是最好的地方。但是，就是这样貌似很优越的生活和居住环境，中国企业人员的适应状况也不尽相同。

1. 度假和旅游胜地

中国企业项目部所在地位于小高原上，海拔 2000 米左右，跟中国的云贵高原差不多，空气干爽，气候宜人，四季如春。一部分来自广州的中国企业人员认为这里的气候条件比广州好很多，广州雨水比较多，特别是春节过后的很长一段时间里，到处都是湿漉漉的。而这里气温不算太高，夏季最热 30℃ 左右，冬季最冷也不会降至零下，一年四季可以穿长袖，而且常年的降雨量要比其他地区高一些，偶尔还会下一场小雨，甚至也有暴雨倾盆的时候。尽管靠海，早晚温差有点大，甚至夏天晚上睡觉也要盖棉被，但整体上还是很适应的。这里是当地人的度假和旅游胜地。相较于沙特其他大部分沙漠地区，这片区域可谓是最好的地方了，一部分中国企业人员很适应这里的居住环境。

> 那里的天气干爽舒服，紫外线是强了一点，但总体来讲，我们还是蛮适应的。在山下天气热，温度高，昼夜温差大，基本上都是在空调屋里待着。我们那个项目在山上，海拔在 2100 米左右，所以它的温度还算好的。最热也就 29℃，气候还好。（C26，王先生，44 岁，机电部经理）

2. 高原反应的影响

尽管这片区域海拔不高，但一些中国企业人员也会产生高原反应。具体表现在：不能做剧烈的运动，导致心脏病、心肌炎，会有头发变白、脱发、斑秃、耳鸣、流鼻血、视力下降等症状。特别是那些年龄偏大或者身体偏弱的员工，高原反应会更加强烈一些。中国企业项目部好几任领导，在回国后身体都出现了问题。关于高原反应，项目部行政部人员杨先生，也是一名阿语翻译，是这样描述的：

> 我们有一个印度的雇员，50 多岁，其实年龄也不是很大，做质量安全管理员。他叫乌拉丁，工作认真负责，就因为心脑血管出了问题，被送到医院急救。他当时很害怕客死他乡，出院后就回国了。那里是2000 多米高的高原，气候比较干燥，空气比较稀薄。我刚开始去的时候，也不知道是不是高原反应，耳朵不舒服，流鼻血，头发也会白得快。（C15，杨先生，35 岁，行政部人员／翻译）

但是，相较那些年龄稍大、身体偏弱的企业人员，年轻人就几乎没有高原反应。即使有，也只是轻微的高原反应，症状很快就会消失。

> 轻微的高原反应还是有的。起码我在国内跑跑步、爬爬山没问题，但在那边你待得再怎么久，爬个山都要累得气喘吁吁。海拔 2000 多米，爬个山就有症状了。刚开始去的时候有些不适应，一个月之后就慢慢适应了。（C24，潘先生，35 岁，工程师）

3. 绿化少风沙大的环境

沙特绿化很少，这跟它的气候条件有关。沙漠化严重，气候干燥，天气炎热，降雨量少，淡水资源匮乏，绿化成本很高。所以，放眼望去，到处都是黄土、沙漠、戈壁、光秃秃的低矮石山等，即使靠海的西南地区气候条件很好，也有骆驼刺、仙人掌、松针树等沙漠地带植物。可能沿海城市绿化还好一些，但跟中国城市的绿化情况相比还差很远。沙特总体上气温偏高，尤其是首都利雅得，夏天气温会高达 50℃。还有，在沙特判断一个家庭是否富有的标准不是看拥有多少辆汽车或居住多大的房子，而是看谁家种的花草树木多。因为，要种植、灌溉和打理这些花草树木，得花钱请园丁，水也很贵，如果没有钱真的养不起这些花草树木。

中国企业某项目部所在地周围都是沙土、石头和低矮的石山，绿色植物很少，再加上空气干燥，雨水少，风沙大，风裹挟着沙土，尘土飞扬，连办公室里也会积满灰尘。因为大多数中国人还是喜欢有山、有水、有植物的地方，不喜欢炎热干燥、风沙大、绿化少的地方，而且尘土很大，对身体也有影响，所以，有些中国企业人员不适应沙特的居住环境。

> 像我年轻还好一点，有些年纪大一点的确实不适应。整个气候完全改变了，风沙很大，沙尘暴很严重，灰尘很多，对身体有影响。（C24，潘先生，35 岁，工程师）

另外，中国企业人员初到一个陌生的环境中，尤其像上述所描述的这种气候环境，有些人会产生水土不服的问题。就像上文中所说的高原反应一样，年纪大的企业人员尤为明显。但是，这种因陌生环境引起的水土不服问题，不会持续太久，也不会太严重，最终都会痊愈的。

> 主要是气候问题，沙漠地带很干燥，经常流鼻血，年纪大的不喜

爱锻炼就会有亚健康。当时人多，打打球或跑跑步，坚持锻炼，多喝开水。我去的时候，很长时间水土不服。身上起疹子，浑身痒，有些人跟我一样。回来休一次假，再回去就好了。当时治过，效果不是很明显。（C25，金先生，35岁，财务部经理）

综上所述，中国企业人员在居住方面，总体上是可以适应的。首先，中国企业人员的居住条件很好，他们居住的宿舍多是板房，有空调和独立卫生间，免费上网，能满足居住、休息、学习、娱乐等需要；其次，虽然在气候方面跟国内差别很大，大部分地区属于典型的沙漠性气候，气温高、雨水少、风沙大、空气干燥，但也有气候环境好的地方，如沙特西南地区是著名的度假与旅游胜地，天气就没那么炎热，降水量也多一些，绿化也好很多，中国企业大部分人员很适应这里的生活。不适应的人也有，如一些年龄稍大、身体偏弱的企业人员会有高原反应，年轻人好一些，虽然个别人也会有轻微的高原反应，但基本上过一两个月，高原反应的症状就会消失。所以，总体来说，中国企业项目部所在地在地理条件和气候环境等方面跟国内有很大差异，但随着时间的推移，中国企业人员通过适当的自我调整，居住适应没有问题。

三、出行适应

在沙特，汽车、火车、飞机是主要的交通方式。哪怕是在首都利雅得，也几乎见不到公交车，马路上疾驰而过的大都是私家车和出租车。沙特人出行主要靠私家车，几乎每家每户都有私家车，有的还不止一辆，而且都是4.0以上的大排量汽车。私家车盛行，汽车、火车等公共交通反而比较落后，城际之间稍微远一点的地方，就选择乘飞机出行。另外，私家车多，车好、路好、车速高，交通事故频发，这对于驻沙特中国企业人员的生活多少有点影响。

1. 路好、车好、油价低

在沙特，汽车多为进口车，免关税，价格低，几乎每家都有好几辆汽车。沙特石油储量丰富，几年前的油价便宜到基本上与矿泉水价格差不多。因为，当地淡水资源缺乏，有相当一部分用水都是淡化水，海水淡化成本很高，如果政府不给予补贴，估计水价真的比油价还高。多数沙特人做事慢条斯理，但有一项却很快，那就是开车飞快。沙特人喜欢开快车，这可能跟他们的道路质量有关系，当地的普通公路或高速公路，大都是用高质量的沥青铺就，铺得厚实，而且道路宽阔，路况良好，车开起来很平稳。所以，沙特人交通出行的基本特点是私家车为主，飞机为辅，路好、车好、油价低、车速快。

　　沙特的汽车很便宜，基本上是零关税，因为当地没有汽车制造厂商。开车比较快，油价很便宜，所以那边的大排量豪车很多。另外，当地路况好。石油的副产品就是沥青，当地除了石油多就是沥青多，而且沥青的品质非常好。沙特的道路，特别是高速公路，沥青非常均匀，颗粒非常小。一条大直路铺展开来，一眼望不到边，随便开都是180~190迈。所以整个国家就一样快的就是开车，其他的都很慢。（C10，许先生，38岁，商务部经理助理）

2. 开快车、交通事故频发

在沙特，在市区、小区和学校门口等地方几乎见不到减速带，行人过马路别指望车让人，一辆辆汽车从你面前疾驰而过，有时候等上10多分钟也过不了马路。一些私家车在市区没有红绿灯的地方都能开到160迈，在路况比较好的高速路上，车速肯定在160迈以上。车开得快，交通事故频发，每年因车祸造成的死亡人数就有10万~20万人。沙特车好、路好、油价低、驾考把关不严等，这些应该都是沙特人喜欢开快车、交通事故频发的原因。

　　当地人开车飞快，一般的公路开车都开到160~170迈。街道无论多窄，两部车相差不到两三米车速都是七八十迈，从你身边嗖地经过。我开车的车技就是在沙特练出来的。（C22，李先生，32岁，设计师）

3. 以私家车和飞机为主的交通工具

沙特出行主要以私家车为主，火车很少，几乎没有公交车，去稍微远一些的城市可以坐飞机。坐飞机跟国内坐公交车差不多，提前订票又会便宜一些，经济收入一般的人也能承担得起。

　　城市与城市之间出差可以开车去，飞机也多。在沙特，城际之间很少有公交车或者火车之类的交通工具，基本上都是私家车，这也可能跟它的油价低、私家车比较多有关系。这就导致即使有公交车或火车，乘坐的人也不会太多。（C26，王先生，44岁，机电部经理）

综上所述，沙特人的出行特点是：短途出行全靠私家车，长途出行以乘飞机为主；车好、路好、油价低。所以，沙特人喜欢慢生活，唯有开车比较快，也因此交通事故频发。中国企业人员在这样的国家工作和生活，他们的出行方式跟当地人是一样的。具体表现在：当地的驾照考试不严，用中国驾照申请当地驾照手续简单，很多中国人都有驾照；中国企业项目部配有公车，中国企业人员出行是很方便的，甚至个别中国企业人员也有自己的私家车，毕竟在沙特长期工作和生活，私家车是必不可少的交通工具。总体上看，中国企业人员出行比较方便，但像在这样的国家工作和生活，无论长期居住还是短期逗留，如果没有私家车，出行是个大问题。

四、购物适应

中国企业人员在外出购物方面还算方便，当地货物齐全，琳琅满目，可谓应有尽有。当地政府对于日常必需品，如米、面、油、水、菜、瓜果等给予适当补贴，价格不贵，经济收入一般的群体也能消费得起。在沙特，有些商品国内没法生产，主要靠进口，免部分关税，价格也很便宜。外国人在当地购物有不适应的地方，但总体上对他们的生活不会产生太大的影响。

在当地有大商场、大超市、Shopping Mall 等，跟国内基本一样。也有农贸市场，就像中国的集市一样，蔬菜、水果、活禽、牛羊鸡鱼肉等都能买到。对于中国企业人员来说，日常用品、瓜果蔬菜、鸡鱼肉蛋等都可以去农贸市场购买，不必去大商场、大超市。在农贸市场购物几乎没有时间限制，人来人往，很热闹，有很多专卖牛羊肉或各种海鲜的店铺，也有一些水果蔬菜摊位，或者露天的家禽市场等，有相当一部分商品是可以在这些地方购买的。

> 农贸市场是卖农产品、日用品的。农贸市场卖些水果蔬菜，可以讨价还价。他们不是按斤卖，是按一堆一堆的，很好计算，不像我们那么复杂。这堆五块、十块、十五块，就摆在地上弄个牌子，认堆就行了。平时就是个店铺，一到周五热闹非凡，我们叫周五市场。（C1，魏先生，42 岁，商务副经理）

的确，中国企业人员在沙特外出购物会有一些不便和限制之处，如公共交通工具少，大型商场营业时间和规定各异等。但是，中国企业人员一般都会有自己的交通工具，大部分人都有当地驾照，开车外出购物没问题，只要熟悉当地商场营业时间和规定，在沙特外出购物的不适应问题是可以克服的。

五、娱乐适应

沙特人的家庭观念比较强，他们在工作之余通常跟家人在一起，或者去野外烧烤、购物、旅游等。而对于远在万里之外工作的中国人来说，娱乐活动少，也很少参与当地人的家庭活动，因此，他们工作之余的娱乐活动以及娱乐方式可能跟国内比会有一些差异，这些都会影响中国人工作之余的娱乐适应问题。但同时，中国人又积极乐观、吃苦耐劳、适应性很强，他们在工作之余开展了丰富多彩的自我娱乐活动，或者利用工作之余提升自己的能力与素质，把原本枯燥的生活过得多姿多彩，富有情趣。

1. 没有娱乐的业余生活

在沙特，中国企业人员长期在封闭的项目部里过着办公室、宿舍、食堂三点一线的生活，工作和生活交织在一起。长时间生活在这样的环境中，会使他们的工作压力和生活苦闷持续郁积、无法排遣，这无疑会影响中国企业人员的生活适应问题。针对这样的生活环境，不同的中国企业人员有不同的感受。一部分人觉得生活苦闷、单调、无聊，但也有一部分人觉得这种生活安静简单，没有太多的纷纷扰扰，可以静静地做自己喜欢做的事情。

（1）单调的生活

中国企业人员集中工作和生活在项目部里，办公室、宿舍、食堂之间相距很近，每天除了休息和吃饭，大部分时间都待在办公室里，天天对着电脑。工作与生活很难分开，生活也是工作，下了班也无处可去。也许刚开始去的时候，一下子摆脱了家庭的束缚，还有一种新鲜感，但过了一段时间之后，新鲜感就会慢慢消失。然后，就会想家、失眠，半宿半宿地睡不着觉。每天的生活作息很规律，过的是集体生活，日复一日、年复一年，时间一长就感觉很无聊。长期下来，工作上的厌烦和生活上的烦闷情绪无法排遣与发泄，很容易出现心理问题。

> 我下了班可以走，但我不知道去哪儿。而且我们下了班就马上吃饭了，不吃饭就没饭吃了。吃完饭一般不回宿舍休息，而是回办公室。晚上吃完饭回办公室，每天不出去的话，都在办公室。中午吃完饭回宿舍睡个觉，反正直线距离就是 50 米。特别是下午下了班之后没地方去了。我下午五点半下班，走 20 多米就到饭堂，六点十五分吃完饭，然后去散步，七点半回办公室，十点回宿舍，然后洗澡睡觉。反正我天天对着电脑，哪里也去不了。（C2，武先生，34 岁，技术中心副主任）

（2）烦闷郁积的生活

中国企业人员在封闭而单调的项目部生活，长期郁积的消极情绪，如果在国内，可以通过某种形式，如一起喝喝茶、出去吃个饭，或者小酌几杯就化解了。至少在国内工作和生活的圈子要大一些，基本能做到不想见某个人就可以尽量少见或者几乎不见，但在国外项目部这样一个封闭的圈子里，抬头不见低头见，即使再不想见某个人也得天天面对。这样，因为工作和生活中的一些不愉快所引起的负面情绪就会无法发泄，然后逐渐积累，就像气球一样，总有爆炸的时候。也就是说，中国企业人员找不到可以发泄烦闷情绪的出口，也没有一个独立的空间可以平复自己的情绪，更没有家人或朋友在身边可以倾诉。所以，这种烦闷郁积的生活要持续很久才能逐渐恢复平静。

> 项目前期刚开始去的时候，基本上就是三点一线。饭堂，办公室，工地。没有网络，你知道的事情我也知道。再加上同事之间相处，难免会产生一些分歧和矛盾。本来是没有矛盾的，但处着处着就有矛盾了。很快，矛盾开始激化，负面情绪开始积累，然后就开始爆发出来了。各种不同的爆发方式，偶尔争吵也不可避免。天天过着这种封闭式的生活，不争吵才怪呢。（C24，潘先生，35岁，工程师）

（3）安静充实的生活

对于一些中国人来说，他们认为这种生活太封闭、太枯燥、太安静，无法忍受，如同煎熬。但对于一部分中国人来说，他们更喜欢和享受这种安静而简单的生活，毕竟不需要应对复杂的人际关系，不需要进很多的人际圈子，也少了一些社会应酬。某培训机构的云女士（C38，云）就认为，女性在国内也需要应对各种复杂的人际关系和社会关系，一个人可能需要关注十个点，但在这里只需要关注三个点或几个点就行了，工作、生活与交往比国内简单多了，少了许多无效社交，只需要关注自己的事业和家庭就行了，她很喜欢这里安静与简单的生活氛围。她发现，只有一个人情绪稳定了，才能静下心来做一些事情，才能喜欢和执着于自己所做的事情，才能做得更专注，自己的能量才能最大化地发挥出来。的确，这种生活的安静与简单，让人少了许多纷纷扰扰、少了很多应酬等，反而更能静下心来做一些事情。一些在沙特工作的中国企业人员有自己的兴趣爱好，闲暇时间里练习书法、绘画、篆刻等。他们认为做这些事情比天天拿着手机刷朋友圈、刷抖音、看电影、玩游戏等有意义多了。例如，某中国公司的周先生，爱好中国传统文化，对国学经典和中国书法很感兴趣，工作之余通过阅读经典与练习书法陶冶自己的情操。在周先生看来，要面对所谓的闭塞和枯燥的生活，一定要培养正确的兴趣爱好，充实业余生活，提高随遇而安的思想境界。

> 我个人认为，年轻人一定要重视对中国传统文化的继承，加强对文化传播的理念推广。我们常讲随遇而安，什么是随遇而安？如果没有正确的文化积淀，健康的兴趣爱好，你来到这里是定不下心来的。这是一个缺少健康兴趣爱好培养的问题，导致人出来以后心浮气躁越来越严重，静心的越来越少。（C40，周先生，34岁，公司总经理）

像周先生工作之余通过阅读经典与练习书法陶冶自己的情操、静享安静的生活一样，很多中国企业人员在闲暇之余，也会选择喝茶聊天、看电视电影、看书学习、练字绘画等安静的生活方式，使自己沉心静气，静享生活。只有静得下来，才能耐得住寂寞。中国的茶文化，也被带到了这里。晚上下了班吃完饭，几个人一起喝喝茶、聊聊天、看看电视电影，安静地享受闲暇时间。

> 工作之余，我们平时一起喝茶的也有好几个人，每个人的兴趣都不一样。我是一个潮汕人，潮汕人喜欢泡工夫茶。我在国内也带了一套工夫茶具过去，包括这一套茶盘茶杯，都带过去了。在喝茶的同时看看当地的新闻，看看当地的电视频道。（C17，郭先生，36岁，财务部副经理）

也有一部分中国企业人员，利用在国外充足的空闲时间学习专业知识，提高业务能力；或者边工作边复习，报考国内的研究生，或者考取跟自己专业相关的执业资格证书等。工作之余看书学习，既提高了自己的专业素养，又把枯燥的生活过得充实而富有意义。如叶先生就利用国外充裕的空闲时间加强学习，几年内考取了造价工程师、一级建造师、经济师，几个建筑专业比较有含金量的执业证书。

> 那边生活其实很枯燥，但我过得还比较充实，考了几个证。在那边有大量时间，晚上吃完饭六点钟到夜里十二点钟六个小时的时间可以利用。有些人可能觉得过得比较苦闷，没有什么事做，但我觉得有这么多空闲时间不能浪费掉。（C19，叶先生，42岁，工程部高工）

虽然，对于很多中国人来说，国外的生活过得单调煎熬，天天就是吃饭、睡觉、工作等，只在方圆一千米左右的项目部里活动，范围很小。但是，曾经在沙特工作三年多的中国企业管理人员武先生，连同他的妻子、孩子都很喜欢那里的生活环境，认为沙特是个好地方。他认为安静的生活能使他有更多的时间思考人生，做自己喜欢做的事情。

> 在沙特待了三年多，对那里也有点感情。毕竟那段经历给我太多正面的东西，没有太多负面的。有些人可能会认为离开家庭，来到这边后又很少出门，在山里待着走也走不出去。但我认为每个人心态一定要放开，我就觉得这个地方挺好。我老婆一年有一次探亲的机会来沙特，她也觉得这里很好。包括我孩子，他也觉得这里是很好的地方。（C2，武先生，34岁，技术中心副主任）

菲律宾人PABLO也认为这种没有过分娱乐的生活其实并不是坏事。应酬少，花钱的地方也自然少很多，更能存到钱，这也是在这里生活与工作的好处。如果换作在迪拜或巴林工作，天天发了钱就花天酒地，吃喝玩乐，可能赚的钱连供小孩上学的学费都交不起。PABLO在某外国公司工作，家庭负担也很重，65岁了还在努力赚钱。

> 工资的70%寄回国内，留下30%自己开销。而这30%当中，只留10%作为生活开支，其他的20%又能存下来，这是在这里的好处。在巴林和迪拜等地区，就不能存那么多钱了。（F5，PABLO，男，65，项目经理，菲律宾）

可见，中国企业人员在沙特长期局限在项目部三点一线的生活中，他们工作之余的生活肯定感觉枯燥乏味，如同受煎熬。但是，也有一部分中国人能够安下心来，静享安静而单纯的生活，如喝茶聊天、看书学习、练习书法绘画、看电视电影等，专注于自己的事业，安静地做自己喜欢做的事情。很多人能把工作摆在第一位，工作之余培养自己的兴趣爱好，并挤时间多学习，充实自己的业余生活，能在异文化环境中做到随遇而安。既把枯燥单调的生活过得充实而富有趣味，又很好地提升了自身能力与素质。反之，就会觉得国外的生活单调无聊、度日如年。如果是那样的话，甭说能做到很好地适应，就连基本的生活和工作都很困难。

2. 自我娱乐的业余生活

中国企业人员在沙特生活与工作，远离家乡，半年才有一次探亲假，思乡之情可想而知。另外，平时的工作很繁忙，工作与生活很难分开，多数时间都在工作，日子过得单调烦闷，枯燥乏味。为了丰富业余生活，中国企业人员在工作之余自己找乐子，用丰富多彩的娱乐消遣活动填补闲暇时间的空虚郁闷，把枯燥的生活过得充实快乐、富有意义。如红海捕鱼、旅游观光、室内健身、户外锻炼、养猫之乐等。

（1）红海捕鱼

中国某企业项目部离红海只有大约200千米的路程，周末没事，抽一个傍晚的时间，三五个人一起开车带上鱼叉、手电筒和水桶等捕鱼工具，直奔红海。下午5点钟左右从项目部出发，途经一些蜿蜒起伏的山间高速公路，不到两个小时就到了红海边。晚上七点钟左右的时候，海水开始退潮，大家就开始两人或三人一组携带捕鱼工具进入红海捕鱼。中国企业人员经常去捕鱼的那片海域没有渔船，当地人也不怎么喜欢抓鱼，海草茂盛、养分充足，鱼蚌虾蟹较多，每一次捕鱼几乎都有不错的收获。有时还带着炊具过去，现场烤鱼或熬粥，很新鲜。或者把这些捕获的鱼蚌虾蟹带回项目部，经过食堂厨师的精心烹饪，第二天餐桌上就会多出一两道海鲜美味。大家品尝着自己亲手捕获的海鲜美味，那种感觉能惬意很长时间。红海捕鱼活动，给中国企业人员留下了很深的印象，凡是参加过红海捕鱼活动的中国企业人员，当谈起这一段有趣的经历时，都会眉飞色舞、绘声绘色，沉浸在美好的回忆之中。

> 印象最深的就是在红海用绳子钓起来第一条鱼。就是不用鱼竿，在鱼钩上上好鱼饵，大概海底十几二十米，用手指感觉鱼在下面争食，然后拉上来钓到第一条鱼。那时候印象比较深刻，也没什么娱乐。还有一次，那边渔产比较丰富，同事们晚上会下红海去抓鱼。我们那里离红海开车需要两个多小时的车程，然后到了海水一退潮，裤脚一挽起来，就用灯照着鱼，用鱼叉来叉鱼。遇到鱼群的话一次就能逮几十斤，甚至更多。他们可以在红海边上过一个晚上，凌晨开车再回来。或者把捕获的鱼蚌虾蟹带回项目部，留给厨师精心烹饪。（C17，郭先生，36岁，财务部副经理）

不过，有时候他们在捕鱼的过程中，当地警察会过来盘问，检查中国人的护照。一般情况下，他们比较友好，不会太为难。他们提醒中国人捕鱼时不要光着膀子，注意自身形象。有时候，他们出于对下海捕鱼的中国人的安全考虑，提醒他们捕鱼时要穿上潜水衣，不要进入太深的海域，以免涨潮时发生意外。中国企业人员很享受这种放松自我、自由愉悦的氛围，以及与大自然亲密接触的经历与体验。

（2）旅游观光

对于一些中国企业人员来说，平时就是工作与生活，工作为主，生活与工作很难分得开。所以，他们会利用周末或假期的时间四处转转，观光旅游。如果假期较短，只有一两天的时间，就开着车在项目部周边方圆两三百公里的地方自驾游。例如，观光、爬山、逛公园、逛商场、烧烤、钓鱼等，了解当地的风土人情，欣赏当地的独特景观，也缓解一下这种枯燥乏味的生活。

> 我们在那儿很无聊，看到一棵绿色的树就会感到很兴奋。如果遇上什么节日可以多放一两天假的话，我们就利用这个假期去周边玩一下。看山上光秃秃的石头，看高原上偶尔会有一片茂密的树林，去红海边上游泳。有时候开车去周边看看，欣赏当地的景色。附近有个断崖，像一个峡谷一样。还有苏达山，相当于一个小公园。过去那边烧烤，找一些小地方去钓钓鱼。（C6，李先生，44 岁，工程部经理）

如果假期较长，超过两三天的时间，就坐飞机到几个大城市去玩一玩，或者趁着探亲假回国的机会，在周边的几个国家或地区转机，逗留几天，转一下。很多在沙特工作的中国企业人员去过埃及、迪拜、英国、印度、斯里兰卡等国家和地区。

> 那时有两次休假跑去迪拜，飞机经停迪拜，玩一两天，然后再飞回国内。这样就省机票了，专门飞迪拜还得买机票。就是把机票往后推个一两天，就可以在迪拜玩一下。去过迪拜两次，一次和同事去的，还有一次跟我现在的老婆一起去的。 （C11，陈先生，34 岁，仓库主管）

（3）室内健身

一些在沙特工作的中国 80 后，下班之后感觉空虚无聊，曾一度掀起了一股健身热。他们在下午下班之后，吃完饭后会一起开车去四十公里之外的健身房健身。健身结束，再集体返回项目部。睡一觉之后，第二天又"满血复活"了。

健身给他们带来了新的话题，为枯燥的生活增添了新的乐趣。

> 有一段时间心情不好，早点上床，钻进被窝里，听一下音乐。后来开了个健身房，我们就去健身。那时候有一股健身潮，在国内也发现一些人喜欢健身。那时候实在无聊，几个同事开着车去健身房。健身房离我们项目部挺远的，开车要30多分钟，来回要一个多小时。我们一般是吃完晚饭开车去那里，到那里差不多都消化了，健完身大概在九点多，在里面冲个澡，集体再出来。刚开始我很坚持，每天都去，然后就慢慢地淡下来。那时候有这个氛围，几个人下班吃了饭就走，都是80后，找件事做。要不下班后太空虚，该聊的都聊完了，没有话了。健身又有了新话题，大家聊一下健身心得。（C11，陈先生，34岁，仓库主管）

（4）户外锻炼

中国企业人员除了室内健身之外，很多人还热衷于户外锻炼，如散步、跑步、爬山、踢足球、打篮球等。这些活动大都是户外有氧运动，对于中国企业人员保持旺盛的精力、充沛的体力和愉悦的心情非常重要。很多人在晚饭后一般不会走出项目部，就在项目部大院里散步，或者几个人一起去附近的公园里散步。

> 那边全都是私家车，没有公交车。你出去逛也没地方逛，就是几个大商场。有时候吃过饭会约个同事一起散步，但都在项目部里面。整个项目部像是圈起来的一个地方，所有的生活工作都在这里。一般走路都不会出大门，平时也不需要走出去。一部分男同事有时候会去后面的国家地质公园里散步。我像上大学一样，一周出去采购点东西，或者出去逛一下，平时是不出去的。（C28，尤女士，33岁，行政部人员/翻译）

球类运动，如足球、篮球、乒乓球、台球等，也是中国企业人员喜欢的体育锻炼形式。项目部提供器材和场地，企业人员在运动中既可以锻炼身体，又可以增进彼此的感情，还可以通过这些活动缓解一下枯燥乏味的生活。中国企业人员有时候还会邀请在那里工作的其他中国企业人员、沙特人、其他国家的人一起打篮球、踢足球等。在沙特，足球是非常流行的球类运动，喜欢篮球运动的人很少，甚至有的大学的体育馆连篮球场也没有。

（5）养猫之乐

曾在中国企业项目部工作过的陈女士分享了一只可爱的流浪猫被中国企业人员收养，然后与猫长时间相处的故事。养猫的过程，给中国企业人员增加了很多生活乐趣。这只流浪猫和她的"孩子们"给中国企业人员枯燥的生活增添了许多色彩。

> 那只猫很可爱，非常乖，就像小狗一样，怎么弄它，它都不反抗。它是流浪猫，当时我们就收养了。后来它怀孕了，生了一大堆小猫仔，我们整个部门都是猫，到后来发展成二十几只猫了。当时有一件很有趣的事情，那只猫被人抓走关起来了，后来被我们解救出来了。当时我们的一个主管写了一封信给电白的工头，说如果再敢抓我们的猫，工钱就不给他们了。大家都在养这只猫，我们是相隔的两个办公室，她喜欢在哪个办公室睡就在哪个办公室睡。我们整个部门的人都很喜欢小动物，大家就养起来了。（C23，陈女士，33岁，管理人员）

因此，中国企业人员在沙特生活，很多人觉得不适应，甚至待不下去。但是，也有一部分中国人很享受这种安静而简单的生活环境。中国人的适应性很强，几乎每个人的思想结构里都有儒家的拼搏进取、佛教的随遇而安、道家的安贫乐道，无论在何种境遇下都能保持乐观的心态，积极应对。中国企业人员在工作之余有着丰富多彩的自娱自乐活动。所以，大部分中国企业人员都能够克服水土不服的问题，逐渐适应略显烦闷与枯燥的生活，甚至走出心理阴霾，在国外工作和生活的同时实现自己的梦想。

六、语言适应

语言是交际的载体、沟通的工具，中国企业人员在日常工作与生活中需要与沙特当地人及外籍人员打交道，这就要考验他们的语言交际能力，所以，语言方面的适应也很重要。中国企业人员的外语水平，尤其是英语水平整体上还是可以的，但能用阿语跟当地人进行熟练交流的人很少。整体上看，在沙特工作生活的其他外籍人员的外语水平要高于中国企业人员的外语水平，再加上文化优势，他们的适应能力更强。

1. 中国企业人员的外语水平

中国企业人员大多数能用英语进行简单沟通，一部分人会说几句常用的阿语，日常交流没有问题。但总体上看，除了专业的英语、阿语翻译，以及个别外语能力较强的中国企业人员之外，多数中国人对于专业领域的英语表达还是欠缺的，会说阿语的人太少了，所以在专业而深入的交流方面存在一些困难。

（1）能用英语简单沟通

中国企业人员能用英语进行简单沟通，但是涉及专业英语，如建筑、设计、商务、法律、财会等领域的专业术语等就会差一些。另外，中国企业人员会说阿语的比较少，很多人只会说几句常用的阿语。不过，外语本来就是用来沟通与交流的工具，只要表达的意思对方明白就行。所以，有时候在跟外国人打交道的时候，碰到语言上不会表达的，可以通画比画、做手势等肢体语言来表达，将言语交际与非言语交际结合起来，也能进行简单的沟通。

> 我不懂阿拉伯语，英语还可以，因为现在沟通用英语的场合较多。我的英语水平跟专业人士相比就烂得不行，但是一般日常沟通还是没问题的，建筑领域的英语懂一点，真正沟通不了的就用手势比画。（C3，甄先生，36 岁，部门经理助理）

（2）语言学习"一举多得"

由于长时间跟沙特人接触，一部分中国企业人员也学会了简单的阿语表达，用阿语进行基本的交流没问题。个别中国企业人员还深入地研究过阿语、英语、法语、乌尔都语等。如黄先生的职责是管理外籍人员，很有语言天赋，掌握好几种外语，能跟说不同语言的外籍人员进行沟通交流，黄先生过硬的语言能力有助于自己的管理工作。

> 我去到那边不是坐办公室的，要管理外籍工人，外籍工人主要是巴基斯坦人。巴基斯坦人讲话跟阿拉伯语是一样的，只是书写不一样。巴基斯坦语是乌尔都语和普鲁斯语，要和这些外籍工人打交道就要抽时间多学点外语。学语言，简单来说就是发音符号，汉语是象形和形声，对他们来说更难。无论哪种语言，都是几十个发音符号，像拼读一样，单词、词组、简单句、复杂句，外语能起到简单沟通的作用。（C13，黄先生，52 岁，工程管理工程师）

黄先生在非洲工作过，后来又被派往沙特的中国企业工作，在这个过程中，因为他的外语能力比较强，被安排管理外籍员工。黄先生有外语学习的天赋，再加上工作需要，以及他本人的努力学习，掌握了多种外语，如英语、西班牙语、法语、菲律宾语、阿拉伯语、乌尔都语等，对多种语言都有深入的研究。在非洲工作期间，黄先生每周上四个晚上的法语课，老师用西班牙语教法语，他学会了西班牙语和法语。工作之余，黄先生利用空闲时间学习阿拉伯语、菲律宾语和巴基斯坦语等，能用外语跟不同国家的外籍员工进行沟通。所以，对黄先生来说，学习外语不仅能打发空闲时间，是一种乐趣，还能提高自身业务能力，有助于自己的工作，可谓语言学习"一举多得"。

> 刚去非洲时，有一个适应过程，当地人讲西班牙语，我用当地的语言与他们沟通，基本的书写与阅读没问题。后面有一个学习法语的机会，听老师用西班牙语教法语。我有西班牙语基础，一个星期去四个晚上，十块钱一节法语课，太划算了。菲律宾语我也研究过，菲律宾语其实是南太平洋上的他加禄语，是他的土语。菲律宾语是最杂的，刚好我这几种语言都沾点边，加起来大杂烩，英语为主。印度、巴基斯坦人说英语，喉音比较重。后来走的时候还想学一下印地语，没时间了。阿语其实也能学会的，学习外语也是一种乐趣。（C13，黄先生，52岁，工程管理工程师）

2. 当地人及外籍人员的外语水平

沙特人会说英语的很多，特别是那些受过高等教育的、出国留过学的，在企业、政府部门等单位工作的一些精英阶层或高层人士，英语说得很棒。也有一部分沙特人不会说英语或说得很差，如保安、司机、当地居民，以及在超市、购物中心、餐馆等场所工作的当地人。在沙特工作的外籍人员，根据他们自身受教育程度，英语水平也有区别。受过高等教育的，一般都会说几种语言，除了自己的母语外，阿语和英语都说得很好，尽管带有口音，但表达流利、顺畅，交流没问题。不管是沙特人抑或是其他外籍人员，会说汉语的人非常少。

（1）沙特人的外语水平

沙特人懂英语的人很多，特别是高层人士、社会精英、受过高等教育以及去国外留过学的当地人等，尽管说英语时会带有口音，但跟他们用英语沟通基本上没有障碍。

> 沙特当地懂英文的人还是很多的，或者企业聘请的外籍人员，如印巴人这些，都会说英语，用英语沟通基本没有障碍。所以，这一点

还是比较能适应的。不过，沙特人说的英语不是很纯正，有口音，听不懂他在说什么。阿拉伯语言语调是快速的、激昂的，他们说出来的英语也很难懂。（C2，武先生，34 岁，技术中心副主任）

尽管大部分沙特人能说英语，但官方语言还是阿拉伯语，很多文件都是以阿语为主。如果有几个不同语言的文件版本发生冲突的时候，要以阿语版本为主。也就是说，英语在政治、经济、文化、教育、社会等各个领域都占有非常重要的位置，其功能是通用语，但阿拉伯语依旧是最主要的语言，很多店铺、机构的名称多以醒目的阿语标出，只有少数的同时标注英文名称。一些受教育程度较低的沙特人，以及超市、购物中心、餐馆等场所的工作人员，很多人不会说英语，只会阿语。而中国人只会说英语，会说阿语的非常少，双方缺少一个共同沟通的语言平台，交流起来就很困难。

（2）其他外籍人员的外语水平

在沙特工作和生活的巴基斯坦人，有一部分会说几种语言，除了巴基斯坦官方语言乌尔都语外，还会说阿语和英语，语言上比中国人有优势。曾在沙特的中资企业工作过三年多的巴基斯坦人 Imran（F15，Imran）指出中国人在生活方面有两点不适应，语言是其中之一，中国人会说阿语的少，英语说得很棒的也少，沟通是个问题。Imran 英语说得很流利，稍微带点巴基斯坦口音。同样，在沙特工作的巴基斯坦人 Gulha Meed 会说乌尔都语、阿语、英语等，英语尽管口音很重，但同样说得很流利，沟通没问题。

　　我会四种语言，阿语、英语、乌尔都语和我的家乡话。乌尔都语是我的国语，方言是我的家乡话。当我跟说不同语言的同事打交道时，会根据对方擅长的语言情况而选择不同的语言。如果对方阿语流利，我就跟他说阿语；如果对方英语流利，我就跟他说英语。（F5，Gulha Meed，男，36，质检员，巴基斯坦）

菲律宾人、巴基斯坦人、印度人、埃及人等虽然都能说英语，但是他们的口音很重，很难懂。哪怕是专业的英语翻译，有多年学习和使用英语的经历，但在刚开始的时候，面对这些带有不同口音的说英语者，会困惑到"怀疑人生"，感觉多年的英语白学了，一下子很难适应他们的口音。

那边什么人都有，菲律宾的、埃及的、印度的，他们口音很难听懂，一开始我们的翻译也很困难。印度的，巴基斯坦的差不多，叫乌尔都语，就是他们印度当地的英语。就像我们中国人讲英语有中国式的发音，也会受方言影响。刚开始我们带着专业翻译，专业翻译也听不懂。按照标准发音的话，翻译也听不懂他们的口音。所以刚开始的半年到一年，就没那么顺畅。沟通内容有误解，但是问题不大。（C6，李先生，44岁，工程部经理）

综上所述，中国企业人员的英语水平要普遍高于阿语水平，尤其是那些受过高等教育的中国企业人员，他们的英语水平是很不错的；但也有一部分中国企业人员的英语水平较差，跟外国人进行沟通交流有困难；总的来看，多数中国企业人员能用英语进行简单的沟通交流，但是专业领域的英语水平要差一些，而且会说阿语的不多。多数外籍人员会说阿语，英语虽然口音很重，但说得流利，表达顺畅；很多沙特人会说英语，但也有一部分受教育程度不高的沙特人几乎不会说英语。相较而言，外籍人员的英语水平要好于中国企业人员，而且，他们还有阿语和文化上的优势，适应起来更容易一些。另外，中国企业人员跟沙特人及其他外籍人员在沟通交流上的困难在于中国人会说阿语的少，沙特人及其他外籍人员会说汉语的少，而作为共同交流平台的英语，双方在水平上又存在一些差距，所以，双方在沟通交流方面存在一定的障碍。

七、社交适应

多数情况下，中国企业人员主要跟中国人交往，也会跟中国企业里面的外籍员工打交道，还会跟与中国企业有业务往来的沙特人以及其他外籍人员进行社交往来。总体上看，中国人的社交范围还是以中国企业内部的同事为主，与他们朝夕相处、相互慰藉。

1. 与中国人交往

中国企业人员主要还是跟自己公司的中国同事打交道，偶尔会跟在当地工作和生活的其他中国人交往，包括来自其他中资企业的员工、做生意的中国人，以及一些已经在沙特当地安家立业、孩子在国际学校上学、长期在沙特生活的中国人家庭等。

（1）与中国同事交往

中国企业人员平常接触最多的，都是平常一起工作、生活、娱乐的中国同事，朋友圈主要还是中国同事，跟其他外籍人员很少接触。在中国企业里面工作的女职员更是如此（如陈女士），平时不是在办公室就是在宿舍，很少与外界接触，与外界打交道的事情都是她的男同事在做。

> 在沙特期间，几乎没有接触其他外籍人员。在那里就跟我们上班一样，接触的都是同事。平时出去也都是跟国内的一些同事一起出去，自己的朋友圈主要还是中国同事，很少有老外。下面的员工和工人我也接触不了，就我们部门的人。跟监理公司对接也不需要我去，监理是菲律宾人，都是男同事去，我就是坐办公室。（C23，陈女士，33岁，管理人员）

（2）与其他中国人交往

中国人的朋友圈也有来自其他中资企业的中国员工，如三一重工、中交公司、中土公司等单位的中国员工，在沙特做生意的中国人，以及长期在沙特生活、孩子在国际学校上学、一家人都在沙特的中国人家庭等。中国企业人员通过一些活动结识其他中国企业的一些员工，再通过朋友之间介绍，朋友圈像滚雪球一样越来越大，结识的中国人也越来越多。

> 我在沙特工作的时候认识一个三一重工的朋友，我们是打篮球认识的。那个人也还好，我们比较投缘，经常一起外出旅游。他也有一些中国朋友，所以慢慢地这个圈子就越来越大了。其中有中交公司的，以及中国人自己在那边做生意的都有。（C18，杨先生，27岁，工程部工程师）

2. 与沙特人交往

中国企业人员也会跟沙特人进行交往，他们也给中国人留下了很深刻的印象。如重义气、热心肠，为朋友两肋插刀的沙特当地政府官员朋友，以及健身房里认识的一批健身"发烧友"等。另外，中国人和沙特人都重视礼尚往来，彼此见面会互送一些小礼物。中国人去当地人家里做客，也能看出他们的热情好客。他们会用"焖迪"、手抓羊肉饭等当地美食招待中国贵客。参加当地人的聚会，尤其是朗朗星空下，主客联欢、唱诗舞棒、品茶聊天、吃椰枣、喝驼奶、品尝手抓羊肉饭等，那种场景是欢快而浪漫的。

（1）与讲义气的沙特朋友交往

武先生（C2，武）结识的一位沙特当地政府官员，很重义气，关键时刻愿为中国朋友"两肋插刀"。这位政府官员每周都会邀请武先生去他的大别墅里游泳、烧烤、聚会，对他非常热情、友好。当武先生遇到困难时，他很愿意提供帮助。有一次，武先生去银行帮公司存款，被银行工作人员骗了500多块钱。武先生向这位当地官员朋友打了一个求助电话，半小时之内他就出现在银行大厅了，把银行大堂经理狠狠地骂了一通，为武先生要回了被骗的钱款。

（2）与沙特人礼尚往来

中国企业人员跟沙特人交往，也就是吃吃饭、喝点咖啡、聊聊天。另外，与当地人见面时会互送小礼物，注重礼尚往来，友好互动。

> 平时与他们相处，除了吃饭、喝咖啡，也没什么。他们有点特殊的就是见面互相送个小礼物，去见他们一般都是我们送礼物比较多。开始的时候我们都是送点茶叶，送点中国特色的东西，他们还是比较喜欢的。他也有些小礼物，像香水，或者一些手串等。关系熟了，作为真正的朋友，他真的可以把手上的东西送给你。贵重的东西也一样，只要一看你老是看着他的东西，他就问你是不是喜欢，喜欢就送给你，真的有这样的情况。（C4，林先生，50岁，办事处主任）

（3）临时结交沙特人

在健身房认识的当地健身教练，只能算是"健友"，和球场上认识的"球友"是一样的。大家一起运动，见面打个招呼，一起聊聊天、开开玩笑，运动结束，交往也就结束了，很少延伸到健身之外的其他时间或场合。跟这样的"健友"在一起健身、交往，几个月或一两年下来，甚至连人家姓甚名谁也不清楚，这样的关系谈不上是朋友，充其量只能称得上是相识。

> 我知道有些人有当地人朋友，但是我没有。我没有去接触当地人的意愿，我只是待在自己的营区里面。出去也是，有认识的，但很要好的没有。比如说健身房里面那几个教练都认识，大家平常聊聊天开开玩笑，但仅限于在健身房的那段时间。练完了，离开了，就不会有任何交流了，我也不会给他们打电话。但是我知道有人有，他们去当地人家里吃过饭。（C3，甄先生，36岁，部门经理助理）

（4）到沙特人家里做客

中国人好客，沙特人同样好客。中国人去当地人家里做客，去之前会买些东西作为礼物。中国人有这个习惯，别人邀请你到家里做客，你如果空着手去，总会觉得欠的人情债太多。如果带点礼物过去，吃了这顿饭，感觉心里会踏实一些、平衡一些，没有那么愧疚。

> 到当地人家里做客，也去过很多次，拉上其他同事一起去的，没有试过单独去。去当地人家里吃吃饭、聊聊天。我们去做客会买点东西，国内如果很熟的话就不用了。其实他们没有这个习惯，这是我们的习惯。有小朋友的话可以买些巧克力，一般大都是以水果为主，哪里都一样。贵客来了，基本上都是焖迪，整一只羊，会很热情地招呼你。主人允许的情况下，参观他们的房间没问题，但我们一般不会去参观，因为他们对隐私的保护意识还是很强的。（C16，陈先生，35岁，商务部预结工程师）

（5）参加沙特人的聚会

沙特人的聚会跟中国人的聚会是有区别的。在沙特工作和生活多年的王先生讲述了他有一次参加当地人聚会的情景，听起来浪漫而有趣。

> 拿个大棒子，敲一下，举一下，跳棒子舞。我还参加过他们晚上的聚会，他们都是到晚上十点多才吃饭，把我饿得半死，所以我们在去之前会象征性地吃一点垫一垫。去了以后，他当时也请了一些当地的朋友晚上搞活动。一群人坐在星空底下，地上铺着地毯，前面放着炉子，煮着咖啡，烧着茶，喝着驼奶，吃着椰枣。然后，他们分成两拨。就听到这边"当当当当当当当"，那边就跟着和，就在那儿唱诗。我也不知道他们唱的什么，一唱一和的，很有意思。然后就在那儿聊天，喝茶，等到10点多会喊大家一起吃饭，吃手抓羊肉饭。（C35，王先生，44岁，副总/项目副经理）

可见，中国企业人员在国外工作与生活，不可能一直窝在封闭的项目部里，也会接触当地人。他们平时除了跟中国人交往最多之外，也跟沙特人有很好的交往。沙特朋友的义气豪爽、乐于助人、热情好客、礼尚往来等性格特点给中国企业人员留下了深刻的印象。另外，中国企业人员跟沙特人之间的友情也会随着时空的改变而改变，一旦某个共同的活动结束或中国企业人员回国，这种交往就会变淡，联系也基本上中断了。

3. 与其他外籍人员交往

很多中国企业人员结识的外籍人员，大都是因为活动或工作的原因认识并成为朋友的，当活动或工作结束之后，交往也基本上结束了。另外，中国企业人员跟其他外籍人员交往的深度不够，在国外期间还经常联系，但回国后就逐渐中断联系了。还有，就像中国人更习惯跟中国人交往一样，外籍人员也更倾向于跟自己的同胞交往，本国人联系本国人。

（1）因工作需要而结识

中国企业人员通过工作或活动会结识一些在沙特工作和生活的外籍人员，如通过踢几场足球以后，一部分就会发展成比较好的朋友关系。认识之后，能保持很长时间的联系，因为有共同的爱好，可能话题也多一些。也有一部分外国朋友，因为工作或合作关系而相识。但随着工作或合作关系的结束，彼此的联系就会变得越来越少。总的来说，中国企业人员与外籍人员交往，很难发展成能经常一起聊天、私交很深的朋友关系。

另外，中国企业人员与在沙特工作和生活的欧美、苏丹、叙利亚等国家的外籍人员也有工作上的来往，但也都是泛泛之交，在国外期间还通过微信等交友软件进行联系，回国后就很少联系了。

（2）线上线下多种渠道联系

中国企业人员与外籍人员交往，既有面对面的"线下"交际，也会使用一些社交软件进行"线上"交际。也就是说，中国人的交往适应能力还是很强的，会迅速学会如何与外籍人员进行交际，包括使用一些外国人常用的交际软件等。如 WhatsApp、Line、Facebook 等，包括中国人常用的微信软件，在沙特都可以使用。

> 在工作期间，结交一些外国朋友，都有联系方式的，有时候会聊聊天。包括我 2015 年回去之后，还有一些人隔了几年之后还认得我，其实我已经忘记了。我的朋友圈中，有沙特人，菲律宾人，各个国家的人都有。现在我联系不了，在那里用 WhatsApp，那个软件，就像微信一样。还有一个用 Line，东南亚用得比较多一点。其实微信功能很强大，他们只能单一聊天，Line 很少用，但菲律宾人可以用。（C16，陈先生，35 岁，商务部预结工程师）

中国企业人员的交际圈多限于与中国人交往，外籍人员也有这样的现象。我们有自己的聊天软件，他们有他们的聊天软件，我们的圈子在国内，他们的圈子在国外，彼此在平时聊不到一块去。像菲律宾人、巴基斯坦人等，他们也会跟他们的老乡玩在一起，各自有各自的交际圈。当然，也并不是不同的交际圈之间是完全隔离的，随着彼此交往的深入，中国人也学会了使用外国人的聊天软件，外籍人员也学会下载并使用微信、QQ 软件等跟中国人交朋友。

> 说实话跟他们不太熟，他们有自己的圈子。平常我们用微信他们不用，他们用国外的很多软件。我们用微博，他们聊天用 Snap Chat，电话号码注册的。他们很少会跟沙特人打成一片，大部分联系的还是在当地工作的本国人。他们跟中国人也交朋友，很多人为了和我们交流，学会了使用微信，微信在当地特别流行。（C27，钟先生，31 岁，工程师）

在沙特工作和生活的外籍人员数量很多，来自不同国家，如印度、巴基斯坦、菲律宾、孟加拉国、斯里兰卡、埃及、约旦、叙利亚、也门、苏丹等国。中国企业人员因为工作或活动与他们结识，一部分发展成朋友关系，并通过 QQ、微信、WhatsApp 等软件经常保持联系。但一般情况下，一旦双方的工作或合作关系以及彼此共同参加的活动结束以后，能长期继续保持联系的外国朋友不多。

4. 与外国人交往的障碍

外国人，在这里包括沙特人和在沙特工作和生活的外籍人员。相较中国人，沙特人及其他外籍人员大都会说阿语，他们之间的文化距离比较接近，在沟通交流的过程中比中国人更顺畅一些。中国企业人员跨文化交往的障碍主要包括语言限制、饮食习惯、话题缺失、文化障碍等，这些原因阻碍着双方发展成私密的朋友关系。

（1）语言限制

中国人因为工作关系跟沙特人和其他外籍人员认识，很少能发展成私人关系。因为他们说阿语，大多数中国人不会说阿语，而用英语交流，双方的英语水平都不是太好，只能进行简单的交流，无法聊一些深入的话题。所以，语言限制成了影响中国人与沙特人和其他外籍人员交往的障碍之一。

> 跟外国人相处，都是工作关系，很少能发展成私人关系，基本上没有。有一些做质量检测的，我们在一起工作，说到底还是工作关系。我们不会他们的语言，我们讲英语，人家那边很多人讲阿语，阿语不

会根本没法沟通。我们去外面的时候，可能就仅限于一些简单的沟通，比如说，买东西或吃饭的时候碰到就随便聊几句，但没什么深入的交流。（C6，李先生，44岁，工程部经理）

（2）饮食习惯

在饮食习惯方面，如所吃食物、所用餐具、三餐时间等，中国企业人员与沙特人及其他外籍人员不在一个"频道"上，存在一定的差异。在请吃饭一事上，基本上都要按照当地人的饮食习惯。鉴于各种原因，双方在一起吃饭的机会比较少，工作之余的交往无形中也就受到了限制。

从吃饭时间上来讲，不合适。像我们早上中国人吃早饭是7点钟多一点，他们那个时候已经吃完早饭了。中午12点左右的时候他们还没吃午饭，要和他们一起吃午饭的话，我们得饿着肚子等。如果约他们吃晚饭的话，差不多得等到晚上10点以后。（C14，吴先生，39岁，材料采购副经理）

（3）话题缺失

人与人之间的交往主要是因为情趣相投，有共同的爱好、话题等。中国企业人员跟当地人的交往多数因为工作和商务的关系，但也仅仅是工作和商务关系的泛泛之交，真正生活上的深入交往很少，回国后就彻底断绝联系，连邮件也不来往了。请吃饭也是为了工作或者礼节性地"请客"或"做客"，不是亲密朋友之间的那种交往，融入彼此的生活或社会圈子很难。中国人之间的交往，除了工作上的交往之外，生活上的交往也是很密切的。而在国外，中国企业人员与外国人交往的过程中，这些增进感情的机会是很少的。

跟当地人相处要难一点，因为文化不同，我们很难跟他们成为同路人。思维标准、行为规范、看问题的角度，跟他们是不一样的。可以与他们交朋友，但只是一些泛泛的朋友。我们与他们之间没有太多的生活关系，没有在一个锅里面吃饭。很少像在中国一些朋友饭后聊聊天，吹吹牛，打打牌，在国外这就很少。我始终认为还没有进入他们主流社会的圈子，没有融入这个社会。（C7，徐先生，52岁，总助/项目经理）

（4）文化障碍

中国企业人员语言的限制，再加上当地人强烈的隐私观念和独户独院的居住习惯等，这些因素使得中国企业人员跟当地人除了工作交往之外，在真正的社会生活中接触与互动的机会很少。所以，对于中国企业人员来说，当地社会是一个封闭的文化孤岛，想进却进不去。另外，中国企业项目部也像一个文化孤岛，他们大多数时间只能局限在项目部的小圈子里活动。中国企业人员虽然有外国朋友，但多是泛泛之交，很难发展成私交很深的朋友关系，也很难跟外界有比较深入的交往。这样的生活，谈不上有归属感，更谈不上适应或融入当地社会。他们虽然是中国人，但毕竟是在异文化的环境里工作和生活；虽然是跨国公司员工，但跟沙特人或者其他外籍人员接触与交流的又不太多。这也是中国企业人员交往的文化障碍，双重文化孤岛的限制。

> 跟外国人交朋友很难，但也有例外。那时候跟一个韩国公司有接触，都是亚洲，大家相处还可以，但实际上在那里真的没有朋友圈。语言不通，另外我们去到那里很少串门，他们那边也没有经常邀请我们去串门，他们对私密空间可能要求会高一些。要说朋友圈，很少，大都是工作关系。（C6，李先生，44岁，工程部经理）

综上所述，中国企业人员的朋友圈以中国人为主，再加上一部分沙特人和其他外籍人员。中国人因为工作或者活动而结识的沙特人和其他外籍人员，一些也能发展成比较要好的朋友关系，但随着工作关系、合作关系或者彼此共同参加的活动的结束，交往少了，联系也就逐渐中断了。另外，沙特人或者其他外籍人员的朋友圈以他们的同胞为主，中国人朋友圈也有这个特点。中国企业人员的社交适应存在以下障碍：语言限制，中国人会说阿语的少，沙特人和其他外籍人员会说汉语的少，双方用英语很难进行深入的交流；饮食习惯，当地人的三餐时间、所吃食物、所用餐具等，跟中国人有差异，双方不在一个"频道"上；话题缺失，中国企业人员跟沙特人和其他外籍人员的交往多局限于工作与活动，工作与活动交往之外的生活交往很少；文化障碍，中国企业人员大多时间局限于封闭的项目部里，沙特人也有着强烈的隐私观念和独户独院的居住习惯等，双方之间的交往犹如两个孤岛之间的隔离，彼此的交往会有一定的障碍。因此，多种因素导致中国企业人员很难跟沙特人或其他外籍人员能发展成非常私密的朋友关系。

八、心理适应

心理适应也是中国企业人员很重要的生活适应问题之一，主要包括出国动机、家庭支持、工作出路等几个方面。如果中国企业人员出国工作的动机很强、家庭支持的力度很大、回国后的工作问题能够得到妥善安排等，他们在国外工作与生活就会非常安心，无后顾之忧。否则，他们就会人在国外，心却在国内，这将会直接影响他们在国外的生活适应状况。

1. 出国动机

中国企业人员的出国动机，会对他们在国外的生活适应产生很大的影响。出国工作人员的年龄段分布多以青年人、中年人为主，刚毕业不久的大学生占了很大的比例。不同年龄段的出国工作人员的个人实际情况不同，他们出国工作的动机也不同，或者想得到历练，或者出于工作需要等。

（1）为了得到历练

很多中国企业人员，尤其是年轻人，出国工作的主要原因或者目的就是为了得到历练。出国工作可以开阔眼界、增长见识、磨砺自己。经过几年的海外历练，一些年轻的企业人员在管理水平、专业能力、语言沟通、思想理念等方面都得到了大幅提升。他们回国后，有的走上了更高的领导岗位，有的成了公司的业务骨干，有的跳槽到平台更好的工作单位，有的自己开公司当老板等。可以说，几乎所有回国人员都获得了更好的发展。

> 基本上到国外就是为了历练自己，提升自我，不然谁会愿意背井离乡？在国外工作生活几年之后，阅历丰富了，知识水平提高了，视野更开阔了，这些在回国之后都是宝贵的个人资本，是难得的海外工作经历，对自己的长远发展是非常重要的。（C23，陈女士，33 岁，管理人员）

（2）出于工作需要

一部分企业领导去国外工作，享受的是国内的工资标准，再加上国外的工作补贴，总收入还不一定比在国内多。但作为国企领导，肯定需要坚持党性原则，需要服从集团的组织分配，收入多少都得去。作为国企干部，他们有责任和义务肩负起这份使命和担当。

> 问题是有时候人不是全为了钱，给钱再多也不愿意待在国外。我

算是在国内有一份工资，在国外有一份补贴。但毕竟是领导，肯定要服从集团的组织分配，所以肯定得去。组织需要你去的时候，你不去，这也不符合党性原则。中国企业要"走出去"，企业管理人员必须先走出去。去国外感受不一样的政商社会环境，学会如何与当地社会、当地公司、当地人打交道。无论所在国的条件优劣与否，作为企业领导都必须冲锋在前，义无反顾。（C31，张先生，49岁，副总经理）

关于出国工作的动机，王先生（C26，王）认为主要有这几种情况：50~60岁的企业人员愿意去，因为他们儿女的事情基本操办完毕，孝敬父母的事情家人可以代劳，牵挂少一些；大学刚毕业的年轻人愿意去，需要历练与资金积累，能提高自己的能力素质，积累海外工作经验，有利于以后的职业发展；已婚青年和中年人不愿意长期留在国外，上有老下有小，亏欠家庭太多。

2. 家庭支持

家庭支持也是影响中国企业人员心理适应的一个重要因素。如果出国工作，没有家庭负担，没有太多牵挂，或者老婆孩子都在国外，老婆有工作，小孩能上学，中国企业人员在国外生活和工作起来就会很安心，适应会好一些。否则的话，上有老下有小，老人没法赡养，小孩没法照顾，家务没法分担，妻子又不支持丈夫常年在国外工作等，这样的话，人在国外，心在国内，工作和生活就不会那么安心，很多事情会放不下。

（1）妻子的态度很关键

中国企业人员能否在国外留得住，能否安心在国外工作，妻子的态度很关键。能够留在国外安心工作的最理想的中国企业人员应该是那些家人支持、老人健康、孩子的读书问题解决了或者已经上了大学、没有家庭牵绊的一批人。

家里有压力的，老婆说如果不回来我就跟你离婚。这种情况有刚结婚没多久的，或者没结婚准备结婚的。老婆说你回来，我们结婚，就不要去了。因为工作是为了家庭，工作就是要把家养起来。像我们这个年龄段，刚结婚，小孩还小，要看老婆什么态度。有的扛得住，有的一旦结婚了就要待在家里，因人而异。但是共同的地方就是长期在外，确实有压力。如果老人身体好，孩子也读书了，上了大学，可能压力小一些。（C25，金先生，35岁，财务部经理）

在沙特某中国企业工作的印度职员 Rocky（F7，Rocky）说，中国人不像印度人，丈夫走到哪儿，老婆带到哪儿，妻子不工作做全职太太也没关系。几乎95%的印度人带着家人在国外工作，但是只有20%的中国人带着家人一起出国。无论是中国人还是印度人，只有家人在身边，他们才会愿意并安心在国外工作。的确，一家人都在国外，丈夫有事业、妻子有工作、孩子能上学，没有后顾之忧，就有了归属感，才能留得住、待得久、扎下根。

（2）愧疚不能陪伴孩子

在国外工作久了，很多中国企业人员都想回归家庭，陪伴家人，跟孩子一起成长，为家庭分担一份责任。一部分中国企业人员长期在国外工作，无暇顾及家庭，家庭的重担全部压在妻子一个人身上，他们对妻子深感愧疚。他们只能多做妻子的思想工作，求其谅解与支持。对他们来说，男人要有担当，要多付出，多工作，尽量增加家庭收入。尽管如此，很多人外表看似坚强，其实内心深处对于孩子缺失父爱以及自己不能陪伴孩子一起成长还是深感愧疚的。

> 如果说到情分上，背井离乡，抛妻弃子，妻子肯定不让你出去。老人家没什么，小孩是最大的问题。老婆说得通的话，那还可以。小孩子最麻烦，小孩出生之后没多长时间就出去，一年回来一次，回来的时候他就已经长得很高，有一种陌生感，不认识你，这是对心灵的最大创伤。这时就会觉得愧对孩子，就会有回归家庭的想法。但有时候也没办法，生活就是这样。（C16，陈先生，35岁，商务部预结工程师）

（3）对老人的牵挂

在沙特工作的中国企业人员，由于远离家乡，不能陪伴在家人身边赡养老人，回家的想法就会越来越强烈，影响了在国外的工作与生活。毕竟，中国人有很传统的忠孝观念，这也是中华民族的传统美德。特别是夫妻都是独生子女的家庭，要照顾四位老人，老人身体健康还好，一旦身体抱恙，做子女的不在身边照顾，老人的生活就会很困难。这也是一部分中国企业人员无法长期安心在国外工作的原因之一。

> 主要还是受家庭影响，毕竟我去了那里之后一两年，就跟我太太结婚了。考虑两地分居的问题，还有我们两个都是独生子女，也需要照顾双方的老人。虽然我们父母都挺健康的，但是父母有小的病痛，我们做子女的也想在身边。所以，后来就想着要回中国工作。（C34，

卢先生，35 岁，商务部协调经理）

所以，中国企业人员在沙特工作与生活，配偶和家庭其他成员的支持很关键。因为，他们远离祖国，照顾不了家庭，就会有上有老下有小的牵挂，这是无法用金钱弥补的。只有安排好老人的赡养问题和孩子的上学问题，没有家庭的牵绊，他们才能在国外安心工作与生活。

3. 回国后的工作出路

中国人大都有安身立命、随遇而安的想法。所以，一部分中国企业人员对于回国后的工作规划、工作岗位等问题基本上很少考虑，有过一天算一天、车到山前必有路、船到桥头自然直的想法。但是，也会有一部分中国企业人员在国外工作的时候，未雨绸缪，为自己将来回国后的工作出路早做打算。但无论中国企业人员对回国后的工作出路考虑与否，这无疑是他们在国外工作期间必须直面的一个问题。

（1）回国工作规划

回国后的工作规划，涉及中国企业人员从国外撤回国内后该干什么的问题，这是一个所有在国外工作两年以上的中国企业人员都会考虑的问题。但考虑归考虑，却又无法做出具体的规划，毕竟国内发展太快，可谓日新月异，面对这样的国内发展形势，自己对于回国后的工作出路问题也感到无所适从。另外，很多中国企业人员对于自己要在国外工作多久，什么时候回国，并没有明确的时间期限，基本上只能提前两三个月才会知道。这样的话，人还在国外，工作规划会有诸多不便之处。还有，尽管中国企业人员会提前三个月左右知道自己的回国日期，但这期间也会有变动，很多时候也会根据工作需要，以及项目部或集团领导的安排，他们也可能会继续留在国外，一切都存在着变数。在这种情况下，中国企业人员也没法进行明确的工作规划，只能走一步看一步。

的确，关于工作规划问题，很多在国外工作的中国企业人员都会考虑这个问题，但能做出长期规划的人很少。但是，也有一部分中国企业人员认为，既然没法进行明确的工作规划，不如利用国外充裕的时间加强业务学习、提高自身素质。

> 我在那里也考虑怎样加强自身业务学习，下了班之后不想国内老
> 婆孩子和其他杂事。在那里有更多的时间看书学习，提高自己的专业
> 知识。有这样的机会不能浪费了，把专业知识学习好。家庭顾不上也

没法改变，就想办法通过学习提高自己弥补过来。不过每个人的想法不同，有的人就想着混日子，看看电影，看看电视，吹吹牛、喝喝茶，有的人想做点有意义的事情。（C25，金先生，35岁，财务部经理）

(2) 工作出路之忧

关于出国工作人员回国后的工作安排问题，很多企业是有制度规定的。按照规定，他们回国后的国内待遇不变，也不影响个人升迁问题。但是，因为有一些现实的问题存在，很多企业制度最终执行得不是那么理想。如徐先生（C7，徐）提到的，中国企业人员长期在国外工作，跟国内的相关业务脱节，跟不上国内的思维和处事方式；或者出国后，原单位的位置不可能永远保留着，原来的位置最终也只能换人。另外，一部分中国企业人员在国外工作多年，执行的是国外的工程标准规范，熟悉的是国外的市场环境和项目规则，而这期间，国内的市场环境、项目规则、标准规范、法律法规等也在发生很大的变化。所以，跟国内脱节太大，他们担心回国后能否适应国内的工作环境、能否胜任自己的工作，心存忧虑。

> 其实我自己也有这种困惑，不单是升迁，主要因为那边工程是用美标的，美标和我们的中国标准是有很大差异的。工作规范，检查标准，都有一定的矛盾跟冲突，不是完全匹配的。所以说我在那边工作几年以后，担心回国后能不能适应这边的市场，包括整个市场的规则。建筑这一块经过几次大的调整，招投法的调整，有些规范的更新迭代，营改增的财务影响，包括整个国内建筑市场，都变化非常大。我担心去那边工作几年回来之后，这边要重新适应。不是说适应不了，但起码需要重新学习。（C9，林先生，36岁，商务部副经理）

一些三十岁左右的年轻人，他们的后顾之忧是国外的项目做完了，回国后公司还会不会继续需要他们，他们应该去哪个部门工作等。毕竟，他们有一些人在国外是做行政或翻译工作的，专业性不强，又没有过硬的执业证书等，所以很担心。他们的内心时常充满矛盾，一方面希望工程赶快干完，寻找别的出路；另一方面，对于下一步该怎么走，还没有想好。而那些搞技术的，有"硬件"摆在那里，就不用担心回国后的岗位问题。

综上所述，中国企业人员在心理适应方面主要受到出国动机、家庭支持和工作出路三个因素的影响。如果中国企业人员在国外工作期间，能够得到很好的历练，工资收入丰厚，并且老人健康、妻子支持、孩子上学顺利，回国后的工作出路也没有问题，甚至比出国前更好等，他们在国外工作就会非常安心，没有担忧和顾虑，心理适应能力就很强。否则，他们就不可能在国外安心工作，心理适应能力就会很差。

第五章

中国企业管理人员内部工作适应

一、上下班考勤管理

上下班考勤管理作为企业日常管理的一部分，对于保证企业正常运转，以及顺利完成所承接的工程项目意义重大。刚开始的时候，中国企业会把国内的那一套上下班考勤管理方法和模式直接套用到国外的管理上，但后来发现这不太适合沙特的实际情况。于是，中国企业就在上下班时间、作息时间和考勤管理等方面都做了适当调整。另外，为了更直观地呈现中国企业人员的上下班考勤管理情况，本节内容还将对中国企业和沙特某公司的上下班考勤管理情况进行对比，呈现不同文化背景人群的上下班观念和考勤管理情况。

1. 对中国企业人员的考勤管理

中国企业人员在沙特的上下班时间跟国内差不多，一天的工作时段从早晨8点到下午5点半，上午12点下班，下午1点上班。早晨7：15吃早餐，中午12点吃午餐，晚上5：30吃晚餐，有严格的作息时间。一天的工作时间分为两段，即：上午8：00—12：00和下午1：00—5：30两个时段。每天的作息很有规律，按时上下班。

> 一日三餐也有固定的时间段，错过了吃饭时间就没饭吃了，毕竟项目部离外面的小镇很远，开车也需要半小时，去外面吃饭来不及。上下班有时间规定，吃饭时间很紧，每天都过得很有规律。（C2，武先生，34岁，技术中心副主任）

中国企业项目部中，食堂、宿舍、办公室等都相对集中，彼此之间离得很近，大家上下班都比较自觉，不上班也没地方去，不在宿舍就在办公室坐着，上下班几乎不需要考勤。中国企业刚去沙特的时候也打卡、签到、刷指纹、戴工作牌等，就是把国内的那一套管理方式都带过去了。后来根据实际情况，为了迎合当地的时间观念与生活模式，考勤管理就简化多了，上下班的管理就比较灵活一些，有的部门也不打卡了，因为大家的自觉性都很强。

> 上下班时间和国内差不多，早八点晚五点、五点半这样子，不会特别严格。也是根据工作性质来定的，经常跑外的话，时间规定就不是那么苛刻。我跑外的时间更多一些，一开始也要求打卡签到，但是慢慢地要融合本地的这种工作模式。中国的这一套管理太系统化了，但是在这种陌生的国家，文化差异这么大，实行起来比较难。（C33，高先生，30岁，阿语翻译）

因此，中国企业对于公司人员的考勤管理还是比较灵活的。有的部门尽管有考勤制度，但实际管理起来还是比较人性化的。例如，作为项目部部门负责人的武先生（C2，武），对于手下员工的考勤管理就比较有人情味，特别人性化。部门考勤人员负责统计好本部门员工的出勤情况，每迟到一次罚款50元，作为基金，然后每个月大家用这笔基金聚一次餐，联络一下感情。实际上这样的惩罚，带有一种象征意义，每个人都能接受。毕竟，罚的钱也没装进个人腰包，而是用作了聚餐基金，创造了本部门同事联络感情的机会。既起到了管理的效果，又不失和气，并加强了团队凝聚力，增加了工作的乐趣，大家像家人一样亲密无间。

在沙特工作的中国企业人员养成了不午休的习惯。因为，中国企业本来是下午2点上班，但当地是下午1点上班，所以为了跟他们保持步调一致，中国企业也改为下午1点上班了。这样，12点吃完午饭后就没有午睡时间了，只能等到把下午的工作处理完再休息一会儿。

但中国企业项目部在对企业人员的上下班考勤管理方面也会出现一些冲突。如果个别部门管理人员头一天加班了，如现场管理人员，头天晚上需要负责检查供应商送来的很多车混凝土或钢筋等，要加班到很晚，第二天可能就不那么早起床或者没什么事想多睡一会儿，就可能不上班或者不能准时上班了。这时候，负责考勤管理的行政部门分管领导就会去上一级领导或者更高层的领导那里告状，说某些管理人员没有准时上班。他们以打小报告的形式向上级领导反映现场管理人员的迟到问题，这就激起了这些现场管理人员的怒火。毕竟这些管理人员加班是没有加班费的，不补钱仅仅补休别人也会对他们有意见，他们就觉得很委屈、很窝火，这时候争吵或打架的事情也可能会发生。

可见，中国企业人员在沙特的上下班时间、作息时间，以及考勤管理方式等方面跟国内基本一致，但也存在一些差异。如中国企业人员在沙特几乎没有午睡时间，因为为了迎合当地的上下班时间，就把下午的上班时间由原来的下午两点提前为下午一点，这样午饭后就没有午休时间了。上下班考勤管理方式跟国内存在差异，因为中国企业人员的宿舍、食堂、办公室等都集中坐落在一个项目部里，离得很近，一两分钟就可以从一个地方走到另一个地方；另外，中国企业人员除了工作和在办公室里坐着，也没有其他事情可做，没有其他地方可去，大家工作都比较自觉，所以几乎不需要考勤。

2. 对其他外聘人员的考勤管理

其他外聘人员指的是中国企业聘请的沙特人以及其他外籍人员。其中，其他外籍人员多来自印度、巴基斯坦、菲律宾、孟加拉国、也门、苏丹、埃及、叙利亚、土耳其等国。

> 我们所聘请的管理人员都是按照固定的时间准时上下班。除了一些特殊的岗位，就像刚才我说的埃及顾问，他是不定时上班的。（C34，卢先生，35 岁，商务部协调经理）

另外，监理公司工作人员的上下班及作息时间，按道理也应该受中国企业管理，因为他们的工资、住宿、水电、办公用品、用车等都是中国企业负责的，办公室也在中国企业项目部里面。但实际情况是，他们的上下班及作息时间不受我们监督管理。

3. 中国企业与当地企业的考勤管理比较

中国企业与沙特当地企业的考勤管理是存在一定差异的。如沙特某公司是某国际跨国公司的分公司，他们的上班环境、办公设施很好。公司免费供应咖啡和红茶，胶囊咖啡、雀巢咖啡等，六种不同的口味。公司员工上班第一件事就是到公司门口打杯咖啡，用纸杯装一杯进去，然后，过半小时上个厕所，再拿杯咖啡进去。公司员工多是沙特人及其他外籍人员，每天上班不打卡，打卡机上落满了灰尘，只是一个摆设，像个玩具。他们很享受这种生活，工作轻松悠闲，一天一天就这样过去。跟该公司的工作人员相比，中国企业人员的工作状态和时间观念就有所不同，他们一旦忙起来，可能连喝茶的功夫都没有，有时候早上泡杯茶到中午都来不及喝，考勤方式也跟他们有所区别。

综上所述，在沙特的中国企业在上下班考勤管理方面，也经历了一个由套用国内管理模式到不断调整变化以适应当地社会实际的过程。具体有这些调整变化：下午的上班时间由下午 2 点提前为下午 1 点，中午没有午休时间；考勤管理由原先的打卡、签到、刷指纹等，改为取消这些管理措施，灵活掌握企业人员的出勤情况。另外，中国企业对聘请沙特当地人员、埃及文化顾问的考勤管理是不同的。沙特当地人员的上下班时间观念差一些，但跟他们沟通之后好一些；埃及文化顾问不一定会按时上下班，但肯定会"出现"。工资、住宿、水电费、用车、办公用品等都是由中国企业承担的，当地监理公司人员的上下班时间更加"弹性"了，他们一般办完事情就走了，有时候在休息时间找他们办什么事情还得提前打招呼。沙特某公司聘请的管理人员多为沙特人及其他外籍人员，公司环境、办公设施很好，公司提供免费的咖啡和红茶，员工每天上班不打卡，工作轻松。

二、加班及节假日管理

中国企业除了正常的上下班考勤管理之外，加班及节假日管理也很重要，因为这涉及尊重劳动者的合法权益和遵守劳动法的问题。中国企业在实际的管理中发现，中国企业人员以及其他外籍员工在对待加班及节假日的态度方面存在一定的差异，造成这些差异的原因也不尽相同。

1. 对中国企业人员加班及节假日管理

中国企业人员，在包括两类人员，一是企业管理人员，二是企业普通员工，例如工长与现场工人。中国企业做建筑类项目的占很大比重，这些企业在部门设置与组织架构上基本跟国内相似，一般会设置项目经理、部门经理、一般管理人员及现场的工长和工人等。中国企业项目部管理人员和普通员工在加班态度上是不同的。对于中国企业管理人员来说，一般情况下，他们不愿意加班，也不会刻意去加班，但遇到特殊情况，偶尔加班也没关系，加班态度上是绝对没问题的，而且管理人员加班无报酬，他们也不会主动提报酬。例如，中国企业审计管理人员郭先生和他的两个同事，有连续一个月每天晚上从七八点加班到十一二点的经历，纯属无私奉献。

> 我们管理人员一般不愿意加班，但遇到特殊情况偶尔加班也无所谓。国内集团总部在2016年要派人去国外项目部审计，我就连续跟另外两个同事，基本上晚上7点吃完饭休息半小时就一直干到晚上11点或12点。连续一个月，天天如此，把2009年以来所有的票据项目整理好。我们当时是无私奉献的，后来领导也觉得我们那么辛苦，就允许我们休息几天。（C17，郭先生，36岁，财务部副经理）

中国企业人员愿意加班，除了因为生活比较枯燥、没事可做之外，也有投桃报李的原因。即企业领导对员工很友好、很关照，在员工中树立了很高的威望，领导与员工之间的关系和谐融洽，故而下级员工也会尊重领导的权威，愿意配合领导把工作做好，愿意付出与牺牲。在具体的加班问题上，领导也不会亏待员工，要么给予报酬，要么安排夜宵作为变相报酬或者第二天允许上班迟一点，用这些"实惠"去补偿员工因加班所付出的辛劳。

> 中国人到了那儿还是愿意加班，晚上也没什么事干，顶多也就是上上网，或者出去逛逛超市，逛逛商场。加班只能说是愿意，不能说是乐意。加班不全有报酬，有时候领导是说明有加班费，有时候可能就叫我们帮帮忙，也会安排行政部帮我们安排一下夜宵，变相作为报酬。项目部还是比较人性化，如果头天晚上加班，就叫我们第二天迟一点过来。（C34，卢先生，35岁，商务部协调经理）

一些中国工人愿意加班，渴望加班，甚至找管理人员争取加班机会，原因大概有四个。一是责任意识和集体观念，他们认为被分派的工作一定要保质保量完成，如果不能按时完成，加班加点也要做完，不能拖团队工作的后腿；二是对于在国外工作的中国企业人员来说，工作与生活很难分开，下了班也没地方可去，闲着也是闲着，加点班无所谓；三是中国人很勤奋，无论到哪里工作，都不愿意闲着，闲太多也会感到无聊，加班反而排遣了无聊的情绪；四是加班是为了团队工作，为额外付出，按照加班制度应该按工时计酬，多加班多补贴。这些都是中国企业人员愿意加班的重要原因。

另外，中国企业在节假日的安排与管理上也不得不入乡随俗，以符合当地社会实际情况。因此，在作息时间及节假日安排方面，中国企业在实际的管理中需要因地制宜地做出适当调整和改变。沙特政府为了和世界接轨，周末时间由原来的周四、周五休息，调整为周五、周六休息，这样每周至少有四天时间与国际接轨。中国企业也根据当地的作息时间，调整为每周工作六天，周五休息一天。

> 当地人一般星期五、星期六休息，我们就放星期五。国内是五天，我们在那边为了赶进度和适应当地环境，每周上六天班。（C3，甄先生，36岁，部门经理助理）

在沙特，像春节、中秋节、五一、十一等这样的中国节日是不过的。因此，沙特人及其他外籍人员等都没有中国春节的概念。但对于中国人来说，春节是一年中最重要的节日。但是，中国企业人员，像下面提到的武先生，作为企业管理人员，不得不在春节期间前往沙特赴任。春节期间，别的员工都急着回国与家人团圆，而中国企业为了赶工期，派武先生春节前飞往沙特的项目部，只有年三十放了半天假，年初一放了一天假，年初二正式上班。

> 我是 2013 年 2 月，腊月二十七从国内出发，腊月二十八、二十九到达项目部的。当时领导就说这个时候过来的人，真的是真爱。一般过春节都回去了，整个项目部这么多年，我是唯一一个春节前过去的。一个是当时的工期比较紧，第二个，我考虑春节会放几天假，我想刚好靠这几天来熟悉下环境，这样假期结束可以马上上手。然后发现原来他们那边春节不放假，年三十放了半天，年初一放了一天，然后年初二正式上班，就放了一天半。工人是当地的印度人，巴基斯坦人，监理都是菲律宾、英国、埃及人，那些人没有中国的春节的概念。我们放假他们不放假，也等于说他们没事情可做，所以他们也不准我们中国人放假。（C2，武先生，34 岁，技术中心副主任）

还有，工程部黄先生也描述了在混凝土浇筑过程中，他和同事在年三十晚上加班到年初一凌晨的事情。

> 我跟同事一起在年三十白天干了一天之后，跟当地混凝土厂订现货，混凝土供应商说要傍晚才能安排供应混凝土到现场，我们下班后就在现场等待，又从大年三十晚上 8 点一直加班干到年初一凌晨 2 点，项目总经理钟总也在现场指挥工作。（C13，黄先生，52 岁，工程管理工程师）

中国企业人员这种恪尽职守、任劳任怨的精神实在让人钦佩。魏先生也提到他在沙特工作的时候，中国企业人员在中秋或春节这样加班的事情。

> 我们国内去的员工都是该干活的干活、该加班的加班。也就是说，我们中秋，不会放假，顶多晚上加个餐。在那里过春节的人，就放三天假，如果加班的话就放两天。在沙特工作的中国企业人员哪怕在像

春节、中秋等这些重要的中国传统节日里也在加班加点地工作，可见，中国人"基建狂魔"的美称并非空穴来风。（C1，魏先生，42岁，商务副经理）

中国企业管理人员和工人在加班态度上是有区别的。中国企业管理人员一般情况下不愿意加班，但如果因特殊情况需要加班，他们也会表现出很强的责任心，加班与上班分得没那么清；他们加班一般没有报酬，也不会主动提出加班工资；尽管企业管理人员加班没有报酬，但他们的上级领导也会以其他形式予以补偿。中国工人愿意加班，因为中国人勤劳，并有明显的集体主义倾向，愿意为团队工作做贡献，而且在国外也没其他事情可做，加班能排遣国外生活的无聊和烦闷情绪，并且还能获得适当的加班补贴等。另外，中国企业在节假日的安排和管理上也跟国内不同，尽量做到入乡随俗，根据沙特社会实际情况做出适当调整。如：中国企业每周的工作时间由五天改为六天，周六、周日休息改为周五休息一天，其他时间照常上班；在沙特，中国传统节日春节、中秋节等是没有假期的，中国企业人员有可能会在这些中国传统节日里也要正常上班等。

2. 对本地人加班及节假日的管理

在某中国公司工作的沙特人阿卜杜拉·阿齐兹，曾经到中国留学五年，学习汉语和中国文化，回国后在一家中资企业工作。他看到很多中国同事工作勤奋，都是真正干事的人。他受到这种中国企业文化以及中国人工作作风和态度的影响，主动适应中国公司职场环境，工作积极主动，也愿意加班，努力把本职工作做得出色一些，向中国同事看齐。

加班没问题，比如说昨天是星期四，我加班到晚上九点半。有一些沙特人不愿意加班，有一些愿意。但是对我来讲，我知道中国人怎么干事。他们比较努力，我也会比较努力。（F9，Abdul Aziz，男，26，市场营销，KSA）

而同样在中国留学五年的当地人Haitham也在一家中资企业工作，他就跟Abdul Aziz的观点不同。他认为一天的工作之后，剩下的时间应该属于自己支配，在这段时间里他可以跟家人在一起，或做其他的事情。

我们的合同是八点到五点，工作之余我还有其他的事情要做，我

要陪家人，我有太太和小孩，他们需要我腾出时间照顾他们。（F8，Haitham，男，33，执行工程师，KSA）

以上提到的两位还是到过中国留学，受到中国文化影响的沙特人。如果说其他国家的员工只要给钱就加班，那么一部分沙特人很不情愿加班。如果在下班时间让他们加班，他们会以这是"family time"（家庭时间）为由而委婉拒绝。

> 当地人不愿意加班，这是他们的一种社会氛围，这种氛围不是去鼓励大家积极上进，想着怎样做明天会更好，而是今天这样过，明天还是这样过。所以他们四十岁的时候就已经看到自己八十岁的样子，已经看到八十岁的影子了。（C19，叶先生，42岁，工程部高工）

可见，沙特人的加班态度及节假日安排跟中国企业人员是有区别的。首先，多数当地人不愿意加班。其次，他们有很强的家庭观念，工作之余的大部分时间都是跟家人在一起，他们认为工作之余的时间属于家庭时间，一般情况下都会拒绝加班。当然，也有一部分当地年轻人，曾经在中国留过学，回国后又选择在中国公司上班，他们受到中国企业文化及中国同事工作作风与工作态度的影响，愿意加班。

3. 对其他外籍人员加班及节假日管理

外籍管理人员，一般是不愿意加班的，让他加班，他会用各种理由推脱。外籍工人，即专业工程师以下的一些外籍工人，他们也对加班比较抵触，他们把工作与生活分得很清，工作是工作，生活是生活，他们满足于正常工作的收入，认为养活一家人足够了。其中巴基斯坦人算是比较好的，看在钱的分上愿意加班，但是一些人会磨洋工，可能还是内心不太愿意加班。

印巴工人对待加班的态度就证明了生活态度与加班态度之间的关系。他们认为自己赚的这点工资已经够了，然后下班后就享受生活，几个人一起聊聊天、聚聚餐，或者下班后一个人好好地休息一下，或者安静地享受一顿晚餐等，他们把生活看得很重。包括在各行各业工作的其他外籍人员，他们认为工作之外的时间属于自己，不愿意这些时间被"剥夺"、被"占有"，甚至被"打扰"。而中国人就不同了，中国人很拼，无论到哪里都想着尽快适应，工作很卖力。其实，对于中国人来说，工作是生活适应的一种方式，也是打发时间的一种方式，工作与生活是不能截然分开的。

一些印巴工人，晚上几个人聊聊天，做点好喝的汤，聚在一起，围绕着地摊，有饼有酱，生活就是享受。下了班，洗个澡换个长袍，这就是他们的生活习惯。中国工人晚上干活，还要想着明天要干的活。巴基斯坦有一部分甚至大部分员工都不愿意加班，他觉得这点工资够了，我下班就得休息，就得做好我那顿晚餐，基本上都不喜欢加班。我说今晚要加班，他们回答不加班。我用阿语跟他们说"多工作多收入啊"，他们宁愿不要，觉得这点钱够了。（C13，黄先生，52岁，工程管理工程师）

综上所述，中国人、沙特人以及其他外籍人员在加班态度和节假日安排上是存在差异的。中方管理人员有一种工作的责任感，很多时候都是无偿加班，中国工人中那些喜欢加班的大多有多种考量，当然多劳多得的想法肯定也是有的。一部分在中国公司工作的沙特人，已经习惯了中国公司的加班文化，愿意加班；一部分本地人是无论如何都不愿意加班，他们会以"family time"（家庭时间）为由拒绝加班。外籍管理人员一般不愿意加班，让他们加班，他们会找各种理由拒绝；外籍工人对加班比较抵触，他们满足于正常工作的收入。但也有一部分印度、巴基斯坦工人看在钱的分上愿意加班。多数外籍人员不愿意加班的原因跟他们的生活态度有关，他们宁愿放下手中的工作，也要尽情享受生活的快乐，把工作和生活分得很清。再加上当地社会有明文规定，休息日禁止加班，这也是很多沙特人和其他外籍人员不愿意加班的原因之一。

三、上下级管理

中国企业到国外发展经营，上下级管理方式和上下级关系与国内比会有一些变化。首先，工作与生活的环境变了，领导与下属见面与交流都比较方便，上下级关系会比较近一些。其次，大家的背景是一样的，目标是一致的，都是不远万里来到海外打拼。为了应对跨文化适应的困境和海外工作的压力，大家需要抱团取暖，互相支持。这些不同于国内的社会文化环境会影响企业的上下级管理方式和上下级关系。

1. 中国式的上下级管理方式

由于工作环境的变化和管理对象的复杂化，在沙特的中国企业项目部工作的既有中国企业人员，也有其他外籍人员。作为领导，他们更有责任多关心下属员工，多沟通交流，取得他们的信任与支持，帮助他们适应枯燥烦闷的生活环境，安心工作。另外，在管理方式上要刚柔相济、恩威并重，这样才能充分施展每个人的聪明才智，才能发挥出团队的合力，从而把工作做得更好。概括起来，有这几种上下级管理方式：沟通关心、将心比心；注意分寸、柔性管理；量才而用、团队协作；信任放权、监督追责；直接间接、因人而异。

（1）沟通关心、将心比心

在沙特，中国企业领导的管理方式方法基本上跟国内一样，不同之处是上级对下级的关心多一些，跟他们的直接沟通交流也多一些，下级员工也会更加爱戴和信任上级领导，遇到什么问题解决起来也比较顺利，因此，上下级之间的关系比较融洽一些。如下文提到的李经理之所以能够妥善处理好因工资拖延导致的工人情绪波动问题，就得益于他在平时的工作与生活中与工人之间所建立起来的和谐融洽与互相信赖的上下级关系，使得工人们愤怒的情绪得到合理控制，没有发展到最后停工的结果。上级领导对下级员工的关心体现在具体行动上，多关心他们的生活与家庭状况等。毕竟他们刚到国外，远离家乡，风土人情与饮食习惯等都跟国内存在明显差异。李经理还讲述了自己如何负责将一千多位工人送回国的经历，包括回国手续办理、转机接机等这些工作，都安排得井井有条、事无巨细，没出一点差错。

> 我喜欢和工人在一起，那时还花了很多时间直接跟他们沟通，这本来不是我的职责，是下面班组的职责。所以，那时候几十个工人关系都很好。要关心工人，将心比心。就是要想到这些工人，坐十几个小时的飞机从几千公里之外的中国来到这里，他们心里是六神无主的。我回国前还分批送走了1000多个工人，这些工人都是我负责送回国的，全部要安排好。从我们项目部送到机场，登上飞机，办理出境手续，真的花了不少工夫。（C6，李先生，44岁，工程部经理）

（2）注意分寸、柔性管理

在国外当项目部领导跟在国内相比，管理方式上是有差异的。在国内，人才供过于求，作为领导在用人上有很大的选择空间；而在国外，愿意待久的人少，有能力把工作做好的人少，领导在用人上可选择的余地小。如果一个在自己的工作岗位上十分称职的企业人员离开了，很难保证能迅速找到另一个完全可以替代他的合适人选，即使找到了，但岗位培训、磨合适应等又得花费不少工夫。所以，在国外的管理上，领导更注重管理的分寸，更加人性化一些，更加柔性一些。

> 在国外当领导，对自己的下属是能帮的尽量帮，能让的尽量让，多为下属着想，人心换人心。在过年的时候，我把回国的机会留给下属，让他们回家过年，自己留守国外。（C25，金先生，35岁，财务部经理）

（3）量才而用、团队协作

中国企业对于团队管理和人员使用，既做到人尽其才，发挥个人特长，又注意团队协作，形成很强的团队凝聚力。例如，项目部有的部门因为人手少，分工也不会太明确和细化，有时候一个人要"身兼多职"，集采购、司机、翻译、中国企业形象代表等多重身份为一身。目的就是量才而用、团队协作、互相配合，齐心协力把工作做好。

> 我们的团队管理根据每个人的工作能力、语言能力，包括对当地情况的熟悉程度，对某一项工作的理解，大概会做一个内部分工。更多的情况是两个、三个或四个人共同去做一件事情。因为我们既要做采购，又要做司机，同时要做翻译，语言能力比较强的内部同事还要给语言能力不那么强的同事做翻译。包括沟通能力或个人形象比较好的，还会作为我们公司的形象代表走出来，就是所谓的公关。我们是几个手指捏成一个拳头打出去，不是一个个手指戳出去，我们这个团队就是这种感觉。（C14，吴先生，39岁，材料采购副经理）

（4）信任放权、监督追责

作为中国企业项目部领导，首先，要相信下属，让他们放开手脚施展自己的能力与才华；其次，要明确要求，至于如何具体开展工作让下属自己安排；然后，要认真监督，确立及时汇报和追责制，严格把控工作过程；最后，要注意工作方式，特别是在批评和追责时应多照顾下属情面。这样的管理方式，既减轻了领导工作管理上的负担，又提高了下属工作的积极性，而且，整个管理过程都在领导的掌控之中。

> 例如采购部经理，一般他自己能办好的事情就不必跟我汇报了，对于下属主要在于管理。你的下属就是有再多的能力与才华，你不放权让他去做，结果出来也是乱七八糟，不尽如人意。我要求在什么节点，要达到什么目标，跟下属先交代清楚。具体的，有现场工程师，

有管安全的，有管测量的，他们自己去安排。但是，如果出了问题，每一个部门我都要去追究。我对他的要求是什么，他是怎么跟我说的，为什么没有达到要求，他下面的经理要向我们两个同时汇报。没有问题的情况下，直接跟采购部经理汇报就行了，出了问题他必须向我汇报。要有一个追责，我会私下里跟他们说，我对你不满意，哪个地方做得不好，你以后要改。（C43，娄先生，34 岁，项目部经理）

（5）直接间接、因人而异

在管理下级员工时，中国企业项目部领导会根据实际情况，采取直接管理或者间接管理的方式，因人而异。比如，遇到个别懒惰的、难管理的，就直接炒掉，让他们立马走人。这种管理方式很有效，因为在中国企业工作的很多工人的工资是不低的，他们很珍惜这份工作，也很害怕领导炒他们的鱿鱼。而对于工人的管理，他们即使有哪些地方做得不妥，中国企业项目部领导也避免跟他们发生正面冲突，而是批评他们的工头，让工头去管理他们。因为，领导跟员工起冲突，最后挨批评的还是领导，况且在项目部领导和工人之间还隔着工头或分包老板。

> 一般我不会当面去说他们，因为他们有自己的工头，一般我发现不合适的就换掉，我就会跟工头说。（C11，陈先生，34 岁，仓库主管）

在管理项目部聘请的外籍员工时，因为涉及语言、文化等方面的障碍，项目部领导也不直接去管理他们，而是从他们中间选一个语言、专业、组织等各方面能力都比较强的领班帮着去管理，用当地人管理当地人。如选一个懂英语的巴基斯坦领班去管理监督 20 多个印巴工人的工作，发现问题及时向项目部领导汇报；或聘请一个巴基斯坦测量工程师去放点、放标杆，管好巴基斯坦工人，并对接监理公司负责测量的巴基斯坦工程师。这样的话，他们自己人管理、监督、联系自己人，比我们去直接管理效果要好很多，也避免了很多不必要的冲突。

> 那时候我就会选一个印巴人当领班，跟他说除正常工资外，他干的活也会比别人少一些。这个工人就负责向我传达其他人的工作情况，谁比较懒，我就直接换掉。另外，测量的工程师我们请的是巴基斯坦人。（C13，黄先生，52 岁，工程管理工程师）

由此可见,在国外这种特殊的社会文化环境下,中国企业在上下级管理方式上跟国内相比存在一些差异,大致具有以下特点:领导对下级员工要多一些关心与沟通,采取以人为本、人性化的管理方式;中国企业管理人员往往要身兼多职,并且还要充分发挥团队协作的精神;在对下级员工进行管理的过程中,领导要充分信任下级,大胆放权,并做好监督与追责工作;针对不同的管理对象,可选择直接或间接的管理方式。

2. 上下级关系管理结果

事实证明,中国企业上下级关系具有以下特点:朋友般的、战友般的、邻居般的、有等级的、不和谐的。当然,这些不同类别的上下级关系并非泾渭分明,彼此之间也有很多相似或重合之处,这样的分类仅是为了便于对中国企业上下级关系进行描述与分析。

(1) 朋友般的上下级关系

上下级关系,尤其是国企,更强调八小时之外。也就是说,作为企业领导更需要在八小时工作之外关心员工的生活状态,不能脱离群众。在国外特殊的社会文化环境中,不管是领导还是普通员工,大家几乎二十四小时在一起,关系更加融洽。领导也不会像国内那样摆架子、不苟言笑,而是显得亲切和蔼、平易近人。大家都一样远离故土,需要相互慰藉、相濡以沫。因此,这种上下级关系就像朋友一样、兄弟一样,感情比在国内要好一些,上下级关系要近一些。

> 特别是到了国外,大家生活也是在项目部,工作也是在项目部,都是建的宿舍楼板房,所以日常像朋友般的交往可能会更多一些。年龄差距会有一些淡化,特别是年龄稍长一些的可能会跟人家称兄道弟。因为远离故土,一帮中国人聚在一起,感情会更好一些。一起去附近活动一下,一起在宿舍看电影,一起喝茶,平时感情会更融洽一些。(C10,许先生,38 岁,商务部经理助理)

(2) 战友般的上下级关系

在国外,大家都在一个项目部工作,都在一个圈子里面,吃饭、睡觉、工作在一起,白天晚上在一起,天天在一起。所以,大家交往得多了,上下级关系、同事关系更团结、更融洽,感情更深,团队凝聚力更强。哪怕是级别比较高的项目部副厅级领导,也一样平易近人,乐意为下级员工提供帮助,没有等级观念和官僚思想。另外,大家的团队意识更强,目标任务更明确,上下级之间、同事之间就像战友一样，同甘共苦、荣辱与共。

> 每周都会有周报、例会，领导是很平易近人的。有事直接找领导去说，大小事汇报，他们愿意帮我们解决问题，这不太会有与领导之间的隔阂。官僚主义，我觉得在这个项目部里面根本听不到。大家像战友一样，我觉得这种感情真的很难得。不像在国内办公，大家上班时间在一起，然后晚上一回家就各自忙各自的事情了。（C2，武先生，34 岁，技术中心副主任）

（3）邻居般的上下级关系

在国内，人与人之间的关系就像弹簧一样被拉得很长，也像一张摊开的饼，大家互动得很少，下班之后各自回家。而在国外封闭的环境下，人与人之间的关系被压缩得很紧，一起吃饭、一起散步、一起聊天，互动很多。抛开工作不说，大家一起住几年，就像街坊邻居一样。

> 上下级之间没有太大的等级观念，领导办公室的门是敞开的，找领导办事不需要预约，去领导办公室不需要敲门，领导会同时接待几个同事。但是，当地工作的英国人跟中国企业领导不一样，跟他们见面需要提前预约，进入他们的办公室需要先敲门，在办公室不可能同时接待几位客人。（C2，武先生，34 岁，技术中心副主任）

（4）有等级的上下级关系

在沙特的中国企业项目部里，上下级之间有比较森严的等级关系的情况很少。但有时，当下级员工出现工作失误或工作不力时，领导也会黑着脸予以批评。但仅限于就事论事，出于工作，而非个人感情。另外，即使到了国外，这种上下级之间的等级关系也不会完全消失，领导的权威和威慑力在那里，下级员工大都很守规矩。只不过在平时的工作生活中，这种观念会被暂时放下，但彼此心里面还是有一个上下级观念的。

> 也会有比较森严的等级关系，但这种情况不多，反正我没碰到过。项目部一直都有领导在那里，像我刚才说的这种正处级，至少是正处级副厅级的领导在那里。所以，对中国员工来说，有大领导在，所有人肯定要表现得规规矩矩的，跟我们在国内上班一样。（C28，尤女士，

33岁，行政部人员/翻译）

（5）不和谐的上下级关系

在沙特的中国企业项目部里，上下级关系也并非都如上面所说的那样和谐、融洽、团结；作为一个团队，也并非铁板一块，也有互相推诿和彼此拆台的事情发生。也就是说，也存在不和谐的上下级关系。

> 同为项目部领导，在国内时，一个比另一个的职位要高一些，而在国外他的职位却比另一个低一些，那么，在国外这位原本在国内职位高的领导就不一定百分百配合另一位领导的工作。不过，尽管上下级之间或者部门领导之间存在这样或那样不和谐的因素，但也不至于发生特别激烈的冲突，分歧与矛盾都能解决。（C5，向先生，37岁，技术部人员/翻译）

可见，中国企业的上下级关系因地、因时、因人而异。在国内，上下级之间是一个相对长期和稳定的关系，上下级关系比较明显，而到了国外，人员流动性强，上下级关系只是临时的，等级关系没有那么明显。在国外封闭的环境下，领导与员工之间的距离感会很弱。另外，在国外几乎没有娱乐，又在封闭的项目部里，领导和员工都同样感到生活的枯燥，他们需要在情感和心理上互相安慰。物理空间距离的缩小，加上彼此长期相处过程中的频繁互动，也使得心理空间距离缩小，人际关系就会比国内亲近很多。

综上所述，在管理方式上，中国企业领导会给予下级员工更多的关心，管理更需要把握分寸，更加人性化，这样才能稳定人员队伍。另外，驻外中国企业很难明确分工，一些人根据工作需要还要身兼多职。再有，企业领导要学会放权，对下级充分信任，用好中层领导、工长与领班，自己做好监督与追责。上下级关系方面，的确不像国内那么等级森严，上下级观念也没有国内那么强烈，更像是"朋友般的""战友般的""邻居般的"上下级关系，但同时也会存在"有等级的""不和谐的"的上下级关系。也就是说，关系亲近、领导亲切、距离感变弱并不一定说明完全没有上下级观念，只不过在国外那种特殊而封闭的环境下，企业领导暂时压低了身段，企业员工暂时抬升了身段，显得距离近了、关系亲了，但实际上，这些是可以随时调整和变化的。生活与工作中的上下级关系是不一样的，生活中可以称兄道弟，但一旦进入正式职场和工作状态，这种上下级关系又会马上恢复到国内的那种状态，甚至还会有领导之间、部门之间的相互推诿或明争暗斗等不和谐现象的发生。

四、工作效率管理

中国企业在沙特投资或承建项目，在企业运作与日常管理中，工作效率管理也是一个很重要的方面。具体包括中国企业如何进行上下级之间、不同部门之间、同一部门内部等各种形式的内部沟通、预约；中国企业作为一个实体，如何跟企业外部的个人或单位进行沟通、预约；中国企业在日常管理中是如何保留工作痕迹的，跟国外企业的做法有何区别。沟通、预约和痕迹管理，集中体现了中国企业工作效率管理的几个重要方面。

1. 沟通管理

在国外的中国企业，很多是国内企业的派出机构，多以项目部的形式存在。大的项目部机构设置齐全，往往会分设不同的部门，而小的项目部就没那么明显，但仍然是"麻雀虽小、五脏俱全"，也许一个管理人员要分管不同的部门和不同的业务，部门划分与职责分工没那么明确。在日常工作和业务往来中，项目部各部门之间、上下级之间都需要联系沟通。同时，中国企业还要与项目部外部的一些个人或单位进行联系沟通，这就出现了两种形式的联系沟通，即中国企业内部的联系沟通及与外部的联系沟通。

（1）中国企业内部的联系沟通

中国企业内部的联系沟通与上传下达等，往往根据事情的重要性采取不同的联系沟通方式。简单而无关紧要的小事，比如施工现场那些需要小修小整的事情，口头通知或传达就行了；重要的事情，比如开工时间、场地移交等，就要形成正式文件，留下记录，以书面的形式予以沟通或传达。但与外国公司联系沟通就不一样，如果口头沟通无效，就只能发正式文件了。

> 由于中国企业项目部布局比较紧凑，部门与部门之间离得很近，部门之间的联系沟通，口头沟通更多一些；而在国内，中国企业部门之间的联系沟通以内部文件形式的沟通多一些。但要与国外的单位联系沟通，则需要先发文，再打电话或发电子邮件确认。（C33，高先生，30岁，阿语翻译）

（2）中国企业与外部的联系沟通

中国企业跟外国企业或个人联系沟通，多使用书面文件的形式，并且，外国企业或个人喜欢去现场当面沟通，或定期检查。外国企业在日常的管理中也注重书面的形式，注重文字与函件，注重程序流程，做事按部就班，一步有一步的规矩，一环套一环，环环相扣，手续烦琐一些。而中国企业在做事情的时候环节就会少一些，中国企业注重事情的结果，而外国企业注重事情的过程。

> 在施工过程中，绑钢筋和扎模板两个环节上，中国人习惯于将钢筋模板全部搞好之后再找监理验收，但这样做是不符合监理要求的，他们要求绑好钢筋后就要验收，绑钢筋要符合标准并通过验收之后，才能进行下一道扎模板的工序，模板扎好之后才能倒混凝土，一步一步来。这个例子说明，外国企业或个人在做事情或与人沟通的过程中更注重流程和程序，而且要形成文字。跟外国人联系的话，文件比较多，比较烦琐，程序手续多一些。如果适应不好，势必会影响工期，而在中国，环节确实少一些。（C8，万先生，56 岁，工程部经理）

可见，驻沙特中国企业既需要内部各部门之间、上下级之间的联系沟通，也需要跟外国企业或个人进行企业外部的联系沟通。中国企业内部的联系沟通，根据事情的重要性采取不同的联系沟通方式，重要的事情需要形成正式文件，以书面的形式沟通或传达；无关紧要的小事则只需要口头通知或传达就行了。而中国企业与外国单位或个人联系沟通，则多使用书面的形式，注重联系沟通的程序和流程。

2. 预约管理

同样，在中国企业的日常工作和业务往来中，既需要内部各部门之间和上下级之间的预约约定，也需要与企业外部的个人或单位进行预约约定。预约约定，就是双方通过某种方式提前把某件事约定下来，如预约开会、谈判、会晤等，并约定具体的时间、地点、内容、注意事项等。

（1）中国企业内部的预约

在中国企业内部，如果需要找项目部领导办事，不需要提前预约，也不需要有计划与流程，可以直接到领导办公室去谈，当场就能把事情敲定。但是欧美人士把提前预约看得很重，有些人做事情计划性很强，如果想见他们，很多时候都需要提前预约。他们做事情有一套规矩和模式，需要走正式的程序，如时间、地点、主题等，都要提前确定好。这两种方式，孰优孰劣，难分伯仲，关键看最终能否把事情办好，哪一种方式办事效率更高一些。

（2）中国企业与外部的预约

跟其他外籍人员约定什么事情，大都需要提前预约，也可以在上班时间直接去办公室面谈。英国人都有很严格的日程安排（time schedule），约定什么事情要看跟他们的安排是否相抵牾。与英国人约定什么事情，一定要提前预约，基本上要提前三四天或一周的时间。不过，如果与英国人约定好见面的事情，真正见面时他们是比较守时的。

> 和英国人约会或约定什么事情要提前联系，我们会跟他说最近有没有时间，不会说明天、后天、大后天，这个时间不是我们能说的。如果我们提出这个时间的话，很容易被拒绝。我们只能说这周或这段时间，他如果愿意，就会在这个时间范围内定个时间给你。（C24，潘先生，35岁，工程师）

跟业主见面肯定也要预约，有时候他们还不一定把中国企业人员的预约太当一回事，而把预约往后放。当中国企业人员根据双方约定的时间前去业主办公室见面时，办公室里找业主办事的人会有很多，业主根本没有时间接待我们，有可能最后才招呼我们进去见面。或者业主不一定准时等候我们的拜访，而是会迟到一两个小时，这是比较正常的。这到底是业主的态度问题、时间观念问题，还是当地社会节奏问题等，很难说得清。

跟沙特某公司的管理人员约定事情需要提前预约，而且如果他们认为事情不是太急也不一定见我们。沙特某公司分工明确、等级森严、各司其职、官僚气息浓厚，属于哪个层次的事情就哪个层次的管理人员去处理。上一级或下一级管理人员根本不去过问，他们该喝茶喝茶，该打高尔夫打高尔夫。这根本不像中国企业人员的工作风格，即使有清楚明晰的职务分工，遇到事情大家一起干，不分上下、不分你我，注重通力合作、团队作战。

与其他外籍人员联系什么事情，如果他们工作在岗，可以直接去找；或者提前半天打电话预约，如果不方便见面，他们会提前告知。但如果是休息时间约定事情，就需要提前打电话预约。一旦到了休息时间再临时跟他们打电话预约什么事情，就很难成功，因为他们一般都有两个电话，工作电话和生活电话，休息时间工作电话关机，根本联系不上。他们把工作与生活分得很清，生活时间属于自己，不希望被工作上的事情打扰。

> 星期五打电话他是不接的，手机是关掉的。你提前告诉他有什么事，比如说提前两天，预计到星期五什么时间有什么事。但如果星期五突然找人家说什么事，说不定就关机了。过了周末就联系你了，不

好意思，找我什么事啊？很多人基本上都是这样。星期五不理你，理
由很充分，因为是休息时间。（C9，林先生，36 岁，商务部副经理）

相较而言，中国企业人员在跟企业外部的单位或个人预约，口头约定基本
上信用度不高，而书面约定信用度要相对高一些。而且，对于双方已经约定好
的事情，为了确保能按时见面，还必须不断地催促或提醒对方，免得约定的事
情泡汤。一旦约定的事情不能按时进行，这有可能会影响整个工作安排，已经
计划好的事情就会被打乱。

可见，中国企业人员内部约定什么事情比较简单，不需要提前预约，更不
需要发出正式的书面预约，有事可以直接去办公室当面洽谈。而中国企业人员
与外部的预约就稍微复杂一些，很多时候都需要提前预约，而且尽量不要在休
息时间打扰他们。如英国人的时间观念很强，有严格的日程安排，与他们约定
什么事情，需要提前一周或者至少两三天打电话或发邮件，还要看跟他们的日
程安排是否相冲突。另外，跟业主、监理约定什么事情，休息日是绝对不允许
打扰的，有时候他们不按约定的时间赴约，迟到一两个小时也很正常。还有，
相较口头约定，书面约定信用度更高一些。

3. 痕迹管理

在企业管理中，如何留存证据、进行痕迹管理也很重要。所谓痕迹管理，
就是企业在对内对外的日常工作与交流中，妥善保存相关的口头或书面资料，
作为工作过程痕迹。中国企业在这个过程中往往重口头、轻书面，重结果、轻
过程，导致关于某件事情或某项工作的来龙去脉、前因后果等无法保留完整系
统的资料档案。在痕迹管理方面，中国企业与外国企业是有一定差异的。

（1）中国企业的痕迹管理

在中国企业对内对外的沟通、预约或其他业务往来的过程中，留下痕迹、
保存证据是大有裨益的，尤其是对外工作。但是，在国外的中国企业不慎重处
理与外部企业或个人的信函往来，没有及时回复对方发来的函件，没有注重留
存证据，再加上人员更迭频繁，导致证据缺失。这种做法在国内可以，国内讲
人情，但在国外完全行不通，国外重证据、法律、资料的积累。一旦双方引起
官司诉讼或经济纠纷，这些资料就是证据，中国企业在这方面要注重管理。

对方发来的一般函件，如果七个工作日或十个工作日，你不答复
就等于你默认了，说明你没有意见。有些东西必须讲究证据，事事讲
究证据，千万不能靠人情。在国内可以，在国外完全不行。我就是管

理资料的，很多资料都保存得很好，这是必备的。举个例子，像以前材料到货晚点，不是我们的原因造成的，这种资料就要保存好，到时候一旦业主追查起来我们就没有责任。（C29，孙先生，29岁，管理人员）

吃一堑长一智，好在现在一些中国公司也开始注意痕迹管理，留存证据，妥善留存音频、视频及文字资料。一旦有工程延期、经济索赔等纠纷的话，这些充足的、系统化的证据就能很好地保护中国企业的自身权益。如某公司，在痕迹管理这一块做得非常到位。他们不像一些国内搞工程的企业一样做资料、编资料，而是在工作的过程中形成真实的资料。这完全是欧美的规范，突出过程管控，过程管控好了，结果自然就会好。该公司在国外的项目在资料建设这一块做得很成熟、很规范，注重项目在投、建、营（投资、建设、运营）的漫长周期中资料的积累，甚至能做到在二十分钟之内把五年前的某封信函以及与之相关的来往信函迅速找出来。

以前做的只是施工承包类项目，施工总承包，规模相对小一点，周期相对较短，三年五年，有很多事情，都可以记起来。现在都是大型项目，动不动就是几亿、十几亿美元的项目，周期都很长。它涉及投、建、营一体，这一下子就有可能是十几年、二十几年、三十年，如果没有文件的积累，前面写后面丢，肯定是不行的。（C43，娄先生，34岁，项目部经理）

中国企业痕迹管理的意识是很弱的，再加上时间周期长、人员更迭频繁等原因，一些档案资料缺失严重，这样在国外做项目是完全不行的。好在一些中资企业开始意识到资料建设和留存证据的重要性，在痕迹管理这一块做得很扎实、很规范，注重资料建设、管理和积累。也就是说，中资企业在注重结果管理的同时，也开始注重过程的管控。

（2）外国企业的痕迹管理

跟中国企业有业务往来的沙特公司或其他外国公司，每天都会发给中国企业很多函件、文件，明确工程节点与责任，他们很注重痕迹管理。但是，中国企业领导并没有引起足够的重视，也没有及时回复这些信函，结果就没法形成完整有效的证据链。所以，一旦引起诉讼纠纷，就比较被动。对方的证据比较系统齐全，而我们因为没有重视对证据的保存和资料的建设，拿不出系统齐全的证据和记录，打官司的时候就会吃亏。

> 沙特当地的公司，包括那些外资企业也会比我们更懂一些。他们每天有很多份邮件和函件，他们会正式发函告诉你，这个是你的责任，你没有完成工程项目的阶段性工作。到最后，我们项目部领导看了之后，也没有回函，形成不了自己的证据。最后，打官司的时候，人家拿出一大堆证据，告诉你他们有函件证明这个是你的问题，你当时又没有回复我，那这就是你的责任，我们只能哑巴吃黄连。（C28，尤女士，33岁，行政部人员/翻译）

可见，驻沙特中国企业和外国企业在痕迹管理方面的做法是不同的。一部分中国企业不注重对往来信函、文件的及时回复与存档，再加上人员更迭频繁和项目周期过长等原因，导致档案资料不完整、不系统，甚至缺失严重，一旦引起纠纷，有理说不清。而外国企业痕迹管理和留存证据的意识很强，注重文件、信函等资料的保管，以及文件、信函往来过程的管理，证据链系统齐全。这样做能很好地保护自己，一旦发生经济纠纷或打起官司，证据、资料、过程都是完整的，在法律上就已经占据了优势。

综上所述，中国企业在内部及与外部的沟通方式、预约方式，以及中国企业和外国企业在痕迹管理等方面是有差异的。沟通管理方面：中国企业内部的相互沟通或以书面形式，或以口头形式，依据事情的重要程度而定；中国企业与外部的沟通，以书面形式为主。预约管理方面：中国企业内部不需要提前预约，可以直接去办公室面谈；中国企业与外部一般都需要提前预约，并发出正式的书面预约信函。痕迹管理方面：中国企业不太注重痕迹管理，重结果、重人情、轻过程，好在现在有所改观，而外国企业更注重痕迹管理，重过程，人情看得淡一些。

五、工作态度管理

在工作中，中国企业人员与其他外籍人员，在工作态度方面存在一些差异。工作态度，通俗地讲，主要指对待工作的态度，如对待工作是否敬业、踏实、勤奋，是否愿意付出等。但在本书中，工作态度所指的范围要广一些，是对企业人员工作综合状态的一种总称，既包括狭义上的工作态度，也包含工作效率和工作风格等。在沙特的中国企业里面工作的有中国员工与其他外籍人员，来自不同的文化背景，他们各自在工作中所表现出来的工作状态是有区别的，这也是中国企业日常管理的一部分，即工作态度管理。

1. 对中国员工的工作态度管理

中国企业人员在工作态度方面的综合表现，主旋律是积极向上的。他们勤劳敬业、乐于奉献，工作效率很高，工作方式灵活，容易变通。但也正因为太容易变通，工作太过求快，从某种程度上就会缺乏原则性，不按规矩办事，在工程验收的过程中会经历一些波折。比如，抹涂料应该是一层一层地抹，保证涂料不开裂、不脱落，但有些中国工人抹得很厚，这样做实际上是不符合规定的。所以，关于中国企业人员的工作态度、效率、风格等方面的表现，既要看到其优点，也要看到其不足。

2. 对其他外籍人员的工作态度管理

其他外籍人员，主要指在中国企业里面工作的外籍员工，以印度、巴基斯坦、菲律宾、苏丹等国家的人员为主，其中印巴工人最多。印巴工人慢性子、做事慢、效率低。比如，拎一根很轻的钢管，慢慢走过去，慢慢放下来，看起来让人着急。他们的优点是干活实诚，好管理，按规矩做事。比如，抹墙灰是有技术规定的，一次不能抹太厚，不能大于一厘米或一厘米半，抹一遍之后再抹第二遍，印巴工人就做得规矩一点。

综上所述，中国企业人员及外聘人员的工作态度有以下几个特点：中国企业人员工作敬业勤奋、勇挑重担、乐于奉献、责任心强、工作效率高，并且有很强的集体荣誉感和国家民族意识，但也有缺点，如不注重过程管控，不严谨，原则性和留存证据意识较弱，不按规范操作；其他外籍人员，如印巴工人，技术水平差一些，工作低效，但他们干活实诚，按规范操作。

六、本地化管理

在沙特的中国企业，除了主要管理人员和大部分员工是中国人之外，还会聘请一部分沙特人和其他外籍人员作为企业的中下层管理人员和普通工人，如来自印度、巴基斯坦、菲律宾、苏丹、埃及、叙利亚等国家的务工人员。也就是说，中国企业在沙特投资或承建项目，不可能所有管理人员和工人都从国内调过去，因为考虑人才需求、用人成本，以及沙特的社会文化、风俗习惯、法律法规等因素，还必须在工作中聘请一部分沙特人或其他外籍人员充实到中国企业团队当中。但在有些特殊的社会文化环境中，本地化是否可行，如何进行本地化管理等，都是中国企业管理人员需要慎重考虑的。

1. 本地化管理的可行性

本地化，就是用当地人管理当地人，用当地人解决当地问题，又叫当地化或属地化。中国企业项目部人员构成多元化，既有中国人，又有很多外籍员工，如埃及、叙利亚、巴基斯坦等。中国企业聘请个别受教育程度良好、业务素质过硬的外籍人员做管理人员，管理跟他们文化相同或相近的外籍工人，比中国企业领导直接管理更简单、更直接，效果更好。例如，中国企业聘用埃及人做项目经理，管理埃及雇员，他们说阿拉伯语，熟悉阿拉伯文化，沟通起来就比较方便。再如，中国企业聘请巴基斯坦人做管理人员，管理巴基斯坦人、叙利亚人、埃及人等，在语言沟通、思维方式等方面都没有问题。而且，这些外籍管理人员除了以上的优势之外，他们还有中国企业管理人员所不具备的专业优势。术业有专攻，他们是某一领域的行家里手，管理起来更内行。另外，一旦挑选好称职的外籍管理人员，并经过长时间的磨合建立起牢固的信任关系，就要相信他们的能力，大胆授权给他们，让他们放手去做，效果还是不错的。

> 我们的项目经理是埃及人，他的优势是母语是阿拉伯语，他们的阿拉伯文化是根深蒂固的，所以他们交流起来知道彼此的想法。还有一个巴基斯坦的管理人员，人特别稳重，前瞻性比较好。他受教育程度比较高，下面的几个人他都能管得好。我给他授权，主动权放给他，有什么问题我直接找经理。（C43，娄先生，34 岁，项目部经理）

在沙特的中国企业，刚开始的时候用的中国人比较多，管理人员和工人大都是从国内调去。因为他们在国外的工资待遇较高，所以中国企业的用人成本也被抬得很高。后来，中国企业利用当地人口红利，控制人力成本，就聘请了一些印度、巴基斯坦、菲律宾的工人干杂工，或者做一些不需要太多技术含量的工作。管理方式是"一拖几"，就是一个中国管理人员带领并管理几个外国工人干活，他们的工资低一些，降低了用人成本。

> 印巴人的确工资低，但对他们来说收入还算蛮高的。2009 年时都是中国工人，印巴工人是 2013 年或是 2014 年才开始起用。他们的工资低，相比起来，中国工人的工资太高了。当时中国工人在现场干，仓管这边用外国人，后面工地也开始用外国人，开始把中国工人撤回来。因为那时候中国工人太多了，至少有八九百，接近上千人。撤掉一些，开始起用外籍工人。（C11，陈先生，34 岁，仓库主管）

当地其他外国公司的属地化程度是比较高的，跨国企业在外国经营，多雇用当地人是一种趋势。如 TIGER 公司和 TCL 公司是两家叙利亚公司，一半以上的管理人员和员工都不是本国人，而是外籍人员。相对而言，中国企业的属地化程度不高，只聘用少量的外籍员工，增加了人力成本。

> 中国公司大都聘用中国人，可以说 95% 都是本国人，属地化程度不高。这样，由于要支付高额的工资（是国内工资的 2 到 3 倍），增加了成本。而雇用当地人，如 TIGER 公司 50% 以上都是外国员工，这一块的开支就减少了许多。我们叙利亚在外国的公司，都尽量雇用当地人。（F3，HASHEM，男，31，工程经理，叙利亚）
>
> TCL 公司人员的属地化程度高。公司有员工 850 人，多来自埃及、苏丹、也门、叙利亚等国。世界越来越小，交通通信、文化交流、商贸往来越来越频繁，越来越便捷。TCL 公司就有许多来自五湖四海的同事，公司就是一个混合的文化（mixed culture）。（F4，Bashar，男，56，项目经理，叙利亚）

所以，中国企业要想扎根沙特，就必须本地化；不想本地化，就是不想扎根沙特；不想扎根，就永远不可能适应。中国企业要想在国外取得成功，必须用人国际化。即：核心团队是中国人，掌握核心技术的是中国人，那些普通的、技术含量低的工作或岗位，聘请外国人或当地人去做。这样才能把根扎深，吸收当地社会的养分。就像韩先生（C36，韩）所言，中国人要像桑树一样，有很强的自我调整和适应能力，即使在国外特殊的社会文化环境下也能生根、发展、适应。

2. 本地化管理的两难问题

中国企业聘用一定的当地人或外籍员工，尝试本地化管理，最大的利好就是便于管理和节省用人成本。但是，本地化管理也存在一些问题，聘用的当地工人不会看图纸，专业性不强，不懂施工，工作效率也不一定高；而聘用高素质的外籍人员做管理工作，他们的工资很高，增加工程费用。另外，中国人会说阿语的不多，英语说得好的也不多，而这些被聘用的本地人或外籍人员又不会说汉语，英语说得很好的也同样不多，与他们沟通有一定的问题，管理起来也很困难。虽然中国人的效率高一些，但是假期往返费用，再加上高昂的工资，大量用中国人成本也很高。换言之，本地化固然有其可取的一面，但是，本地化也存在一些实际的问题，使中国企业在本地化管理方面陷入两难境地。但从长远来看，当地工人技术水平低、专业性不强、不懂施工，中国企业需要帮助培养和指导他们学会看图、施工，逐渐胜任自己的工作。

> 我们一开始想看能不能本地化，后来觉得沟通不了，管理起来很
> 困难，所以我们尽量让中国工人来做。整个输出的话，来回往返，放
> 假休假这些，会有点影响。相对用中国工人干活，效率高很多，还是
> 比较好。当地的工人不会看图纸，专业性不强。不像我们，工种分得
> 很细，铁工就是铁工，木工就是木工，混凝土工就是混凝土工，砌砖
> 的就是砌砖，每个工种看图纸做起来不一样。（C6，李先生，44岁，
> 工程部经理）

可见，本地化是可行的，但也面临一些现实的困难，表现在以下几个方面：
一些本地化人员，英语说得不好，汉语根本不会说，与他们沟通有障碍，而且
专业能力和技术水平很差，看不懂图纸，用起来很麻烦；但是，如果聘请高素
质的外籍人员做管理工作，他们的工资诉求很高，用人成本会比用中国人还要
高很多。所以，中国企业在本地化管理方面存在着一个两难问题。即：低素质
的本地化人员没法用，高素质的本地化人员用不起。

综上所述，驻沙特中国企业进行适当的本地化管理是可行的。如果中国企
业大部分的管理人员和工人都用中国人，工资成本是很高的。而加强本地化管
理，或者用当地人管理当地人，他们在语言和文化上是相通的，知道彼此的所
思所想，沟通顺畅；或者利用当地人口红利，聘用一些印度、巴基斯坦、菲律
宾等国的工人做一些低级的、技术含量低的工作，能大大降低工资成本。但本
地化也存在一个两难问题，即聘用外籍管理人员的工资是很高的，甚至用人成
本比用中国人还要高，用不起；或者聘用的外籍工人专业性不强，看不懂图纸，
工作效率低，再加上语言沟通方面的障碍，不好用。但从长远来看，中国企业
走出去，应该多用当地人，多培养当地人，多为当地社会发展做贡献，本地化
是企业国际化发展的必然趋势。

的确，中国企业走出去，在上下班考勤管理、加班及节假日管理、上下级
管理、工作效率管理、工作态度管理等方面都会发生一些变化，跟国内有明显
的差异。

首先，中国企业人员的工作与生活环境多集中在一个布局紧凑的项目部里，
物理空间上的接近也在一定程度上拉近了心理空间的距离，领导与员工、上级
与下级、同事与同事之间的关系也被拉近，彼此之间的交流也增多了，大家更
容易团结一心、群策群力，力争把工作做得更好，尽快完成工程项目。所以，

中国企业人员的上下班比较自觉，根本不需要考勤，甚至出于工作需要，一个人干多样工作，加班加点或节假日不休息都是很正常的事情。

其次，在风俗习惯、管理规范、工作和生活态度等方面存在的差异，对他们的工作也会造成一定的影响。再加上语言文化差异，中国企业人员与沙特人及其他外籍人员之间的沟通也存在一定的障碍，而这些都是中国企业管理人员在国内所没有经历过的。

最后，中国企业走出国门，企业内部的沟通、预约，以及与外部的沟通预约，在方式上也发生了一些变化。中国企业管理人员学会了更加注重书面的、正式的沟通和预约方式，并在痕迹管理方面也更加注重过程性管理，注意资料档案的积累与完善。在工作态度方面，一部分中国企业人员在国内养成的"偷工减料"的陋习屡遭挫折之后，也更加注重工作的规范化、程序化。从长远来看，中国企业要想成为国际型企业，适当的本地化是很有必要的。尽管本地化管理会有一些困难，但能节省人力成本、促进当地发展、带动当地就业，并有利于扎根当地市场，本地化又是可行的，是企业海外发展的必然趋势。

第六章

中国企业管理人员外部交往适应

一、与监理公司打交道

监理公司控制着中国企业承建项目的工程进度及质量验收，中国企业与监理公司打交道是最多的。在彼此互动的过程中，监理公司对待中国企业的态度是怎样的？中国人对监理公司中不同国籍监理工程师的印象如何？中国企业与监理公司的交往策略又是怎样的？这些话题将在下面的内容中予以详细阐述。

1. 对监理公司的认识

在沙特，监理公司是业主的代表，充当代为建筑或代理建筑的角色，又叫顾问公司。监理人员比国内的监理人员权力要大一些，现场执行的标准跟国内有出入，验收的程序也比国内复杂一些。监理公司是作为第三方顾问，代表业主来管理项目的。它的要求和标准很高，使用欧标（欧洲标准）、美标（美国标准）或沙标（沙特标准），中国的标准在当地行不通，尤其是欧标和美标，中国项目很难达标，沙标相对容易达标一些。监理公司就像一个小联合国，员工来自不同国家，如英国、埃及、美国、韩国、菲律宾、印度、巴基斯坦等。如中国某企业的业主方所请的监理公司是埃及的，高层管理人员主要是埃及人，中层是菲律宾人，总负责人（总监）是英国人。其中，监理工程师中菲律宾人居多，他们的工资比中高层领导要低一些。业主请了监理公司以后就不管项目的事情了，几乎由监理公司全权代表，这也是当地的监理公司权力比较大的原因之一。

另外，业主所请的监理公司的部分监理人员和验收人员的水平有限，对于标准规范自己都搞不清楚，他们通过这个项目跟中方技术人员学到了很多知识。由于他们不熟悉技术、规范、标准等，中方技术人员先得跟他们解释，教会他们，然后他们再拿回去自学几天，学会了再来验收中方的工程项目，所以整个验收的时间就拉长了。他们搞不懂就不签字，不签字就验收审批不过，验收审批不过就没法结算，没法结算中国企业就拿不到钱，拿不到钱就影响资金周转，资金周转不畅就影响工程继续向前推进，一环套一环，哪个环节出现问题都不行。这样看来，在"上报—审批—结算—资金周转"的过程中，光从上报到审批就花费很长时间，验收人员要弄懂学会之后再审批签字，无形中耽误了很多时间，而这只是整个工程项目过程中的一个环节。

> 他们的管理人员其实什么都不懂，是通过项目来培养人的。比如说，墙壁平不平，在砖体上如何刮灰，需要多厚，要刮几层，标准是什么，他们都不懂。这样的话，一个很大的项目工程，特别是涉及复杂的机电领域，他本来学的就少，脑袋里又没有那种思维或者模式的话，我们又要跟他解答那么复杂的问题，还要讲得很深入浅出，还要求他把字签下来，一路过来，要花去很多的时间。（C15，杨先生，35岁，行政部人员/翻译）

可见，监理公司有以下特点：代表业主对项目进行质量监督和进度把控，比国内的监理公司权力要大很多，而且验收标准很高，中国企业很难达标；监理公司人员构成复杂，管理人员和监理工程师来自多个国家；监理公司人员素质参差不齐，一部分所谓执行标准的监理工程师对一些标准规范都搞不清楚，还需要中方技术人员跟他们耐心讲解，他们要等到学会标准规范后才会验收审批，这中间耽误了很长时间。

2. 对监理公司对待中国企业的态度的认识

站在中国企业管理人员的立场，监理公司对待中国企业的态度主要有以下几种：监理公司不担心工期延长，多拖一天多拿一天的工资；个别监理人员故意刁难中国企业，希望通过设置一些障碍，贪图小恩小惠；监理公司也许是按照规范和标准操作，但中国企业不适应，中国企业觉得监理公司在刁难他们；监理公司是否刁难中国企业，不能一概而论，也不排除中国企业自身有问题，没能严格按照规范和标准作业，还是按照国内的那一套标准和规范去做，但这离当地的工程标准和技术规范差距太大，很难达标。

（1）多拖一天多拿一天的工资

监理公司的工资是中国企业支付的，他们的工资高、工作强度不大，所以，项目多拖延一天，他们就能多拿一天的工资，项目延期越久他们就获利越多。这就是当地的监理制度，监理公司的监理费是按年给的，多"监理"一年多拿一年的工资。而中国的监理制度是监理公司按照工程额的百分比去拿监理费，如果工程到期后还没有竣工交付的话，承包商只付监理公司在场工程师的工资，其他的概不负责。所以，当地的监理公司巴不得三年的项目能做成四年、五年或更长时间，这样就能年年有钱收。另外，中国企业即使作为总承包，在管理的过程中没能体现主导作用，而是处处被动，尤其是跟监理公司打交道，明明知道他们有故意拖延的心思，但就是"吃"不定他们。

（2）设置障碍、谋求私利

监理工程师大都不是沙特籍监理，一是当地这个层次的工程技术人员较少，二是这样的本地工程师工资诉求很高。所以，监理公司聘请来自印度、菲律宾、埃及等国的工程技术人员做他的监理工程师。因为这帮监理工程师不是沙特人，临时聘用，工作流动性很大。这不像国内，监理公司的监理人员都是中国人，这些监理工程师也要考虑到自己的诚信和责任，一般情况下也不敢乱来。这样一来，承包商与监理人员的关系是不稳定的，人员流动更迭频繁，一旦出了问题，监理人员一走了之，对他们也不可能跨国跨洲地去追查。

> 那些监理工程师权力很大，不受监控，这就麻烦了，所以最后吃苦头的还是我们这些中国承包商。他中途就可以辞职不干，你追责也追不到他。如果他一味这么做的话，你根本没办法。（C30，曾先生，42岁，商务部经理）。

也正是由于监理公司人员多来自五湖四海，人员流动更换频繁，他们缺乏归属感和责任感，再加上监理工程师的权力的确很大，所以，一部分监理工程师也会利用手中的权力去谋私利。这就会存在小的贪腐，部分监理工程师贪图小利、私利；或者贪图大利，如在筛选供应商的时候，他们不从我们上报的合乎质量与标准要求的供应商名单中去选，而是指定那些所售产品昂贵、跟他们有私人关系的供应商。

> 监理公司的权力很大，对于我们的监督也不一定完全出于公心。说白了，也有贪腐，有贪图小利的，也有图谋大利的。如我们在做供应商和品牌筛选的时候，就算我们提供十家供应商供他们选择，他们都不会从中去挑选，而是一定要指定他们认为所谓最好的那一家。（C34，卢先生，35岁，商务部协调经理）

（3）标准严苛、验收死板

监理公司在验收中国企业工程项目的时候，所使用的标准相当于中国标准的最高级别，验收标准高到几乎严苛的地步，同时监理人员验收的过程又比较死板，所以很多中国企业管理人员和工人都无法接受。如承台立模，模板误差不能超过2毫米；5条钢筋的预制板铺6条钢筋都不行，5条就是5条；作为景观的一个水泥墩子，石头偏离了几厘米也不行。这个冲突就是当地监理公司的验收标准相当于中国标准的优秀级别，而按照中国标准，在不影响质量的情况下，施工过程中出现一些误差和适当做一些材料替换是允许的。即标准是死的，人是活的。但在这里绝对不行，监理验收人员严格执行标准，不做丝毫变通。

监理验收人员"刁难"我们的例子很多，除了上面的承台立模的模板误差、景观水泥墩子的石头偏差，以及预制板铺5条或6条钢筋的问题之外，夯实填土的过程中出现的冲突也能看出监理人员在执行标准过程中的呆板。就是在回填土的过程中，要把填土层层夯实，监理人员每10厘米过来验收检测一下，放半个月之后再夯实另一层，检验夯实的硬度和压实度，再过半个月，以此类推下去。设想一下，如果需要填2米高的土，一年也填不完。但是，在这种情况下，中国企业又没有办法，一个程序完不成就不能继续下一个程序。效率很低，严重影响工程进度。

再如，中国企业与监理公司在钢筋质量送检过程中也会存在一些分歧。中国人认为沙特正规钢厂生产的钢筋，尽管炉批号不同，质量应该是有保障的，不需要每次送检时把所有炉批号的钢筋都送过去抽样检查。而监理公司则要求，不同炉批号、不同规格的钢筋，都要按比例送检，哪怕是SABIC这样的大型正规钢厂出来的产品也不行。按照合约，对方监理公司的做法是没有问题的；但是按照中国人的思维，这样的做法没法接受，觉得不可思议，这就存在分歧。

> 我们进的是他们SABIC的钢筋钢材，这个材料基本上是免检，其实我们还是要抽检。要求送检，然后抽多少比例，按什么比例抽，按照他们的整个标准要求是非常厉害的。他们要求不同炉批号、不同规格，都要按比例送检。我们说正常100吨钢筋，我们送一个批次就行了，一米六根或者三根作为样品，但在这里就不行。我们的钢筋可能同时有三个炉批号的，要送三组，四个炉批号的，要送四组。那我们肯定不同意，肯定要争吵。本身是免检产品，SABIC是他们最大的钢厂，肯定有自己的质量要求，可能是用ASTM美标控制的，比较稳定。不过他们坚持要按照标准要求来，那我们也没办法，也只能按照他们的要求去做。（C6，李先生，44岁，工程部经理）

另外，监理方的施工细则（工程技术规范）生搬硬套，可能是套用别的项目的很多东西，换作另一个项目就不一定适合。中国企业的现场工程师要跟监理公司的土木工程师就施工细则问题进行沟通，经常为一些技术规范要求而扯皮。另外，现场工程的质量验收也需要沟通。国内是抽检，发现问题再扩大抽检的范围，而这里是百分百验收，比如对承台的验收，就是用混凝土倒的墩台或柱子，要全部验收。有时工程进度快的时候，一下子砸出几十个承台，而对方监理在验收的时候，每天只能验收两三个，光验收就得半个月，验收很细，效率极低，影响了工程进度。

（4）符合标准、操作规范

针对上述所说的监理公司人员在验收的过程中标准严苛、验收死板，即监理公司的监理工程师故意刁难中国人的说法，中国企业管理人员也有不同的声音和看法。如关于填土问题，在沙特某中国企业工作多年的王先生认为填土是有技术规范要求的，如果不符合验收规定，不得不挖出来重填，而中国企业人员在填土的时候会一下子填得很厚，不是填一层压实一层，再填下一层。再如抹灰，按照要求应该需要甩灰，一点点甩，精工细作，而中国工人灌得很快，肯定也是不符合工程规范的。还有安全问题，监理公司也会抓得很严，要有个人防护设备，而且要求很高，都要符合当地标准（SASO），这些也比国内重视。所以，以上有关填土、抹灰、安全等方面的技术规范和标准要求的冲突问题，也不能完全说是监理公司故意刁难我们。在对标准规范的严格执行上，中国企业也存在一定问题，它们仍然拿国内的那一套思维方式和标准规范应用到国外的工程项目上，这肯定会发生冲突。

> 填土是有技术规范要求的，要求填 15 厘米，然后压实，验收之后再填。我们的员工填土弄得好厚，然后就压，最后还得全部挖出来，重新填。我们的人认为，我们在中国就这么干的，你为什么要让我挖出来？人家就认为文件上面写得清清楚楚，有规范要求的，那个 specifications 是闹着玩的？但是包括所有的管理人员，包括施工人员会认为是监理刁难我们。包括具体到现场抹灰，如果按要求来做，一天才做 10 平方米，按照我们的做法能做 50 平方米，那能行吗？这里面就有对工程规范、工料规范的不适应。如果说人家错，说人家给你找麻烦，我觉得太牵强。（C35，王先生，44 岁，副总/项目副经理）

在生产安全与管理方面，监理公司的做法是值得我们学习的。如在施工或工作的过程中，国内对安全鞋这一块要求不高，穿鞋进入现场就可以了，但在沙特要求必须穿安全鞋，超过两米的施工必须戴安全帽。一次没戴，进行警告；警告后还不戴，约谈；再不行，扣钱；如果做得很差，他们有权停止施工方安全工程师的工作。另外，在木工锯木料的时候，一定要戴护目镜。安全鞋、安全帽、护目镜等，都是施工时必备的设备，而国内就没有太重视。监理公司的安全意识与措施，尽管跟我们存在分歧与冲突，但也不能说就是在故意刁难我们。从质量与安全角度来看，他们的做法很合理，值得我们学习借鉴。

可见，监理公司所谓故意设置障碍或故意刁难也许并非出于私心，而是的确在严格执行标准规范，只不过中国企业人员不适应也不理解这一套标准规范，仍然把国内的标准规范或现场施工方法应用到国外的工程项目上，结果造成了冲突，反而认为监理公司在故意刁难他们。所以，监理公司对待中国企业的态度也不能用"刁难"二字一概而论。

3. 对不同国家监理人员的印象

监理公司人员来自不同国家，其构成又是多元化的、国际化的，不同国家的监理人员在跟中国企业打交道的过程中所表现出来的态度又是因人而异的，从而给中国企业人员留下的印象也不尽相同。菲律宾监理、巴基斯坦监理、英国监理、约旦总监、韩国总监等监理人员都给中国企业人员留下了不同的印象。

（1）对菲律宾监理的印象

中国企业管理人员认为菲律宾监理工程师比较严格，几乎可以用苛刻来形容。他们在验收的过程中，对于工程上那些可做可不做的地方一定要求我们去做，可改可不改的地方一定要求我们去改，比较死板。中国人就比较灵活一些，认为工程标准肯定有一定的弹性，应该在一个合理的范围内，在不违反基本程序原则的前提下，可以适当调整或变通。菲律宾监理工程师在验收工程上所表现出来的严苛，中国企业管理人员很是费解，但也无能为力，我们的观点很难说服他们。这其实就是两种文化的冲突，最终我们还是以妥协而告终，还得按照他们的要求去做，毕竟他们代表业主，我们是拗不过的。

也有一些中国企业管理人员认为，菲律宾监理工程师人最好，最灵活，你不懂的话，会耐心地跟你一起把问题搞懂。倒是印度工程师只按书本规定和标准来，不跟你讲道理，或者部分当地本土培养的年轻一代的沙特工程师，坚持自己的意见和建议，一切就得按他的意思办，否则就不通过验收。

（2）对巴基斯坦监理的印象

中国企业管理人员私下里跟巴基斯坦监理工程师的关系很好，也有一部分巴基斯坦工程师，尽管中国企业管理人员跟他们的私交很好，但在实际工作中，如果中国企业管理人员邀请他们来现场验收或测量，他们并不像中国人那样愿意为朋友的事情倾力相助，而是该拖延照样拖延，甚至有拖延一个星期的情况发生。就是这样的时间观念、工作态度和责任意识，我们还不能跟他硬着来，硬着来他就会迁怒于我们，警告中国企业人员不能给他添麻烦。

> 你拿他没办法，只有顺着他。但顺着他工期就延误了，上层领导也会责问。到了后期，应该说到了中期，领导出面也搞不定。他拖了三天，我就跟领导汇报拖了三天。高层领导去找他，他心里就不舒服了。另外，他有一种比较奇异的责任意识。你哪怕跟他的领导汇报的是事实，他也认为你是告状，他就会通过工作来卡你。因为作为建筑行业来说的话，一个项目这么大，这么多细节，要做到尽善尽美是不可能的。他就是利用他的权力让你知道不能告他的状，不能给他造成麻烦。(C24，潘先生，35岁，工程师)

(3) 对英国监理的印象

英国的监理工程师在监理公司的职位很高，大都是副总监以上的高层管理人员。他们做事认真，很讲道理，对合同的执行和要求很严格。他们把合同写得很详细，宁可在合同里写一百页纸，也不愿跟你谈一百句话，事无巨细，找不到漏洞，避免了后期很多扯皮的事情。相反，中国人在起草或签订合同时很粗糙，存在很多细节问题和疏漏之处，后期就会出现很多扯皮的事情。所以，英国监理工程师做事细致耐心、考虑周全的风格是值得中国企业人员学习的。

> 英国人给我的印象就是他们对合同的执行和要求是很高的。我们讲个可笑的事情，如工地建板房，建多少板房，能供多少工人居住，在国内这个合同就到此为止，所谓的板房合同和布置合同就结束了。但是英国人不是，他要具体到你要建多少板房，板房有多少层，有多少个房间，里面要住多少个人，里面的布置要求是什么，他要给你写这么细，避免后面扯皮。所以在这一点上我对英国人的做事作风还是很认可的，也很佩服他们的那种耐性。就是说英国的监理工程师会在合同上写得明明白白，清清楚楚，每个细节都考虑了。(C24，潘先生，35岁，工程师)

（4）对几任总监的印象

所谓总监，就是监理公司老板聘请的最高管理人员，相当于监理公司总经理。在跟某中国企业打交道的几年间，有一家监理公司换了三任总监，包括约旦总监、英国总监和韩国总监。这三任总监在中国企业承包商跟业主之间所持的立场是不同的。约旦总监是阿拉伯人，跟业主关系很近，立场不太公允，有偏向业主的倾向性；英国总监，前期抱着打工的心态，立场公允一些，事情该怎么办就怎么办，工作认真专业，但后来倾向业主那边了，对中国人有提防心；韩国总监，属于纯技术型监理工程师，稍微中立一些，跟中国人沟通多一些，没有倾向性，如果跟业主有一些不同意见，反而偏向中国企业。

可见，来自不同国家的监理人员和几任总监给中国企业管理人员留下了不同的印象。一些菲律宾监理工程师比较严苛死板，很难变通，而一些菲律宾监理工程师跟印度的工程师相比又是最好的。印度工程师只按书本规定和标准规范操作，不讲道理。一些巴基斯坦监理工程师认为我们是兄弟，愿意帮助中国企业人员，而一些巴基斯坦监理工程师工作失职而又不愿担责，故意给中国企业设置障碍。另外，英国监理人员做事认真，严格按照合同执行。还有，约旦总监有偏向业主的倾向，英国总监前期立场公允，后期偏向业主，韩国总监立场中立，反而偏向中国企业。当然，以上只是受访的中国企业人员的大致印象，真实情况如何，还要具体情况具体分析，跨文化理解不能过分概括或一概而论。

4. 中国企业与监理公司交往之策

正是因为监理公司权力比较大，中国企业项目的各个阶段都要受到牵制，中国企业总是想方设法跟监理公司搞好关系，即便中国企业作为项目总承包有所谓优势地位，在跟监理公司打交道的过程中多数情况下皆处于下风，很难有主导权。也正因为这种双方的权势悬殊，中国企业管理人员在与监理公司交往时呈现出跟在国内与监理公司打交道不一样的交往之策。

（1）小恩小惠、联络感情

为了和监理公司联络感情，搞好关系，中国企业也会施与对方一些恩惠，保持良好的人际关系。且不说监理公司的工资、住宿、交通、水电等费用都是中国企业支付的，这些是合同上约定的，其他方面中国企业也做了一些工作。如，对方需要技术支持，中国企业管理人员就尽量帮忙；对方的打印机坏了或者缺少办公用品，中国企业也会尽量帮他们添置或更换；对方如果在个人生活上需要一些电器，尽量满足他们；或者送一些电话卡、小礼品等，花费不多，却能增进彼此的感情。

这些做法，其实都是中国人常用的交际策略或手段。在中国，想要拉近与对方的距离，增进彼此之间的感情，要给予对方一些帮助、实惠或利益，态度友好而热情、姿态屈尊而降贵、利益损己而利人，这样就会给别人留下很好的印象，增进彼此的信任。如果对方接受了你的宴请、礼物，或者帮助，就说明他已经把你看成了自己人，而且还会觉得欠你一个人情，在以后的相处中就会对你另眼相待。如果有什么好机会，他就会首先想到你，还你或卖你一个人情，这样他心理上才会平衡。中国人的交际就是人情此消彼长的过程，如果谁也不欠谁的人情了，两人的关系就淡了。不管用哪种方式或策略施与对方恩惠或卑己扬人，都是给对方面子或给对方送人情，对方就会觉得有面子、欠人情。中国企业的这些做法，能够与监理公司保持良好和谐的人际关系，有利于工作的顺利开展。

（2）请客两难、有事面谈

在中国，跟朋友一起吃饭是很正常的，但在沙特，一部分监理工程师跟中国承包商出去吃饭是有顾虑的，怕被别人投诉，所以他们要避嫌。哪怕我们说只是单纯吃饭，没有别的意思，他们也会多想，非常慎重。所以，他们一般不会跟我们一起出去吃饭。在这种情况下，就不可能像在中国一样，很多事情可以放在桌面上边吃边谈，在很轻松的状态下很多事情就解决了。至少吃吃饭、聊聊天可以增进彼此的感情与了解。但在沙特，缺少这样一个沟通渠道，很多事情只能放在台面上正儿八经地去谈。

> 简单地说，比如我请一个人去吃饭，当成朋友去吃饭，在国内这是很正常的现象，但在那边很有难度。举个简单的例子，他是结构上面负责测量的，如果我邀请他吃饭，他就会想很多延伸性的问题。就是很多事情按照我们国内的想法可以谈，比如说我现在在赶工期，希望你这边能配合加班验收或者做些别的配合，完全可以在一个比较轻松的环境中进行。但在沙特，如果监理工程师有哪些顾虑和忌讳，就变成所有的事情只能放在面上谈。（C24，潘先生，35岁，工程师）

（3）谨慎交往、人事攻坚

与监理工程师交往是件很困惑的事情，由于中国企业人员不太熟悉阿拉伯文化，因而不清楚如何跟监理工程师交往。另外，这些监理工程师很避讳跟中国承包商一起吃饭，怕被起诉，我们也把握不好这个度，缺少文化顾问予以指导，一切只能靠自己去摸索。再加上语言上的障碍，我们怕在交往中出现一些错误或冒犯，所以，前期跟监理工程师的交往是非常谨慎的。后来，由于长期相处，跟监理工程师熟悉了，也经常一起聚餐、搞活动。的确，尽管民族种族之间存在一些明显的文化差异，但依旧会有许多相同或共通的观念存在，文化内核中最深层的一些元素应该具有普遍性质，这些都是跨文化沟通的基础，文化间的相互沟通肯定会有一些办法。所以，随着彼此交往的深入，中国企业在工程攻坚方面没问题，对监理工程师的人事攻坚也同样会很顺利。

（4）因人而异、软硬兼施

中国式人情世故的交往方式，比如吃吃饭聊聊天，联络一下感情，这些在国内很管用，但在沙特不一定奏效。有时候小恩小惠的确能起到联络感情、拉近距离的作用，但在这里，私人关系不等于工作关系，公私是分开的。关系归关系，验收时依旧不留情面、不给通融。另外，阿拉伯文化跟儒家文化不一样，儒家文化强调和谐、包容、善良，而阿拉伯文化崇尚强者文化，中国企业一味地利益输送，到头来反被认为是懦弱。所以，中国企业管理人员对待不同的监理要采取不同的方式。对待那些贪得无厌、得寸进尺、不按规定操作的监理，该强势就得强势；对待那些为人正直、做事规矩的监理，就用正常的方式跟他们交往。换言之，对待不同的监理要因人而异、软硬兼施，不能一味的软弱，委曲求全。这样，反而更能得到对方监理人员的尊重。

> 用我们中国的方式，出去吃个饭，联络下感情，效果并不好，反而达不到目的。我去之前，很多当地人还在我那里吃饭，白吃的，还要给他们送过去。我到那里后，就不让送，任何人不得给监理送饭，反而比以前好了。另外，与不同的人打交道的方式也不一样。我对待监理，如果这个人非常难缠，我就用强硬的措施对待他；如果这个人非常正直，我就用正常的方式跟他交往。（C31，张先生，49岁，副总经理）

（5）凭借实力、稳打稳扎

中国企业在跟监理公司打交道的时候，自身实力决定着交往的自信心，也影响着沟通的成功与否。企业实力最终体现在人才素质上，驻沙特某中国企业的上一任总工程师孙工就是这样一位实力型人才。他是清华毕业生，英文沟通能力强，专业知识扎实，熟悉欧标、美标等，情商高，既能抓住对方的弱点，又能用自己的观点去说服对方，这样就能取得沟通与谈判的成功。所以，中国企业与监理公司打交道，企业自身要有专业实力、科技实力、资金实力等，同时企业内部还要有素质过硬的商务人才，这样对方才不会轻视你，与他们的交往才会充满自信，而不至于处处被动。

> 监理很不容易打交道，这其实也跟公司的实力有关。要看签合同的时候，签的是欧标还是美标。如果你非得用中国的标准跟他解释，也解释不通，你必须用欧标或美标跟他解释沟通。我们上一任总工孙工是清华毕业的，有一次去解决地下道的一个问题，就是用美标去跟人家谈。他在每一个环节上都能抓住对方的弱点，但又不直接说，而是说这是你的观点，你看看我的观点是怎么样的。他算的时候就把自己的观点算进去，让对方承认自己做的是不对的。一来二去，有几次把监理和业主高层都说服了。（C43，娄先生，34岁，项目部经理）

综上所述，沙特的监理公司具有这些特点：业主代表、第三方顾问公司、权力大、验收标准高，中国企业百分百达标存在一定的困难；监理人员来自多个国家，人员流动性大，出现贪腐问题，也很难追责。监理公司对待中国企业的态度大致有两种，或者有故意设置障碍和刁难中国企业之嫌，或者是中国企业不能严格按照规范与标准操作，刁难与否不能一概而论。中国企业人员对于不同国家的监理人员的印象也是不同的，但无论是跟监理工程师还是跟总监打交道，中国企业作为总承包的主导地位并没有凸现出来。在与监理公司的交往过程中，中国企业人员更多时候只能采取迁就、迎合、施与恩惠的策略或方式，但其实这些都收效甚微。中国企业要想跟监理公司处好关系，关键还是要靠企业自身的硬实力和软实力，既要具备专业实力、科技实力、资金实力等，又要有素质过硬的专业人才、商务人才、专家队伍等。

二、与分包商打交道

中国企业在沙特承建项目，尤其作为总承包，要跟很多公司打交道，并把项目中的一部分工程分包给有资质的其他公司来做，与他们签订分包合同。这些分包商有沙特本地公司，也有许多非沙特人注册的外国公司，但主要以沙特人为主。如果是建筑类企业，分包商可能会以机电、装修、室外分包为主，也可能会把图纸设计的任务交给个别设计公司来做，跟他们签订分包合同等。总包跟分包签订分包合同，前者要对后者的工程进度与质量进行监督管理，保证分包所承包工程能够通过监理及业主的验收，确保工期顺利进行。但在沙特，很多跟中国企业打交道的分包商又跟国内的分包商有所不同，他们给中国企业管理人员留下了不同的印象，中国企业管理人员跟他们交往的策略方式也和国内不同。

1. 对不同分包商的印象

与中国企业合作的分包商情况各异，有一部分是有资质的，具有一定的实力，属于正规公司，但也有一部分不是那么让人满意，主要表现在以下几个方面。

（1）缺乏主见、操作死板

中国企业跟沙特当地的一家防水公司签订分包合同，但这家防水公司的工程师的水平根本不行。无主见、无思想，缺乏应变能力，完全是机械操作。遇到实际问题不动脑筋，永远是个"二传手"，很多业务上的事情都是中国工程师在帮他。这位所谓防水公司顶尖的工程师的水平，通过下面的例子可见一斑。如卷材的铺设，施工现场跟图纸设计肯定有不符的地方，这时候就需要换个做法，不能按照图纸生搬硬套。如果按照图纸设计直接铺上去，就会产生裂痕。这时候就需要做一些适当的调整和变化，在卷材和竖体之间砌一个小斜坡，卷材尽量铺得有点弧度（卷材：即黑色的防水卷材，如油毛毡）。但他们有时在做卷材铺设时就直接折个九十度出来了，容易起皱漏水。

> 在铺设卷材时，有时候楼板上有个钉子，他们也不会先把钉子锯掉，而是直接铺上去，露出的钉子比砖面还高。这在国内是根本不行的，国内的包工头很有经验，不可能允许出现这样的问题。但在沙特，中国企业技术人员要随时检查分包商的工作，稍不留神或检查不到位，他们就可能会搞出乱子。他们有技术人员，但那些技术人员真的是不懂一点技术的。（C18，杨先生，27岁，工程部工程师）

（2）缺乏技术、效率低下

正是因为防水公司的技术人员缺乏技术，中国技术人员需要先给他安排好每天的工作，"先上一遍课"，把所有工作与细节，如要铺几层沥青和几层防水卷材等，要先跟他讲清楚，然后他再传达给下面的工人。一些较难处理的工作很难实施下去，如两块施工之间如何收口衔接，他们只顾大体上的施工，对于一些细节的处理考虑得很不周全。

> 其中有一个关于内墙收口问题，双方技术人员，连同监理一起讨论了将近一个月，耽误了很多时间。他们的技术人员连我们设计院按照他们的标准设计出来的图纸都看不懂，专业技术水平不足。另外，

防水公司的工作效率低下，有时两天才干一天的活，有时候甚至三四
天才干一天的活。那个埃及的技术人员平常人很好，但一到工作方面
就跟我讲条件，而且他自己没有任何技术水平，我最头疼这件事，而
且他的效率真的是特别低。(C18，杨先生，27 岁，工程部工程师)

(3) 缺乏实力、经常扯皮

另外，跟中国企业合作的分包商如一些装修分包商和室外分包商很有实力，
但也有个别分包商的确没有实力，没能力做事，帮忙没有添乱多。中国企业因
为与这家分包商签订了分包合同，还在合同期内，在与这家分包商解除合同的
过程中，中国企业没少费周折。

> 跟中国企业合作的某机电分包商，自己根本没有实力，又不愿真
> 正做事，天天捣乱，经常扯皮。中国企业一看形势不对，就想把他换
> 掉，但又换不掉，因为这家分包商是经监理公司推荐的，所以在解除
> 合同的过程中经历了一些波折。后来，中国企业国内总集团就指派项
> 目部领导跟分包商谈，最后终于跟这家分包商解除了合同，把他赶走
> 了。(C35，王先生，44 岁，副总/项目副经理)

(4) 总包要亲力亲为

在国内做项目，作为总承包，对于分包的管理只需要监督一下就行了，至
于分包跟现场及其他分包之间的交接与合作等问题，都是分包商们自己协商解
决。但是在沙特，这些事情都要总包亲力亲为。分包商节奏慢、效率低，总包
需要每天催促；分包公司的技术顾问水平有限，中国企业管理人员还要对他们
进行技术指导；分包商之间的合作意识不强，协调能力很差，分包商跟现场施
工人员和其他分包的交接工作等，都必须由总包予以协助解决。

> 因为那边的工作不如我们国内这么快节奏、高效率，需要每天催
> 促，就像他们的技术顾问一样去教他们怎么做，很多事都要亲力亲为。
> 如负责生产的分包商，施工现场的东西他就不太在意。由于对方的技
> 术人员不够，而且技术力量不强，所以现场遗留的一些技术问题，以
> 及跟其他分包商的交接问题，都要我们协助解决。在国内会有一个定
> 期技术探讨，商讨现场的问题和交接的问题等，一些小问题分包商自
> 己就解决完了，但在沙特就会有些困难。(C16，陈先生，35 岁，商务

部预结工程师)

（5）难驾驭的分包商

中国企业作为总包，跟不同的分包商签订分包合同，分包商接受总包的监督与管理，并从总包那里结算工程款。按道理，所有的分包商都应该服从总包的管理，甚至还要不惜"讨好"总包才对，但在沙特，实际情况并非如此。中国企业的分包商主要分为两类：一类是跟业主或监理有关系的，直接跟业主或监理打交道，根本不把总包放在眼里，甚至总包稍有怠慢或不按合同执行，他们就立马把总包告到业主或监理那里；另一类是中国企业自己找的分包商，他们也配合中国企业的工作，但干活慢、效率低、不履约，导致中国企业无法实现工程目标和工期计划。可见，沙特的分包跟国内的分包是有区别的，管理与合作起来也不一样，如果把国内的那套管理经验或模式硬套到国外，不一定有效果。

一些中国企业自己找的分包商，工作效率太低了，哪怕我们打破常规思维，规定工作任务，只要达到标准立马现场付钱，比合同的条件更好，我们也不审核，也不详细上报，他们都不愿意干。"重赏之下，必有勇夫"不一定适合沙特当地的分包商。（C46，龚先生，43岁，项目部经理）

（6）需谨慎的设计分包

我们作为总包，把图纸设计的工作分包给国际上的一些设计公司，其中一家设计公司承担了景观设计的工作。但是这家设计公司送来的施工图纸比初步设计深度还浅很多，根本达不到施工条件，送来的一沓三四百张图纸，能有三四十张有用的就已经谢天谢地了。

在合同规定中，图纸设计费用是按张按尺寸给钱，让设计公司钻了空子。例如，一张 1189mm×841mm 的 A0 图纸上就两根线，一条粗线，一条细线，再加上索引标高，这张图就可能获得几百块钱；一张 A0 图纸上可以呈现的设计内容硬是拆分成八张 A0 图纸，或者 A2 的可以做成 A0 那么大，然后 A0 再切成八张 A0 的，我们不得不多支付好多倍的设计费。（C22，李先生，32岁，设计师）

可见，跟中国企业签订分包合同的分包商给中国企业管理人员留下了不同的印象，而且很多都是消极印象。国内的分包商接受总包的监督与管理，严格遵守合同规定，确保工程进度与质量，这样才能顺利地通过总包的验收，并成功地从总包那里拿到工程款。但在沙特，中国企业作为总承包，在和不同的分包商合作交往中却发现他们跟国内的分包商截然不同。具体表现在：很多分包商实力不强，技术人员素质不过关，工人工作效率低下，中国企业需要提供技术支持，并不断催促工程进度，还要亲自过问各分包之间以及分包跟其他公司之间的协调工作；个别分包商跟监理或业主有关系，总包很难驾驭；个别分包商，中国企业哪怕付现钱都无法完成工程任务；有的设计分包水平有限，并用达不到施工条件的图纸敷衍糊弄中国企业，骗取设计费。

2. 中国企业与分包商交往之策

针对不同分包商的特点，中国企业在总结经验教训的基础上，也逐渐摸索出一些与分包商的交往之策。如利用自己总包的优势地位，改变分包的时间观念；为了控制报价和降低成本，中国企业要求分包送上来的图纸一律要附报价，避免蒙混过关；在跟分包打交道的过程中，建立彼此的基础信任是最关键的，有了信任为前提，口头约定和书面文件同样重要。

（1）增强分包商的时间观念

在沙特，分包商的时间观念不强，每次见面，他们往往要比约定的时间迟到20~30分钟。而中国人如果双方已经约定了一个具体的见面时间，赴约时间前后不会超过10分钟，多数情况下至少会提前5分钟到场。这种时间观念的冲突无疑浪费了很多宝贵的时间，也影响了中国企业的工程进度和工作效率。后来，中国企业管理人员不断地向承包商灌输时间就是金钱、时间就是生命的思想。再加上中国企业管理人员为防止他们迟到所采取的一些措施，如"前一天将就他，后一天引导他，持续提醒分包商不要忘记约定时间"等，后来，这些分包商的时间观念改变很大，最多迟到时间不会超过5分钟。即使他们偶尔迟到，也会提前跟中国企业管理人员联系，告知不能准时赴约的原因。

（2）控制报价降低成本

合同图纸上没有的项目，现场施工的分包做了设计变更，他把图纸报给我们，我们又没有审查清楚，他就报给监理，监理批准之后，他就把这一部分工程做了，我们就得付钱。但是这部分变更的、原初合同上没有写清的工程，业主是不给我们钱的，我们因此吃了很多亏。后来，为了避免此类事情的发生，也为了控制报价、降低成本，我们就要求现场施工的分包商送上来的图纸，无论变更与否，都要附上报价。这样，图纸变更的过程、材料选取，以及实际施工等过程，我们商务部、工程部就完全参与了。这也和后期项目资金短缺，严把工程开支有关，要是在以前资金充裕的情况下，大家也不会齐心协力俭省节约。

> 比如说这个天花，原本合同上是没有做天花的，但是分包又把天花先做了。合同上没有的属于增项，实际上我们问甲方要不了钱，我们反而还要再给钱，就会出现这种情况。后来有同事发现这种情况，就说一定要审查清楚，报送的图纸上面必须附有报价。就等于说如果图纸上面没有报价，我们就认为这个图纸是不增加钱的。（C20，李先生，29岁，管理人员）

（3）合同之上建立信任

中国企业作为承包商，跟监理、分包、业主建立起互相信任的关系是最重要的。例如，跟分包商打交道时，彼此之间基础的信任是前提，白纸黑字不一定有用，因为写了字也可能转脸不认账。也许，有时候分包商过来催要工程款，但中国企业暂时资金短缺，不能立即付钱给他们。按道理说，分包商完全有权停工，但中国企业管理人员就给分包商做工作，鼓励他们不仅不能停工，而且还要尽快干，干得好、干得快，不能施工，并承诺他们中国企业一定会解决钱的事情。结果，中国企业真的每一次都能兑现承诺，分包商也就越来越信任中国企业，哪怕一年不给钱，他们也不担心，他们知道中国企业不会亏待他们。可见，中国企业跟承包商之间在合同关系之上建立起来的基础的信任是非常重要的。当然，不管是按照公司的管理制度、当地的法律要求，还是按照双方的合同关系，所有的东西都必须形成文件，严格按程序办事。

综上所述，沙特的分包商跟国内的分包商有所不同，中国企业在与分包商合作的过程中可谓磕磕绊绊。很多跟中国企业合作的分包商存在着实力不强、效率低下的问题，中国企业作为总承包什么事都要亲力亲为。而且，一部分当地分包商由于跟业主或监理有关系，中国企业很难对他们进行有效管理。不过，中国企业人员在与分包商打交道的过程中，也摸索出一套交往之策。如采取措施，增强和改变分包商的时间观念；谨慎设计图纸审批环节，堵住有可能增加工程费用的各种漏洞；建立与分包商之间的信任关系，基础的信任甚至比合同更重要。

三、与供应商打交道

中国企业在国外承建项目，产品、材料、设备等大多需要在本地采购，这样成本会比从国内购买要低很多，进货周期也短一些。沙特除了本国的供应商之外，也有很多其他国家的供应商，但老板大都是沙特人，管理人员大都聘请来自埃及、叙利亚等国家的一些工程师，工人或普通职员以印巴人员为主。很多供应商跟国内的供应商存在明显的差异，也因此，中国企业管理人员对国外的供应商形成了不同的印象，并根据不同供应商的特点，采取了一些有效的交往策略。

1. 对供应商的印象

中国企业在与不同的供应商合作交往的过程中遇到很多困难，这些都跟国内不同。在国内，供应商求着客户订购或使用他们的产品，但在沙特，情况恰恰相反，客户得求着供应商准时发货，并优先将货物供给他们。因此，沙特的供应商跟国内的供应商存在明显差异，中国企业管理人员对沙特供应商的印象主要有以下几点。

（1）态度和责任感淡漠

沙特某公司是跟中国企业打交道比较多的供应商之一，是某国际大品牌公司在沙特的分公司。但是，该公司跟国际大品牌公司是没法相比的。具体表现在以下几个方面：该公司工作效率低下；招聘的工作人员多为沙特人和其他外籍人员，他们的工作态度淡漠，哪怕客户过来追货，看起来非常着急，他们同样可以做到很漠然；作为国际跨国公司，该公司在当地遭遇体制上的水土不服问题，公司大部分利润被当地合作者瓜分。

（2）技术和理论水平差

跟中国企业打交道的一些供货商，在专业能力、技术水平和理论修养方面，都要比国内的供货商差很多。他们是单纯的买卖，对所售产品缺乏了解，客户不懂的问题只能参考说明书。而在国内，供货商的水平很高，产品销售人员基本上都是这一领域的专家或技术骨干，熟知产品的设计原理。而且，越是大型的企业人才素质越过硬，他们在销售前期、中期和售后服务等各个阶段都能帮助客户解决一些实际问题，实现一条龙服务。

　　跟我们打交道的供货商不专业，不像我们这里的供货商都是专家。例如卖手机，什么功能不知道，请看说明书；录音笔也是，索尼的，功能他不知道，请看说明书。不像我们国内的那些供货商，尤其大型机械设备，像电机，他们就是专家，可以帮你解决很多问题。包括前期的设计原理，以及售后等一条龙都能帮到你，越大型的企业越专业，越强大。（C19，叶先生，42 岁，工程部高工）

（3）经常拖延货期

沙特某公司的售后服务跟不上，经常拖延发货，与其有合作关系的中国企业需要不停地催货。中国企业跟该公司是"战略伙伴"关系，整个电气系统，从最顶端的变压器开始，高压柜、变压器、低压柜、配电箱、母线槽等，小到开关、灯具，整个系统，都从该公司进货，造价很高。该公司作为国际品牌，它的整套服务都是高质量的，但在沙特的该公司售后服务质量一般。该公司一开始是催要货款，货款到位后却又经常拖延货期，客户不得不经常催货、追货，这个过程是很头疼的。叶先生讲述了他在整整一年里什么也不干，专门向当地该公司催货的经历。其中的一个星期，他在公司旁边租了一间酒店，每天早晨八点准时去公司"上班"催货，连保安都认识他了。他带着工作证和单位介绍信等身份证明材料，"堂而皇之"地蹲点催货、追货，该公司的工作人员都被他缠烦了，待了一个星期，追回了一些货。

（4）不同供应商情况不同

沙特当地的供应商与本地公司人员有共同的文化，又是长期客户，交流沟通更顺畅，彼此更加信任，而中国公司可能在沙特只有一个孤立的项目，不是长期客户，再加上其他方面的原因，沙特当地的供应商对待中国公司和本地公司的态度是有区别的。本地公司具有更大的优势，它们买东西不需要付全款，交定金或者押个信用证就可以把货进回来，而中国公司不行，要交的定金比例较高，甚至有时候还必须付全款。也就是说，当地的供应商在发货时间及定金或货款支付等方面，区别对待本地公司和中国公司，本地公司优先，价格更优惠。

我们签了合同，把钱款支付之后，供货商会供货，但不一定按时。你要求第二天发货或一个星期发完，他可能拖两个星期也不一定给你发齐，没有时间观念。供货商对当地人信任，当地人买东西也不一定付全款，可能开个定金或者给个信用证，就可以把货进过来。我们就不行，他们有很大的优势。（C26，王先生，44 岁，机电部经理）

可见，中国企业管理人员在与当地的供应商打交道的过程中，形成了一些消极的印象。例如，沙特某公司效率低下，工作人员态度漠然，缺乏责任心；供应商在专业能力、技术水平和理论修养方面，都要比国内的供应商差很多，他们缺乏对产品的了解，客户遇到不懂的问题只能参考说明书；当地供应商在发货时间及定金或货款支付等方面，区别对待本地企业和中国企业，本地企业更有优势。

2. 中国企业与供应商交往之策

沙特的供应商跟国内的供应商存在很多差异之处，中国企业在材料采购方面遭遇很多困难和挑战。中国企业管理人员为了保证材料、产品或设备的准时供应，使工程项目能够顺利进行下去，摸索出很多与供应商的交往策略。除了上面所提到的派专人去供应商公司蹲点催货外，他们还采取了同时向两三家公司下订单的方式，以及巧打人情关系牌，搞好与供应商的关系，希望他们能准时、优先给中国企业发货。这对解决中国企业项目所需材料、产品或设备供应不上的问题，起到了一定的缓解作用。

（1）同时下多家订单

供应商拖延发货，肯定会影响工程的正常进行。为了保证生产，不耽误工期，中国企业采取了同时向两三家公司下订单的方式予以应对。曾经在中国企业项目工程部工作的高级工程师叶先生，就详细讲述了中国企业是如何为了应对供应商拖延发货而同时下多家订单的。他说，必须定制的产品从某公司下订单，其他的像钢管这些通用产品，就在另外两家公司同时下订单。一家公司先供一部分够用了，如果第二批订单拖延发货，中国企业就赶紧再从另一家公司进一批货，通过这种途径进行补救。因为中国企业跟这两家公司签订的是采购订单（PO：Purchase Order），可以取消订单。例如，合同10000米，第一批下了PO单3000米，但供应商在第一批供货之后没货了，第二批不下单也行。中国企业用这种办法，解决了供应商拖延发货所带来的问题。

就以追货为例，按道理应该是我们把钱给供货商，然后他分批分期地把货发给我们。但实际上，他们不是这样的，而是故意拖延发货，并找各种理由，今天运货车爆胎了，明天司机不干了，后天车队又出问题了，大后天仓库出问题了，以此来推脱。有时吵得不可开交，后来我们订货，除非一些必须定制的东西，例如母线槽需要定制，按照产品规格去订，我要做成什么形状的，多少个组合。其他的一般可以通用的，比如钢管，国标钢管任何地方都可以买到，我们同时下两个单，两个不同公司。（C19，叶先生，42岁，工程部高工）

（2）巧打人情关系牌

中国企业人员在与供应商交往的过程中，巧打人情关系牌。如中国企业通过举行足球赛等活动，邀请供应商进行足球联谊赛，加强与他们情感上的交流，拉近彼此的距离，使大家成为朋友关系，这样对于解决订货与供货之间的矛盾起到了一定的积极作用。刚好跟中国企业合作的一个供应商的片区老总是巴基斯坦人，鉴于中巴特殊友谊，中国企业在产品采购上帮助这个巴基斯坦老总提高业绩，使他一步步从销售经理做到片区老总。中国企业帮助他发展，给他切切实实带来了个人利益，所以他对中国人有特殊的感情，也很支持中国企业在沙特的项目，会在供货方面积极配合中国企业。

（3）感情和工作两码事

但并非所有的供应商都会像这位巴基斯坦片区老总一样，重人情、重感情、重关系，有些供应商不会被人情关系左右，不会因个人关系或感情的好坏而做出不同的选择。跟他们一起吃饭都是 AA 制，有时候明确请他们吃饭，吃过饭也不会领情。他们不会认为欠你的人情债，而是感情和工作两码事，工作上该怎样还是怎样，该坚持的就坚持，不能变通的就是不予变通，这点跟国内不同。

> 我们没有打人情牌、关系牌去解决订货和供货之间的矛盾，我们请吃饭他们也不会领情，跟中国不一样，中国人有个人情债在这里，大家吃个饭喝个酒，很多事情就好谈。深入交流，互相之间沟通交流很重要，他们没有这种东西。（C19，叶先生，42 岁，工程部高工）

可见，面对跟供应商打交道过程中的各种困境，中国企业管理人员也想出了一些应对之策，这些策略在一定程度上缓解了订货与供货之间的矛盾。但是，这些做法只能治标不治本，不能从根本上解决沙特深层次的市场环境问题。

> 催他一下可能短期内有一点点效果，但是过一段时间后还会恢复到跟以前一样的状态。（C46，龚先生，43 岁，项目部经理）

综上所述，国外的供应商跟国内的供应商相比的确有很多不同之处，如沙特的供应商店铺由政府统一提供，租金低，店铺按时营业、按时关门；一些大的品牌，全国只有一个总经销商，一个供应商老板，全国连锁、统一标价；供应商不担心商品卖不出去，没有中国人薄利广销或多卖多赚的营销思想与理念。由于相同或类似产品之间竞争力比较小，供应商在工作效率、工作人员素质及售后服务等方面都赶不上国内的供应商。像某国际公司到了该国之后，也发生了变化，也变得跟本地供应商没什么区别。另外，中国企业在跟当地的供应商打交道的过程中遇到的最大的问题是他们经常拖延货期，中国企业不得不采取各种措施和手段催货、追货。而且，当地的供应商对待中国企业和本地企业的态度是有区别的，在彼此信任、发货态度、定金货款支付等方面都存在明显差异。中国企业为了解决订货与供货之间的矛盾，采取了积极的应对策略，如采取各种催货手段，与不同的供应商签订合同，以及巧打人情关系牌等，也取得了一定的效果。但是，想在短期内彻底改观沙特市场环境下的订货与供货之间的深层次矛盾，并非易事。

四、与业主打交道

沙特的业主跟国内的业主类似，都是出资方或项目负责人。业主可以是个人，也可以是组织机构，或者是政府部门等。如中国企业承建的当地教育机构或政府机构工程项目，他们会指派相关领导专门负责这个项目，那么，这位领导就相当于业主，有很大的决断权。所以，业主的权利最大，一些大的原则性问题，还是业主说了算。中国企业在沙特做项目，一般直接对接的是监理公司，但很多时候也需要跟业主打交道，征得业主的支持，希望业主在某些问题的处理上能对监理公司施加影响，至少应该在对待中国企业和监理公司的立场上保持中立。因此，中国企业如何与业主打交道同样很重要。

1. 对不同业主的印象

中国企业管理人员在日常工作与生活中，跟业主打交道算是比较少的，因为监理公司作为业主的第三方顾问，已经替业主代理或代行很多工作，业主基本上不需要直接出面去操心项目上的事情。中国企业管理人员在跟业主打交道的过程中，不同的业主给他们留下了不同的印象，主要表现在以下几个方面。

（1）以权力学识自居

某中国企业项目的业主是沙特人，公务员，相当于我们的厅级干部。他常常炫耀自己的权力、关系、文凭、学识，而且很在乎这些。他常常暗示或透露自己在当地以及政府部门里很有关系、势力，不管是现在还是以后，哪怕他退休了，我们的项目仍然会在他的关注之下。另外，他引以为傲的是在英国某知名大学留过学，并获得博士学位，喜欢别人称他为博士，而不喜欢别人喊他校长或教授。

我们这边有一个领导，也是一个博士，他跟业主就能谈得来。后面我们有一个领导只承认业主是教授，他就不想理睬我们那个领导，他很在乎这个东西。中国企业人员在翻译文件时用了 require 一词，他很不高兴，认为中国企业没有权利 require（要求）他们，应该 request（请求）他们，显得很较真。（C15，杨先生，35 岁，行政部人员/翻译）

(2) 缺乏风度与修养

业主也可以是政府机构，如市政厅，市长就是市政厅的负责人，他就相当于业主。

> 沙特城乡事务部所辖的多个市政厅当中，某市政厅作为业主口碑不是很好。上一任市长表现欠佳，在会场上拍桌子瞪眼睛，当着众人的面撕了我们的图纸，没有风度与修养。当然，这也因为在场的一个监理助手为了表现自己，贬低中国企业，在市长还没开会之前，用一个特别负面的图表向市长介绍中国企业项目的情况，而且这份图表上的数据都是过时的、错误的，监理助手不了解实际情况，结果把市长气得甩门而去。但不管怎么说，作为一个市长，在重要场合下行为如此轻率，其风度与修养还是欠缺了些。（C43，娄先生，34 岁，项目部经理）

(3) 素质高，一言九鼎

当然，有一部分受过良好教育的当地人素质就很高，修养很好，品行也很端正。

> 同样跟中国企业接触比较多的现任某市市长素质就很高，一言九鼎，跟我们建立了彼此信赖的关系。项目上的事情，他告诉我们怎么做，我们就怎么做，我们请他帮忙的事情，他也总是尽力帮忙，中国企业作为承包商与业主彼此配合得很好。（C43，娄先生，34 岁，项目部经理）

2. 中国企业与业主交往之策

业主是项目的真正投资者，在整个项目的进行过程中手握重大和原则性事情的最终决断权与拍板权，因此，无论是私人情感还是工作关系方面，中国企业都应该跟业主处好关系，保持和谐顺畅的合作关系与牢固可靠的信任关系。中国企业在与业主交往的过程中，既有以礼相待、礼尚往来的"和"的一面，也有据"利"力争、官司相向的"争"的一面。"和"或"争"，中国企业都不占优势，中国企业能做的只能是：以最大的诚意，尽可能地与业主保持友好合作的关系，提高自身商务能力和风险控制意识，在项目进展的整个过程中谨遵合同、谨慎垫资、立足市场、获得认可。

（1）以礼相待、礼尚往来

跟业主打交道，中国企业管理人员会按照中国传统文化，以礼相待。每次中国项目部总指挥去沙特，总要拜访相关方，如中国大使馆、业主、监理等，并带一些中国茶、手信之类的礼品，不一定很贵重，但能表达中国企业的姿态和心意。尤其对业主方和监理人员来说，中国企业管理人员送给他们一些带有中国传统文化的一些小礼品，传递了中国人以礼相待的文化，表达了中国企业对他们的尊重，彰显了中国人热情友好与谦逊和气的态度。中国企业管理人员这样的交往之道，产生的影响还是比较积极的，加深了双方的交往，增进了彼此的信任。所以，当地人的一些私人事情，像婚礼、葬礼、家庭聚会等，他们也会邀请中国企业管理人员参加。这说明双方的交际还是比较深的，礼尚往来，关系磨合得很好。否则的话，这些当地人的私事，他们肯定对外人有所避讳，如果缺乏信任，不可能邀请中国人参加。

（2）谨慎垫资、控制风险

中国企业在沙特投资或承建项目，一定要谨慎垫资，控制风险。因为，在中国企业跟业主打交道的过程中，业主拖延中国企业的工程款是很令人头疼的事情。近几年来，沙特政府财政困难，面临着比较大的经济压力。但一些政府部门为了追求业绩，还要继续上项目，在政府财力吃紧的情况下，承包商不得不自己垫资，本地企业也会遇到这种情况。承包商垫资越来越多，就像滚雪球一样，到最后被拖垮也是有可能的。特别是中资企业，人家把脉把得很准，很多中资企业承建的项目，哪怕亏损也要做完。好在部分中资企业政治敏锐性比较高，控制垫资风险，进展还算顺利。尽管如此，中资企业按合同顺利推进了工程，业主却不履约，继续拖欠工程进度款的事情还是时有发生。

> 我不知道他这个是不是一种风气，政府的欠款由来已久，一直是这样，不管是对当地还是老外，欠款欠得厉害。（C43，娄先生，34岁，项目部经理）

（3）立足市场、远离政治

中国企业走出去，就是要立足当地市场，获得当地社会的认可，并具有政治敏锐性，时刻提醒自己是代表国家和企业形象的。但是，同时也要谨防部分业主利用中国企业的这种政治觉悟和政治意识，故意在工程款问题上拖欠克扣或违约耍赖。因为，他们知道中国企业很重视自己的荣誉和形象，把很多国外的工程都要做成政治工程、窗口工程，哪怕资金不到位，也一定会把工程完成。如果遇到业主违约耍赖，中国企业拿不到工程款，使用法律手段只是最后的选择。因为，跟业主使用法律手段，打起官司来周期会很长，结果也不一定会对中国企业有利。其实，中国企业走出去，是为了立足市场，得到当地社会的认可，而且也是做生意，并且要做成可持续性的生意，不能做成一锤子买卖。

综上所述，沙特的业主跟国内的业主类似，都是项目的真正出资方，项目合同甲方，可以是个人或单位，权力当然是最大的，一些重大的、原则性的事情都必须由业主作决断或最终拍板。另外，不同的业主给中国企业管理人员留下了不同的印象。有的业主炫耀自己的权力、关系和学识；有的业主气度狭小，缺乏风度与修养；有的业主素质高、有修养、重诚信，跟中国企业合作得很好。中国企业管理人员为了企业自身的利益，也为了使项目能够顺利进行下去，与业主打交道也采取了不同的交往策略，如以礼相待，加深与业主的私人情感，增进彼此的信任。但在实际的合作交往中，业主方对中国企业把脉比较准，他们知道中国企业政治意识比较强，哪怕亏损也要把项目做完，因此，一部分中国企业因为垫资过多，最后被拖垮的情况也是有的。所以，中国企业在国外做项目，一定要谨慎垫资、控制风险。总的来说，中国企业在跟业主打交道的过程中鲜能占据主导权，多数情况下不得不迁就或妥协。

五、与业主和监理同时打交道

中国企业未必所有的交往都是一对一的交往，有时候它们需要同时与不同的相关方打交道，或某件事会涉及不同的相关方。例如，在材料采购过程中，到底跟哪家供应商签订采购合同，首先需要业主和监理一起招投标，选中几家符合条件的供应商，然后由中国企业跟这些供应商洽谈并签订合同。但当中国企业将洽谈好的供应商名单报给监理和业主的时候，他们会将这些供应商名单全部否决，并倒逼中国企业同与他们有关系的几家供应商签订合同。再如，在设计变更一事上，中国企业作为承包商和施工方，会请设计人员对合同图纸上不符合施工条件的地方进行深化设计，但深化设计图纸需要上报给监理公司审批，监理公司再将图纸交给业主，业主再委托国外的某家设计公司对深化设计图纸进行审阅、讨论，最终再将审阅后的图纸交给监理公司，监理公司再转交给中国企业，这个过程十分缓慢，深化设计图纸要转几次手。

1. 承包商、业主、监理的地位

在沙特，中国企业作为承包商，甚至总承包，其地位却是十分尴尬的。在国内，业主作为出资方权力最大，这跟国外是一样的。但国内的监理没有国外的监理权力大，而且也不一定事无巨细，什么都要过问。承包商、业主、监理三者之间的地位关系主要表现在以下几个方面。

（1）承包商处处顺着业主和监理

在沙特，中国企业作为承包商，哪怕是总承包，却常常处于弱势地位。首先，业主是甲方，重大事情的决策权在业主。其次，监理公司是业主请的第三方顾问公司，代表业主监督工程进度，控制验收与测量，掌握进度款的审批，权力比较大，更是得罪不起，毕竟在项目进行过程中，中国企业跟监理公司打交道是最多的，属于项目的直接管理与监督部门。所以，业主与监理，我们只能顺着他们来。如：约会见面，他们迟到，我们也很无奈，只能打电话催促；监理权力很大，承包商即使有什么事情也不能绕过监理直接找业主，监理有很多种办法卡我们，承包商离开监理寸步难行；监理公司如果在品牌、工艺、技术上面卡我们，很多时候我们只能妥协让步，不想因此而停工，因为在国外中国企业没有其他项目可以跟监理周旋，不可能这个项目停工了，就把人员和设备全部调到另一个项目上。承包商、业主、监理之间的微妙关系，其实体现了权力距离的概念，权力大，就相对具有支配权、主导权；权力小，就往往要受制于人，没有主导权。

（2）业主和监理联合压制承包商

承包商不管是在国内还是在国外，地位都是最低的，处于下风与弱势地位，没有主导权。只不过，国内的监理没有国外的监理权力那么大，承包商如果有什么事情解决不了，可以绕过监理直接找业主谈，但在沙特，业主和监理往往同一个鼻孔出气，如果中国企业避开监理直接找业主谈，监理还会误以为中国承包商在告他们的状，会迁怒于我们，并想方设法刁难我们。所以，只要监理做得不是太离谱，中国企业也尽量不去得罪他们。

他们是代表业主的，肯定不对等，承包商是最底层的。国内的监理也肯定监督我们的，就是业主请来专门管理我们的。国外的监理公司有一种代管模式，全权代理业主。中国驻场的有监理和业主，完全可以绕过监理直接找业主，只要业主同意就可以了，国内是可以这样的，国内监理没有国外的监理权力大。以这个项目来说，我们的主导权真的不多，处于弱势地位。尽量不去得罪监理，多数情况下都会妥协。（C34，卢先生，35岁，商务部协调经理）

可见，中国企业作为承包商，在与业主、监理公司的三者关系中，处于最弱势的地位。业主是投资方，掌握着重大事情的决策权；监理公司权力较大，是第三方顾问公司，代表业主监督工程进度、控制验收与测量、掌握进度款的审批等。在项目推进的过程中，中国企业跟监理公司打交道是最多的，每一道工序都需要监理公司验收与签字，才能进入下一道工序。另外，监理公司掌握着品牌选择、工艺与技术标准的主导权，很多时候中国企业只能妥协让步，否则就只能停工。

2. 材料采购

材料采购是中国企业跟业主和监理打交道的一个典型事例，更能说明中国企业是如何跟业主和监理同时打交道的。材料采购主要包括：甲控材料式采购与倒逼式采购。中国企业作为总承包或承包商在两种材料采购方式中都没有主导权，而且承担的责任更多，多数情况下只能被迫就范，顺从业主与监理的决定。其中，甲控材料式采购是根据"甲控材料"条款内容执行的，规定了甲乙双方及监理在材料采购中的权责。而倒逼式采购其实就是业主与监理在采购过程中联手进行暗箱操作，明面上中国企业作为乙方有权对材料采购提出自己的观点和意见，但实际上还是业主和监理说了算。

（1）甲控材料式采购

根据360百科，"甲控材料"包含以下条款：（1）属甲控乙供应的材料，甲方组织监理协助进行招投标，选择供应商，由乙方签订供货合同。零星材料由甲方、监理、乙方三方共同商定。（2）乙方与供应商在买卖交往中，因贷款不清产生的矛盾与甲方无关。影响供货拖延工程进度由乙方负责。（3）乙方要提前通知甲方材料到货时间和地点，以便甲方、监理跟踪检验，必要时甲方、监理将抽样检验，乙方要给予配合。（4）凡发生材料货源与招投标单位不符，或材料发票、质保书、炉批号与材料不符，甲方、监理有权通知乙方停止使用，清退出场，影响工程进度由乙方负责。（5）甲方、监理委托有资质的检验部门对抽检材料进行检测，所发生的检测费用含在投标报价中由乙方负责。（6）凡乙方所购甲控乙材料必须将供货合同及供货发票的复印件交给甲方物供部，以便财务结算。（7）凡需甲方通过招投标形式选择供应商的少量和大宗材料，乙方必须根据自身计划安排提前50天向甲方提出申请，否则影响供应的责任由乙方承担。

从以上的"甲控材料"条款的含义可知，甲方（业主）比乙方（承包商）有更多的主导权，乙方要向甲方负责，而且承担的责任要比甲方多得多。乙方虽然有权跟供货商签订供货合同，但得在取得甲方跟监理的审批之后，乙方才能跟供货商签订合同。而且甲方、监理有权检验检测材料，检测费由乙方承担等。甲控材料，就是甲方通过招标选定三家或四家供应商，然后由乙方去跟他们具体洽谈商定该跟哪一家或哪几家供应商签订供货合同。所以，中国企业作为采购方，具有一定的建议权，但最大的主导权还在甲方和监理手上。毕竟，我们只能从甲方选定的几家供应商中进行选择，不能越过这几家供应商而另找去这几家之外的其他供应商。另外，所选材料必须检验检测合格。

（2）倒逼式采购

甲控材料式采购，乙方（承包商）还有一定的建议权。但倒逼式采购，乙方基本上没有多少实质性的建议权，因为甲方心中早有意向性的供应商。曾在沙特某中国企业工作多年的曾先生说（C30，曾），尽管面子上，甲方（业主）会让乙方（承包商）上报符合技术要求的品牌，但实际上他有一个灰色的操作空间，你不停地报某个品牌，但业主和监理就是不批。你报的不是业主和监理意向中的品牌，他们永远不批，业主跟监理"沆瀣一气"。虽然名义上讲得冠冕堂皇，让你反复再报，但就是不行。然后，业主和监理会跟中国企业管理人员说，如果再不跟供应商签订合同就要耽误工期了，耽误工期是要罚款的。以此相要挟，倒逼中国企业主动提出来要用他们推荐的产品。但业主和监理会说，这是承包商自己提出来的。

虽然承包商跟业主有合同约定，说是不指定品牌，但在实际的操作中，在商品采购的申报中，到底最终选什么品牌，主动权还在业主和监理手里，最终还是相当于他们指定某种欧洲品牌，如施耐德、西门子等，中国的产品他们根本不看，我们没有主动权。所以，在采购环节，你报的东西他始终不批，逼着你用他意向中的那个产品。这从另一个方面说明，在承包商跟业主签合同的时候，要明确约定使用什么品牌的产品，包括尺寸、大小、规格、产地、价格等信息都要界定好，免得后期给业主和监理留下可乘之机。

> 按合同约定，业主不会指定品牌，但在实施的具体操作中却并非如此。业主让我们报三种品牌，就是我们这边的采购意向A、B、C，然后报上去。经过业主、监理机构的审批挑选，像质检报告、样品、关键核心技术等，这些他都要去看，反正不和他意的中国产品他就不

选不挑。A、B、C 三个都是中国产品，重报、再报。实际上他已经有一些意向了，像欧美的，特别像施耐德、西门子等，他们都会倾向于选这些品牌。道理很简单，我们家里装修，开关插座我要指定松本的，其他牌子的我不要。业主可以跟施工方、装修公司讲，同样的道理。（C10，许先生，38 岁，商务部经理助理）

综上所述，在沙特的中国企业，材料采购多是甲控材料式采购，即材料采购的过程由甲方（业主）控制，乙方（承包商）供应，甲方组织监理协助进行招投标，选择供应商，由乙方签订供货合同。相较而言，甲方占有绝对的主导权，而且承担的责任要比乙方少很多；乙方几乎没有主导权，更多的是配合甲方，而且承担的责任要比甲方多很多。另外，中国企业在甲控材料式采购过程中，尽管承担的责任要比业主多得多，但毕竟是吃亏在明处。而材料采购在实际的操作过程中，名为甲控材料式采购，而实属暗箱操作式采购。明面上，仿佛业主和监理做事冠冕堂皇，允许承包商上报符合技术要求的品牌，但实际上业主心中早已有了意向的品牌，任凭承包商一再上报，他们就是不批，最后倒逼承包商不得不使用他们推荐的材料或产品。这也说明，中国企业在采购环节挑选供应商的过程中之所以会吃哑巴亏，就是因为他们在签订项目合同时对于材料品牌的界定是有漏洞的，给了业主和监理可乘之机。

3. 深化设计

深化设计就是在原初的设计方案的基础上根据现场施工的实际需要，对原初的设计方案进行扩充与深化以符合施工要求，形成施工图的过程。其实施工图的形成不是一蹴而就的，也不是一劳永逸的，而是根据施工现场的实际变化一路修改，这个周期会很长。因为设计方案经过扩初以后，不可能跟现场百分百吻合，图纸的修改不可能跟得上现场的变化。施工图出来以后，还要交给监理审批，监理再反馈给业主，业主盖章之后，才能施工。深化设计国外分为"合同图、深化图、竣工图"三个过程，跟国内类似。

（1）中沙深化设计差异

深化设计是为了达到施工条件对原初设计方案（合同图）的进一步深化、细化，改变了原初的设计方案，这样就很可能引起施工方跟业主和监理之间的冲突。中沙在深化设计的标准与风格方面存在很大的差异，这也是造成中国企业与业主和监理之间冲突的原因之一。沙特使用的设计标准是 SASO（沙标），中国人使用的是 ISO9000，深化设计标准不同；沙特的设计风格具有中东特色，重空想轻实用，风格保守，相对传统一些，而中国的设计风格重实用，并兼重美观与和谐，在传统的基础上又吸收了很多现代元素，设计时能把诸多因素考虑进去，并根据实际情况做出适当的调整或变化。

深化设计标准不同：以深化设计为例，中国用的 ISO9000 欧洲标准，而沙特用的是比欧洲标准还高的标准，叫 SASO，这就存在深化设计标准上的差异。但是，SASO 是不能更改的，中国企业作为总承包只能自己改变标准去适应一套新的设计标准。这样的话，中国国内的标准和 SASO 标准，光两套标准对接的过程就花费大量的人力、物力、财力。甚至，中国企业委托国内的设计院，花大力气深化设计出来的图纸报给监理公司进行审批，超过 90% 的深化设计图纸都会被打回来。

深化设计风格不同：沙特的设计风格完全是中东风格，比较空想，而我们的设计风格比较实用，符合现场实际。所以，在深化设计的过程中，我们会保留他们设计中的合理成分，并融入中国人的设计理念。比如教学楼教室门的设计，他们更注重中东风格，会把门设计成拱形的，而我们就设计成四方框型的。拱形设计比四方框型设计成本要高，增加不少费用，而且，学校主要还是教科学与做学术的地方。最后，他们也能接受我们的设计风格与理念，把实用意义考虑在内。

上面提到的教学楼的设计上，中国人更注重实用，沙特人更注重空想。而在道路的景观设计以及排洪渠的设计上，中国的设计人员反而更注重美观、绿化等，而沙特的设计人员却更注重实用。如市区道路建设，中国人更注重景观设计，绿化得很漂亮，并用花岗岩装饰，他们就不太讲究这些，认为一条路能走就行了。再如排洪渠的设计，中国工程师在那个地方准备做成一个很漂亮的公园，效果图出来很美，但因为钱的原因被业主否决了，他们建议在那个地方用水泥硬化一下就行了。

（2）深化设计带来的问题

深化设计改变了原初的合同图纸，也因此会带来一些意想不到的问题，毕竟深化设计就是根据现场施工的实际情况和需要对原初合同图纸的深化与细化，以满足现场施工条件。所以，深化设计会改变工程费用，更多的是增加费用，谁来承担这部分增加的费用？一般情况下，业主是不愿意承担这些额外的费用的，而承包商会认为合情合理的深化设计理应由业主来承担，这就会引起争议和冲突。另外，由中国企业委托国内设计院对原初图纸进行深化设计后，这些深化设计图纸要交给业主和监理公司审批，这个过程是相当缓慢的，耽误了工程的顺利进行。

深化设计费用争议：深化设计所引起的费用问题也是一个大问题。深化设计所导致的工程费用增加由谁来承担，以及深化图纸执行之后增加费用的索赔能否成功，都是承包商需要面对的问题。业主肯定不愿承担这些增加的费用，他希望承包商自己消化；或者业主与监理只签技术上同意，费用上不愿意明确表态。中国企业则认为，既然技术方案同意了，为了赶工期，就按照这个造价来做。中国企业根据国内做工程的惯例，认为既然业主与监理已经同意承包商所提交的技术方案，就说明他们愿意承担工程深化或变更之后增加的费用。结果，当中国企业做完了工程再去报费用，监理与业主又不愿意承担，他们只承认接受技术方案，到最后还是中国企业自己承担这笔费用。

再如，原初设计图纸跟实际施工场地两者并非完全吻合，从图纸上只能看到三分之一，三分之二是看不到的。如实际施工场地有一个窟窿，但在图纸上没有体现出来，如何处理这个图纸上看不见的窟窿，必须进行深化设计。如果在国内，施工方如何处理这个窟窿，监理一般是不问的，但在沙特，施工方既然改变了原初设计，就要向监理人员说明变更原初设计的原因和理由。合理的话，他就同意施工方的深化设计方案；不合理的话，必须按照原初设计进行。至于是否通过填土将这个窟窿填平，以及填土要花多少钱，他那边的国际监理是不问的，他认为这是施工方的事情。换言之，当原初设计跟实际场地不符，如何解决实际出现的问题，监理公司要过问，但执行深化设计多出来的花费他们不负担，由施工方自己解决。

图纸审批过程缓慢：深化设计由总承包（中国企业）来做，图纸出来以后要提交给业主，业主再委托一家埃及的设计公司进行审图。埃及的这家设计公司只跟业主有合同关系，中国企业没法跟这家设计公司直接沟通，况且这家设计公司不在沙特，而在埃及。等待这家埃及公司的审批的过程很慢，耽误了很多时间。而深化设计图纸在未获得审批通过之前，我们又不能贸然施工。另外，深化设计图出来以后，中国企业在施工的过程中，监理公司代表业主对工程严格监督与验收，每一道工序都需要监理公司的签字批准，这个过程又是磕磕绊绊、一波三折。可见，埃及的设计公司和沙特的监理公司掌握着审批权、签字权，审批过程比较缓慢，而中国企业只能等待，明知很被动也无计可施。

可见，深化设计是中国企业在项目施工过程中很重要的一环，要跟业主和监理同时打交道。而且，中国设计人员跟沙特或其他中东设计人员在设计理念、风格、标准等方面存在着一些明显的差异，有差异就必然会有冲突。另外，深化设计可能会引起工程费用的变化，一般情况下，业主和监理只愿意接受承包商提交的技术方案，而不愿意承担额外的工程费用，他们希望承包商自己消化。还有，深化设计图纸审批的过程缓慢，严重影响了工程进度。

（3）中国企业应对深化设计之策

深化设计带来的最大问题就是工程费用的改变，如果费用不但没有增加，反而能降下来，而且质量没变，业主和监理肯定愿意接受。但如果深化设计增加了大笔的额外开支，业主和监理就很难接受了。所以，中国企业在深化设计问题上非常谨慎，也采取了一些应对之策。

谨慎深化设计、尽量降低费用：因深化设计引起的费用增加，业主和监理多数情况下是不愿意负担的。所以，深化设计须先征得业主和监理的同意，同意了才能改，而且尽量改过之后，中国企业发挥国内施工技术的先进性，优化原初方案，节省成本。这样的深化设计，既能节省成本，加快施工进度，又能保证质量，业主和监理也很乐意接受。一旦深化设计增加费用，出现索赔问题，开支小的话还好，业主也会补贴，但如果开支较大，结果就很难说了，这样就很容易出现冲突。当增加的开支比较大的时候，中国企业就会从中做一个协调，分包那边尽量压低价格，施工技术方面尽量做到最优，降低费用，让业主接受，问题也能得到解决。因此，谨慎深化设计、优化施工技术、协调各方利益、降低工程费用，总包、业主、监理、分包之间因深化设计引起的问题，基本上可以得到妥善解决。

自掏腰包也要上升"强条"：除了上面提到的为达到现场施工条件，对原初图纸进行深化细化之外，有时候还要对原初图纸中比较过时的设计方案进行深化设计，改用更好的材料和更先进的设备，这就会导致开支的增加。但是，业主和监理对于我们的深化设计会有两种不同的态度，要么费用增加不予通过，要么同意设计方案但报价不变。但像一些强制性条例（简称"强条"），如疏散规范、防火规范等，尽管业主和监理没有强烈要求，合同图纸上也没有规定必须上升这些"强条"，但中国企业出于职业习惯和敬业态度，明知道会赔钱也要自掏腰包上升"强条"，体现了中国企业的责任担当。国内这些硬性要求在沙特会松一些，他们对防火、紧急疏散等这类概念意识性不强。

可见，中国企业为了避免亏损，在深化设计问题上非常谨慎，先征得业主和监理的同意再进行深化设计，而且尽量优化施工方案，并确保工程质量，降低深化设计后的工程费用，这样的深化设计业主和监理都能接受。另外，有时候原初合同图纸跟不上新的工程理念与规范，缺乏一些"强条"，但中国企业出于工程规范和职业精神，哪怕自掏腰包也要尽量配备、升级这些"强条"。

4. 承包商、业主、监理的动态三角关系

其实，业主、监理和承包商三者之间是互相依赖的关系，是利益制衡的关系。从某种程度上来说，监理权力很大，貌似有故意刁难和为难承包商的倾向与做法，但绝不能把监理当成敌人。因为，监理是承包商最有力的合作伙伴，所有的事情，全都得经过监理审批。没有监理的支持，验收就不会通过；验收通不过，进度款就得不到审批与落实。另外，项目经营过程中出现一些挫折、困难、障碍，承包商也不能一味地抱怨监理和业主，也要从自身找原因，反思自己做事的方式方法有没有问题。可见，业主、监理与承包商三者之间的关系是不断变化的，各自的站位也是不断变化的，三者之间是动态的三角关系。

　　业主、监理和承包商三者之间的动态关系是如何处理的呢？首先，我举一个如何跟业主站在一起说服监理，拿到降水工程项目批书的例子。就是中国企业需要在海边挖 12 米深的下水道，地下水位非常高，需要降水。围绕降水系统，中国企业内部已经筹备了半年多的时间，包括文字资料、设计调研等，准备得已经相当充分，而且技术比较成熟，有成功的经验和例子。结果把方案报给监理，监理由于没有成功的经验，也搞不清具体情况，怎么样也绕不过这个弯，上报三次不批。最后，中国企业把自己的方案以及以前成功的经验和成熟的技术向业主汇报，取得业主的支持，然后业主给监理通了一个电话，监理立马就批了，中国企业当天下午就拿到批书了。我还举一个如何跟监理"联手"说服业主，迅速拿到批书的例子。就是像辅路改道、交通导流之类的工程，业主搞不明白怎么回事，因为他的工程实施经验很差。但监理都是一些实施人员，他们比较清楚现场的情况，所以中国企业就先说服监理，然后再让监理去说服业主。监理去找业主，跟他说："这个地方必须这么做，没有其他办法，不是承包商告诉你的，是我告诉你的，要么停工，要么按照承包商的要求去做"，业主当天就批了。通过以上的例子说明，业主、监理和承包商三者之间是互相制衡的动态三角关系。（C43，娄先生，34 岁，项目部经理）

　　综上所述，中国企业作为承包商，在应对材料采购和深化设计问题时会跟业主和监理同时打交道。在中国企业与业主和监理打交道的过程中，中国企业作为承包商始终处于弱势，而业主和监理处于主导地位，中国企业多数情况下不得不采取妥协迁就的态度。在材料采购过程中，中国企业作为乙方（承包商），有权上报符合技术要求的品牌，但实际上业主和监理暗箱操作，心中早已有了意向的品牌，任凭承包商一再上报，他们始终不批，并以耽误工期罚款相要挟，倒逼中国企业不得不使用他们推荐的材料或产品，最终的定夺权还是在业主和监理手中。深化设计环节也是如此，深化设计标准和风格基本上都是按照业主和监理的意图，深化设计增加的费用中国企业不得不承担，而且深化设计图纸审批过程缓慢，影响了工程进度。其实，承包商与业主和监理之间绝非水火不容的"敌我"关系，三者之间是互相依赖、利益制衡、经常变化的动态三角关系。

六、对外交往中文化顾问的特殊作用

在中国企业与业主、监理、分包商、供应商、当地政府部门等个人或单位打交道的过程中，聘请文化顾问从中进行联系沟通，可以起到很好的桥梁作用，有利于中国企业在沙特进行投资或承建项目等。因为，中国企业进入一个陌生的社会文化环境中，对于当地社会文化的了解需要一个相当长的时间。为了更好更快地与当地社会互动，或者为了减少因文化不同而造成的跨文化误解与冲突，中国企业有必要聘请文化顾问作为联系中国企业与当地社会的中介力量。文化顾问固然重要，但找到合适称职的文化顾问很难，尤其很难找到能帮助中国企业说话，代表中国企业利益，至少能在协调或谈判活动中持中间立场的文化顾问。

1. 充当中国企业的联络人

那些国内大学或国外大学阿语专业毕业后、在沙特工作或生活多年的中国人，他们擅长阿语，对沙特社会文化有比较深入的了解。他们被聘任为中国企业管理人员，或被聘为驻沙特某中国企业总代理或外事外联经理等，是中国国内公司与沙特分公司的联络人、中国企业在沙特分公司与各地区办事处的联络人、中国企业与沙特当地社会的联络人，身兼多重身份。如目前在一家沙特中资企业担任外事外联经理的马先生，就充当了中资企业文化顾问的角色。马先生爱好书法，阿语专业毕业，在沙特学习、工作和生活多年。马先生以前读的是中专，学医，中专毕业之后"弃医从文"，专门去沙特学习阿拉伯语。先学语言，再读本科，大学总共读了八年，三年的语言基础，五年的专业课程。读完以后，中石油和中石化开始进入沙特，马先生就进入中石化驻沙特代表处工作。在中石化下面有很多子公司，他在沙特中石化总公司工作，负责总管协调，不做具体业务，起着上传下达的枢纽作用，有时候负责国内来人接待，具体业务由下面各家子公司来做。

因为我们来这里比较早，对当地社会了解，又有语言优势。但是中国企业人员到了这里之后两眼一抹黑，不知道当地社会到底是什么

样子的，需要有一个中间人帮助他们了解当地社会，当地社会也希望能通过一个途径了解中国，我们就起到了这样的一个沟通作用。很多中国企业领导、私企老板，他们不会说阿语，英语也很差，而实际深入当地社会内部还需要懂阿语。当地人英语和我们国内是一样的，正式场合可能说英语，但私下里与他们交往还得说阿语。（C39，马先生，44 岁，外事外联经理）

2. 成为与沙特社会沟通的桥梁

埃及人阿里，是某中国企业聘请的高级顾问。阿里年轻的时候是一名工程师，在美国读过书，并取得美国某所大学的文凭，之后在沙特工作几十年，在当地有比较丰富的人脉。再加上埃及人有说阿语以及熟悉中东文化的优势，他在和当地人沟通的时候，话题会更深入，交流会更顺畅。而中国人和当地人交流，没有阿语优势，对中东文化也不可能有埃及人阿里那么熟悉，双方用英语交流肯定没有用阿语交流那么直接，话题也不可能很深入。所以，埃及人阿里作为中国企业的文化顾问，在与当地人或当地社会沟通的过程中所起到的桥梁作用的优势就凸显出来了。

3. 扮演和事佬角色

文化顾问还得熟悉中国文化，会打人情牌，懂人情世故。埃及人阿里就是这样的人，他有丰富的工作经验和人生阅历，同中国人处得久、接触多，精于人情世故，三言两语就能把不融洽的氛围缓和下来，两三天就能把非常僵硬的局面化解掉。本来双方已经争得面红脖子粗，甚至到了不想互相理睬的程度了，但阿里邀请双方一起吃个饭、聊个天，很快就能化解双方的矛盾。这主要得益于他熟悉两种文化，并与当地人有共同的语言和文化，再加上他娴熟的斡旋能力，很胜任文化顾问这份工作。

埃及那个阿里，他是我们那里的高级顾问。一方面他年纪大，有六七十岁了，阅历比较深，也可能跟中国人接触的时间比较长，很了解中国人的性格。无论你的谈判谈得多么不融洽，或者多么针锋相对，他总能轻松化解。而且通常他都是一个人在做，我们也不知道他通过什么关系，这也许是别人生存之道的一个技能吧。（C15，杨先生，35 岁，行政部人员/翻译）

4. 帮助中国企业融入当地

文化顾问能迅速带领中国企业融入当地文化，使中国企业不至于在当地被排斥。中国企业进入沙特，如果直接和当地人或当地社会沟通交流，可能会被当地人或当地社会排斥，他们肯定会偏袒当地人或当地企业。但是，如果能有一个文化顾问在当地有很好的关系网、熟知当地习俗、掌握政府要求、深谙与当地人及当地权力部门交往之道，那么他就能起到维系中资企业与当地人或当地权力机关的纽带作用。所以，中资企业在沙特投资或承建项目，聘请在当地有一定实力背景和人际关系的文化顾问是非常有必要的。

> 怎样把两种文化融合在一起，我们在那边需要一个顾问。这个顾问不一定是专业的，需要一个对那边的各种习俗，对政府的各方面要求准确掌握，能很好地把握当地权力部门的文化顾问。不管这个部门是属于政府，还是属于业主和监理，希望能与权力部门有一个比较好的沟通。在国外，同样的事情我们两个单位来操作，别人就会照顾当地人或当地公司，而我们这边就必须全部按照所有的规章程序走，甚至被轻视、被歧视。同样办一件事情，说不定我们走的程序比对方更齐全，但最终我们付出的代价却更大。（C24，潘先生，35 岁，工程师）

综上所述，中国企业在沙特所聘请的文化顾问要具有以下优势：在沙特工作、生活或学习多年，熟悉两种文化，在当地有丰富的人脉，会说阿语、英语，能跟中国人、当地人或其他外籍人员无障碍沟通。文化顾问可以是本地人、其他外籍人员，或者在沙特工作和生活多年的中国人等。文化顾问在中国企业的对外交往中发挥着特殊的积极作用。

可见，中国企业管理人员在外部交往适应中，要和不同的单位或个人打交道，如监理公司、分包商、供应商、业主等。中国企业作为承包商或总承包，在异文化环境中跟哪一方打交道都很难处于主导地位，中国企业在对外交往适应中很难一帆风顺，既要想方设法处理好与业主和监理的动态三角关系，又要考虑如何跟供应商打交道，还要想办法聘请合适称职的文化顾问等。尤其与沙特的监理公司和供应商打交道，考验着中国企业管理人员对外交往的智慧和能力。

第七章

中国企业人员跨文化适应影响因素

一、个人因素

影响中国企业人员跨文化适应的个人因素主要包括个人的认知、情感、行为、语言、学识、技能、阅历、身心素质等方面的因素。具体包括：跨文化认知、跨文化态度、身份认同、出国动机、跨文化经历、人格特征、人口统计学因素、自身实力、身心健康状态等。

1. 跨文化认知

"认知"（cognition）一词源于拉丁语 cognitio（the action or faculty of knowing or learning），指的是人获得知识或学习的行为或本领，认知是一组相关的心理活动（如知觉、记忆、判断、推理、解决问题、概念形成等）（刘爱真，2003）。跨文化认知就是在交际系统知识（包括语言知识和非言语知识）和社会文化知识（包括历史、政治、经济、人文艺术、当地人的思维模式等）充分理解的基础上，最终形成的复杂的认知结构。也就是说，跨文化认知是指人们对文化差异保持高度敏感并做出迅速判断和反应的能力倾向。跨文化认知有助于商务人士识别、理解、掌握文化差异。国际商务背景下，商务人员的跨文化认知包括文化认知和认知技能两部分（肖芬、张建民，2012）。

中国企业人员在跨文化认知方面的不足之处主要是不会说阿拉伯语，也不太擅长英语，跟当地人语言沟通是个大问题。语言是一种符号系统，是文化的载体和沟通的工具，对跨文化交际非常重要。这样就很容易造成沟通上的障碍，导致中国企业人员不能跟当地人进行广泛深入的交流，很难建立起比较私密的朋友关系，也影响了工作上的沟通与合作。

2. 跨文化态度

跨文化态度主要指在情感层面上对文化差异的理解与欣赏程度，如文化移情能力和跨文化敏感度。所谓移情（empathy），又称移情体验，指"设身处地"的行为，即超越自我，对别人的思想感情产生共鸣。移情概念由德国学者罗伯特·费肖尔首创，经里普斯完善和谷鲁斯的进一步扩展后，已经从美学领域扩大到认知心理学和跨文化交际学等多个领域。所谓文化移情（cultural empathy），通俗地说，就是交际主体自觉地转换文化立场，在交际中有意识地超越本土文化的俗套和框架模式，摆脱自身文化的约束，置身于另一种文化模式中，如实地感受、领悟和理解另一种文化（赵桂华，2006）。

在笔者进行的一项对仍在沙特工作和生活的六十名中国企业人员的跨文化敏感度测评中发现，中国企业人员的跨文化敏感度水平处于中等偏上水平，跨文化五因子中差异认同感的分数最高，其次是交际愉悦度和交际信心，交际参与度和交际关注度的分数最低。这说明，中国企业人员对待文化差异的态度和情感还是比较积极的，跨文化移情的能力也比较高。

3. 身份认同

作为 identity 的"认同"起源于西方个人主体意识的崛起。西方对主体性的认识经历了"实体主体性—认识主体性—生命主体性"的发展过程。从近代起，"人是万物的尺度"成为人们的共识，当笛卡尔将思维当作哲学的基础时，在确定了"我思维"的同时，便也得出来"我存在"的结论（孙频捷，2010）。大概说来，身份认同分为四类，即个体认同、集体认同、自我认同、社会认同（陶家俊，2004）。换句话说，身份认同旨在使处在某一群体中的个体，主动建立一个认知和表达体系，在自己是谁、自己是做什么的、扮演什么社会角色、遵循什么规范等问题上形成清晰的主体意识并表现出相应的主体行为（张军凤，2007）。可见，身份认同就是"我是谁"的问题。

以中国企业人员为例，首先他们是中国人，其次是某中国企业员工，然后是某个家族或家庭的成员等。来到沙特之后，他们是驻沙特某中国企业项目部企业人员。从职务上看，他们或者是管理人员，或者是普通员工；从签证形式上看，或者是工作签，或者是商务签等。中国企业人员的身份认同模糊性主要体现在以下几个方面：一部分中国企业人员长期在沙特工作，反而跟国内的沟通联系或业务往来变得越来越少，对自己回国后干什么一片茫然；在中国企业项目部工作和生活期间，以跟中国人交往为主，与当地人或其他外籍人员交往较少，这种人在国外而缺乏跨文化交往的身份也很尴尬；中国人有很浓厚的家国观念，无论走多远，根永远在中国，落叶总要归根，所以，无论他们在国外多么适应，这充其量只能算是一种"适应而飘着的生活"。如果在这些身份认同模糊的情况下，中国企业人员能够提高对身份认同模糊的容忍度，增加身份认同的灵活性，他们的跨文化适应状况也许会得到很大的改善。

4. 出国动机

动机是激励人们行动的心理动因，人的各种活动都源于一定的动机（于书颖，2002）。Gardner & Lambert（1972）在二十世纪五六十年代就展开了动机研究，设计了态度动机量表（AMTB），认为动机和态度不可分割，二者共同影响二语习得的最后成绩（谢桂梅，2015）。根据 Gardner（1972）的理论，外语学习动机可以分为两种类型：融合型动机（integrative motivation）和工具型动机（instrumental motivation）。融合型动机即学习者对目的语社团有着真正的或某种特殊的兴趣，希望能用目的语与社团成员进行交流，最后达到参与或完全融入目的语社团中去的目的。工具型动机则是指学习者为了某一特殊目的，如为了通过考试或找到一份令人满意的工作，或能够阅读目的语国家的新信息和文献资料等而学习某种外语，带有更多的"功利性"目的（裴燕萍，2007）。

如果借用二语习得领域中动机的分类标准来分析中国企业人员的出国动机，可以发现大部分中国企业人员的出国动机都属于工具型动机，如责任与使命担当、历练以提高自我、工作需要等，至于去国外工作是为了扎根当地社会、融入当地文化，或移民国外等，有这种动机的人很少。所以，中国企业人员在出国动机方面，持工具型动机的占多数，而持融合型动机的非常少。一般情况下，工具型动机没有融合型动机能让人更持久地坚持一件事，前者的影响也没有后者那么深远，这也是为什么多数中国企业人员不愿意长期在国外工作和生活的原因之一，当然这也有沙特自身社会文化环境方面的原因。

5. 跨文化经历

在笔者进行的一项对仍在沙特工作和生活的六十名中国企业人员的跨文化敏感度测评中，发现受试者的"国外旅居时间"和"去过的国家"两项个人因素与他们的跨文化敏感度水平有显著的相关关系。这说明跨文化经历对于中国企业人员的跨文化适应能力是有一定影响的。也就是说，在国外旅居的时间越长，去过的国家越多，他们的跨文化敏感度水平就会越高，他们对于文化差异的尊重与包容度就会越高，也说明他们的跨文化适应能力就会越强。这跟付梦诗（2011）得出的问卷调查结果是一致的，即在沪工作的英国工作者的"在沪时间"跟他们的跨文化适应结果呈正向预测作用。另外，丘珊和颜晓敏（2016）也指出，"跨文化交流经验"和"社会参与度"是影响跨文化适应重要的社会文化因素，"国外旅居时间"和"去过的国家"肯定会增加中国企业人员的"跨文化交流经验"和"社会参与度"。很显然，跨文化经历对于中国企业人员的跨文化适应是有一定影响的，跨文化经历有助于提高中国企业人员的跨文化能力、经验、技能等，更有利于使他们成为"跨文化的人"。

6. 人格特征

韩国学者 Young Yun Kim 认为，影响适应性人格的因素有人格的开放性、人格的力量和人格的正面性。人格的开放性是接受外部事物的门槛，使陌生人能够接触到当地人以及他们的思想，接受双重身份，更有效地进行跨文化调整。人格力量是一种内在资源，它帮助陌生人抵御压力，发展应对困难的能力。人格的正面性体现在肯定、乐观的心态上。带有正面性的陌生人倾向于看到事物光明与希望的一面，积极参与当地的社会活动，并且以合作的态度与他人交际（Kim Y. Y.，2014）。

中国企业人员也具备 Young Yun Kim 所说的这些适应性人格特征。如：以开放的心态看待文化差异，像饮食习惯、外出购物、出行方式、社会习俗等生活适应方面；也愿意跟当地人或其他外籍人员进行交际与合作，如跟监理、业主、供应商、分包商等之间的交往，并采取灵活的应对策略；在沙特社会文化环境下，不同的中国人选择不同的消遣方式，无论是内向性格或者外向性格的人，基本上都能坦然面对，主动适应。当然，中国企业人员也有一些非适应性人格特征，如一部分中国人性格内敛、矜持，安全感不强，再加上不会说阿语，英语沟通能力也不强，在跟当地人或其他外籍人员交流的时候难免会产生自卑情绪或自我否定的消极心理。表现在跨文化交往上就是畏首畏尾、缺乏自信，故意把自己封闭起来，避免与当地人或其他外籍人员交往，他们的朋友圈以中国人为主，这在一定程度上限制了他们的跨文化适应进程。

当然，并非每个人的人格特征都是单纯的适应性人格或非适应性人格。随着中国企业人员旅居时间的延长和跨文化交往的深入，他们的一些非适应性人格也许会变成适应性人格，或反之亦然。这正如郑林科、惠笑吟（2009）在对贫困生的人格特征进行因素分析的时候，所提取的正性人格品质和负性人格弱点一样，每个人的人格特征就是一个矛盾的对立统一体。既包含正性人格品质，如：进取性（热情积极、充满朝气、自我统一、思想集中）；稳定性（不易动怒、情绪稳定、不易干扰）；信任性（待人诚实、相信他人）；独立性（独立性强、有耐受力、有自信心）；安静性（独处自在、待人坦然、有安全感）；也包含负性人格弱点，如：忧虑性（过于操心、焦虑担忧、担心未来、易被误解）；自卑性（心情忧郁、有自卑感、自我否认）；敏感性（羞涩感、拘泥感、性敏感）。所以，中国企业人员的人格特征同样处于一个动态的变化过程之中。

7. 人口统计学因素

陈慧等（2003）认为人口统计学因素包括性别、年龄、收入和教育等；丘珊、颜晓敏（2016）认为人口统计学因素包括年龄、性别差异、受教育程度、婚姻状况、旅居时间。所以，本书将陈慧等和丘珊、颜晓敏的观点综合起来，人口统计学因素包括性别、年龄、收入、教育、婚姻状况和旅居时间等六个方面。在笔者进行的一项对中国企业人员的跨文化敏感度测评中，发现受试者的"年龄""工龄""国外旅居时间"等个人因素跟他们的跨文化敏感度水平有显著的相关关系，这说明时间因素对跨文化适应是有一定影响的。在项目部工作的中国企业人员，老中青各个年龄段的人都有。一般情况下，年龄大一些、工龄长一些的企业人员，他们的工作阅历，包括海外的工作经历也相对丰富一些。另外，国外旅居时间长一些的中国企业人员，他们经历过更多的跨文化冲突和震荡，对于文化差异有更好的跨文化认知，积累了更多的跨文化适应经验，所以，他们的跨文化适应能力要强一些。

至于性别因素和教育程度是否对跨文化适应有一定的影响，笔者发现"性别"和"教育程度"与中国企业人员的跨文化敏感度水平没有显著的相关关系，这也说明"性别"和"教育程度"对中国企业人员的跨文化适应没有明显的影响。男性和女性都会产生跨文化适应的问题，只是对待跨文化适应问题的态度以及克服跨文化适应问题的方式不尽相同。虽然，教育程度对于中国企业人员的跨文化适应没有显著的相关关系，但这并不能说明教育程度绝不会对跨文化适应产生影响。一般情况下，受教育程度高一些，文化认知和理解能力要强一些，思考问题的方式也更加深入和全面一些，这些优势会有利于他们的跨文化适应。婚姻状况对于中国企业人员的影响是，未婚青年面临着找对象和家庭催婚的压力，已婚人士又有家庭的牵绊，结婚与否都会影响着中国企业人员的跨文化适应。收入对于中国企业人员的跨文化适应的影响的确是比较明显的，钱是很实际的东西，如果出国工作人员的工资收入还不如国内高，出国工作动机就会大大减弱。但也有例外，如一些企业管理人员出国工作，他们的工资收入跟国内基本上没变化，他们出国工作完全出于工作需要和党性责任。

8. 自身实力

中国有句俗话，"打铁还需自身硬"。中国企业人员的专业能力、业务水平、商务能力、语言能力、沟通能力、气质修养等都能体现中国企业人员的自身实力，这对于他们在国外的跨文化适应同样重要。自身实力过硬，在跟当地人及其他外籍人员打交道的过程中，就能树立起中国人在当地社会中的积极形象，就能得到对方的尊重。另外，中国企业人员的整体实力提高了，中国企业的整体实力也自然得到提升了，中国企业和中国企业人员在跟相关方打交道的过程中才能底气十足、信心满满。一部分中国企业管理人员都提到中国企业和中国企业人员的自身实力问题。

　　我在跟当地政府部门打交道的时候很注重自身形象，衣着得体大方，从不穿拖鞋或短衣短裤，也因此比那些不修边幅、邋里邋遢的外籍人员更能得到当地人的尊重，办事也更顺利一些。另外，中国企业在跟业主或监理打交道的过程中，自身实力也很重要，如果我们企业人员的自身实力过硬，商务能力和技术水平很强，中国企业就会多一些谈判筹码，否则，只能任人宰割。(C36，韩先生，39岁，阿语翻译)

9. 身心健康状态

　　身心健康状态虽然是一个老生常谈的话题，但也是最不能忽视的影响因素。中国企业人员到了一个陌生的国度，地理环境、气候条件、工作环境，特殊的社会文化环境，远离家乡的孤独感，上有老下有小的家庭牵绊，以及对于未来工作出路的担忧等，这些无时无刻不在影响着中国企业人员的身心健康状况。如：一些中国企业项目部位于沙特的高原地带，有些中国企业人员会产生轻微的高原反应和水土不服的问题，时间久了就会对身体造成伤害，身体不舒服，心情也自然不会很舒畅，他们需要尽快调整自己的身体状态，以适应特殊的地理环境和气候条件。再如，当地出行主要靠私家车，没有车寸步难行，中国企业人员出行不便，他们大部分时间都待在项目部里，这些都会对中国企业人员的身心健康造成影响。如果任由高原反应、水土不服等问题肆意侵扰身体，任由烦闷情绪、焦虑心情等滞留郁积，身心健康就会发生病变。那样的话，中国企业人员是不可能适应当地社会文化环境的，更不要说能够长期留在国外工作和生活了，只能选择离开。不过，很多中国企业人员都提到如何克服这些不适应的问题，如很多人选择去健身馆健身，到附近的公园散步或爬山，邀请在沙特的其他中国企业人员、当地人或者其他外籍人员一起踢足球，红海捕鱼，或者选择用其他的娱乐消遣方式，始终保持积极的情绪和旺盛的精力，很多不适应的问题也能逐渐克服。

　　可见，中国企业人员的一些个人因素，如：跨文化认知、跨文化态度、身份认同、出国动机、跨文化经历、人格特征、人口统计学因素、自身实力、身心健康状态等都会影响他们在国外的跨文化适应状况。在这些因素中，很难说哪些是重要因素，哪些是次要因素，也很难从数量和程度上去判断哪些因素对中国企业人员的跨文化适应造成的影响大或影响小。但是，外来者或旅居者的确是跨文化适应的主体，个人因素是影响跨文化适应的最关键的因素，正是这些个人因素和其他社会因素一起，共同影响着中国企业人员的跨文化适应状况。

二、本族群社会文化因素

中国企业人员跨文化适应本族群社会文化因素，主要指那些跟本族群有关的影响因素，也就是来自国内的影响和异文化环境中的中国文化或中国人群体的影响，主要包括：组织支持、家庭及配偶支持、本族群交往、本族群力量等。

1. 组织支持

组织支持主要来自国内母公司（或国内企业集团）和驻外子公司（或国外项目部）的支持。中国人普遍具有明显的集体主义价值取向，具有很强的集体荣誉感和归属感，如果他们在国外工作时能始终得到来自集体的支持和帮助，他们即使遇到适应困难也能背靠集体这棵大树，增强解决困难的勇气和决心，也才能安心在外工作，并很好地适应国外的工作和生活环境。通常，组织提供给外派人员的支持包括以下几个方面：（1）职业生涯发展；（2）甄选：自由选择及驻外前工作访问；（3）适当的外派准备时间；（4）跨文化训练；（5）导师：帮助员工保持与总部的联系；提供职位信息、技术更新、组织变动以及提供发挥经验的机会，使员工感觉仍是母公司一员；（6）在东道国居住以及配偶工作、子女教育等方面的协助；（7）报酬：适当的薪资与福利安排；（8）回任支持等（刘俊振，2008）。也就是说，中国企业人员在国外工作，作为具有双重身份的他们，需要得到国内母公司和国外子公司的双重支持，使他们出国工作既在生活上无后顾之忧，又能在经济上获得实惠，这样他们才能够安心在国外工作。

以在沙特工作的中国企业人员为例，国内母公司或国内集团对他们的支持主要有以下几个方面：一是出国前的培训，公司会邀请那些曾经在国外工作和生活过的本公司回国人员给他们上课，向他们介绍在国外工作、生活和人际交往中应该注意的一些事项；或者，即使不进行统一的出国前培训，公司也会给每人发一本小册子，介绍在沙特应该注意的一些事项，如风俗习惯、生活禁忌和法律法规等。二是薪酬福利鼓励，出国工作的工资待遇要比国内高一些，大约是国内工资的一到两倍，另外，每年有两次各半个月的带薪休假机会，或者家属去国外探亲，解决往返机票及在国外期间的吃住等花费。三是国内公司对出国工作人员家庭的关照，包括逢年过节慰问和帮助解决职工家庭困难等，如子女上学和就业问题，都会给予一定的支持。四是信息共享和回任支持，使出国人员保持国内母公司和国外子公司之间的信息共享，尽量保证在国外工作的中国企业人员对国内的了解不脱节，国内公司为短期出国的企业人员保留职位，为长期出国的企业人员解决回国后的工作安排，使他们无后顾之忧。五是国外子公司（或国外项目部）为中国企业人员提供在生活、工作、人际交往、人身安全等方面的具体支持，如饮食、居住、出行、购物、娱乐、工作安排与指导、与当地社会打交道、安全保护等，使他们在国外工作和生活都能得到保障，能感觉到组织就像家一样温馨。

2. 家庭及配偶支持

家庭是中国企业人员的"大后方"，只有"后方"安定，家庭安稳，中国企业人员才能安心在国外工作。所以，从这个意义上讲，家庭及配偶的支持跟中国企业人员的跨文化适应密切相关。Kahn & Quinn（1976）指出三种形式的支持：协助（Aid）、情感（Affect）以及肯定（Affirmation）。协助式支持在于提供相关的信息以及在紧急和困难之际的帮助；情感式支持是基于支持提供者与支持寻求者之间的关系所提供的情感支持；肯定式支持则是支持提供者相信支持寻求者在压力处理上的能力与信念并给予肯定。Olson 等（1984）更进一步指出影响家庭与配偶支持的三个重要家庭特征，它们是家庭凝聚力、家庭适应力和家庭沟通力。家庭凝聚力是指家庭成员彼此之间亲密的程度、相互支持的状况以及彼此情感联结的程度，比如，家庭成员是否相互分享生活琐事、是否一起从事活动以及与家庭成员共处时间的长短等。家庭适应能力是指家庭功能角色在面对外部变化和压力下的反应能力。适应力强的家庭，在面对外派人员去国外从事工作的变化和压力时，努力适应这种变化，尽力维持家庭系统的稳定；适应力弱的家庭，面对这种变化时则显得"手足无措"。家庭沟通能力是指家庭成员彼此意见的交换、尊重不同的看法、建立决策的标准以及解决冲突的能力（刘俊振，2008）。

可见，家庭及配偶给予中国企业人员的直接支持形式有三种，即：协助、情感和肯定；家庭及配偶给予中国企业人员的间接支持形式也有三种，即：家庭凝聚力、家庭适应力和家庭沟通力。首先，家庭及配偶的直接支持形式指的是他们对于中国企业人员出国工作直接给予经济上、精神上、情感上的支持。经济上的支持，如家庭及配偶为中国企业人员提供出国路费及刚出国时候的生活费用等；精神上的支持，指家庭及配偶相信中国企业人员能够适应国外生活，能够做好本职工作，能够与人和谐相处等；情感上的支持，指中国企业人员定期跟家人沟通交流，分享国外工作和生活的苦与乐，缓解工作压力和思乡之苦。其次，家庭及配偶提供的间接支持形式指的是中国企业人员出国工作之后，家庭及配偶能够迅速调整和适应这种变化，把家里的每件事都安排得井井有条，保持安稳的状态，使中国企业人员无家庭牵挂，安心在国外工作和生活。尤其是家庭适应力，是家庭及配偶为中国企业人员出国工作提供的最重要的间接支持。很多中国企业人员都提到，他们在国外面临的心理压力不是来自国外的工作和生活适应问题，而是家庭的牵绊，如上有老下有小的问题，老人和小孩生病没人照顾的问题，小孩成长的过程中缺乏父爱的愧疚感等。所以，中国企业人员出国工作，如果家庭及配偶能给予尽可能大的支持，他们就能在国外安心工作与生活，否则，家庭的牵绊将是他们出国工作的一块始终放不下的"心病"。

3. 本族群交往

韩国学者 Young Yun Kim 认为，陌生人在参与东道国社会交往的过程中是伴随着与本族群交往同时进行的。特别是那些刚进入异文化环境中的陌生人，他们在安顿的过程中会转而跟国内的家人朋友或与东道国社会中的本族群个人或组织进行联系，以寻求他们的帮助。特别是后者，毕竟这些在东道国的本族群个人或组织已经适应了这里的社会文化环境，他们能为陌生人的跨文化适应提供帮助。本族群交往，在短期内会有益于陌生人在异文化环境中的跨文化适应。本族群媒体，能为新到的陌生人提供关键的"情感加油"，帮助他们应对各种不确定性和无根的感觉。尽管本族群能为陌生人提供信息、技术、物质和情感上的支持，但是过于依赖本族群的帮助会阻碍他们直接参与东道国社会文化的交往。也就是说，本族群交往有助于陌生人初进入异文化环境中的生活适应，但长期跟本族群交往会阻碍跨文化适应。随着陌生人对新生活越来越适应，他们参与本族群的活动会变得不如以前那么积极（Kim Y. Y. , 2014）。

的确，对于中国企业人员来说，他们跟项目部的中国同事以及在沙特工作或生活的其他中国人交往最多，跟当地人或其他外籍人员很多都因工作或活动而交往，这种交往也因工作及活动的结束而变淡或中断。大多数时间里，他们的工作与生活都局限在项目部里，很少与当地人有比较私密的交往。他们每天面对的是一些中国同事，定期或不定期地跟国内的家人朋友保持着联系。对于他们来说，项目部是一个安全的孤岛，当地社会也像一个隐私观念很强的文化孤岛，两个孤岛间只存在着零星的跨文化交往。所以，大部分中国企业人员即使在国外工作和生活多年，也会跟当地社会的交往始终保持着一个若即若离的适度距离，不可能完全融入当地社会。

4. 本族群力量

本族群力量体现本族群在当地社会的相对地位，涉及族群声望、机制的完整性和身份政治等方面。族群声望与其社会经济地位紧密联系，族群以及它语言的声望是陌生人的文化资本，能够提高当地居民对陌生人的接受程度，缓解同化压力。机制的完整性反映在族群整合自身政治、经济与文化系统的程度上。

完善的族群机制能够为陌生人提供本族群语言文化的支持，但不利于他们的跨文化适应。族群力量强大的陌生人往往面临较小的适应压力，改变自我的动机不强。如果族群强调身份的维护，陌生人学习当地语言文化的积极性就受到了抑制（Kim Y. Y.，2014）。

以中国企业人员为例，在工资收入方面，他们的工资收入虽然跟当地精英阶层及外籍人员中的佼佼者还没法比，但要远远高于其他外籍人员的平均工资水平。也就是说，同样作为"外国人"，中国人在经济收入上还是有优势的。首先，他们无论是去银行存钱或者去超市购物等，都显示出中国人经济上的优势；其次，中国企业人员以强大的祖国作为后盾，备感作为中国人的民族自豪感，当地人或其他外籍人员对中国人也比较友好，很尊重中国人，个别中国企业在沙特很有名气，再加上很多"中国制造"都能深入人心。所以，目前在经济、政治、语言、文化等方面，中国文化或中国人群体都有一定的优势，表现出不同于其他外籍人员的本族群力量。但正如韩国学者 Young Yun Kim 所说的那样，正是有了一定的本族群力量和优势，相较于其他外籍人员，中国企业人员融入当地社会文化的积极性不高，很少人愿意深入地学习阿拉伯语，很少人能与当地人建立起比较私密的朋友关系，他们对当地社会文化的关注度和参与度还远远不够。

可见，本族群社会文化因素会对中国企业人员的跨文化适应产生一定的影响，他们或促进或阻碍中国企业人员的跨文化适应。如强有力的组织支持和家庭及配偶支持能够减少中国企业人员在国外工作与生活的忧虑和压力，使他们能够安心在国外工作。但另一方面，频繁而长期的本族群交往和太过强势的本族群力量又在一定程度上阻碍了中国企业人员的跨文化适应。毕竟本族群文化或本族群群体就像安乐窝一样，中国企业人员躺在"舒适区"里，缺乏融入或适应东道国社会文化的强烈需求和愿望。

三、东道国社会文化因素

中国企业人员跨文化适应的东道国社会文化因素，包括文化距离、当地社会接受度、同化压力、当地人朋友圈等。下面，将结合中国企业人员的跨文化适应实际情况，阐述与分析沙特作为东道国，其社会文化因素是如何影响中国企业人员的跨文化适应的。

1. 文化距离

Babiker、Cox 和 Miller（1990）提出文化距离概念用来衡量旅居者自己的文化环境和他所移居的文化环境中社会和自然方面的差异。与"文化距离"

（Culture Distance）相近的词还有文化差异、文化韧性、文化新颖性等，一般都是指东道国和母国文化差异的程度以及外派人员适应的困难程度。文化距离包括政治制度差异、经济发展水平差异、基础设施差异以及社会文化风俗传统差异等。文化距离可以分为绝对文化距离和相对文化距离。绝对文化距离是指客观存在的文化距离，例如按照社会文化特征（如 Hofstede 的文化五维度）划分，世界各国的文化构成一个连续体。在文化连续体上，有些国家文化和另外一些国家文化比较接近，如澳大利亚和新西兰，这样文化距离就小；而有些国家和另外一些国家在文化上差异很大，如澳大利亚与日本，这样文化距离就大。绝对文化距离大，外派人员面对的不确定就多，压力就大，跨文化适应就越困难。比较而言，相对文化距离是指个体感知的文化距离。对于在异国工作生活的外派人员以及家人来说，需要克服一系列的生活变化，包括饮食习惯、生活节奏、气候等，这些变化会给人带来压力，造成跨文化适应的困难。相对文化距离因人而异，以个体感知到的生活变化来衡量。一般而言，感知到的生活变化大，相对文化距离就大，适应就越困难（刘俊振，2008）。

可见，不管是绝对文化距离，还是相对文化距离，都是个体进入异文化环境中跨文化适应的障碍。这些文化间客观存在的文化差异或者个体能够主观感知到的生活变化，会使陌生人进入异文化环境中一时间不知所措。他们在母国文化中原以为理所当然的事情，在异文化环境中却变了样，或者异文化环境中出现了一些在母国文化中没有出现的事情或现象，这些都需要他们重新面对，重新学习和适应，重新社会化。中国企业人员在国外工作和生活，他们遇到了一些跟国内不同的事情或现象，呈现出不一样的社会文化特征。但是，"殊途"可以同归，只是方式、手段、表现形式不同而已，但文化最后的本质基本是一致的。这也是世界文化多样性的充分表现，世界因多元文化的存在而变得绚丽多彩。

2. 当地社会接受度

当地社会接受度就是当地社会成员对待外来文化、对待外籍人员的态度，是采取开放、包容、接纳的态度，还是封闭、保守、排斥的态度，这直接关系外籍人员的跨文化适应状况。相对于一元文化的社会，多元文化的社会有两个重要特征：一个特征是能够给正在经历文化适应的个体提供社会支持的有效的社会文化群体网络；另一个特征是能够承认和接受多元文化。也就是说，个体在多元文化社会中承受的压力可能会低于在一元文化中承受的压力，因为一元文化拥有很强的同化意识（丘珊、颜晓敏，2016）。

沙特是一元文化社会，又是多元文化社会，深受欧美及周边国家文化的影响，集众家之美，其文化又呈现出多样性的特点。包括引进西方的管理制度、法律法规、教育体制、标准规则等，又广泛吸收外籍人员为其社会经济发展做贡献，顺利地实现一个又一个五年发展规划，至今在沙特的外籍人员仍占其总人口的近三分之一。所以，沙特社会兼具封闭与开放、传统与现代、包容与排斥等特征为一体。这样的社会文化特点以及当地社会对外来文化的接受度，也肯定会影响中国企业人员的跨文化适应。如中国企业跟供应商打交道的时候，虽然当地社会没有要求中国企业一定要适应其卖方市场特点，但中国企业在历次的采购碰壁之后，不得不把国内的那一套买方市场的理念完全抛弃掉，按照沙特的市场特点去跟供应商打交道。

3. 同化压力

同化压力跟当地社会对待外来文化及外来者的态度或接受度是紧密关联的。有些社会宽容或欣赏陌生人带来的文化，对他们偏离当地规范的行为不加指责；有些社会要求陌生人放弃原有文化，严格遵从当地习俗。衡量当地同化压力的重要标准是看其主流社会推行的是同化主义还是多元主义。多元主义可以缓解适应的压力，但陌生人应该明白，任何社会对外来者都有一定程度同化的要求。在族群混杂的国际大都市同化的压力一般较小，在族群同一性较高的乡村同化压力则较大（Kim Y. Y.，2014）。

以中国企业人员为例，在沙特生活感到的主要不同体现在着装穿戴、饮食习俗、言行举止等方面。所以，中国企业人员在沙特工作和生活，面临着一定的同化压力，但同时当地社会在某些方面又对外籍人员比较宽容，只要在尊重其社会风俗习惯的前提下，他们可以继续按照自己的风俗习惯生活。

4. 当地人朋友圈

中国企业人员与当地人交往的频度和密切程度也影响着他们的跨文化适应。刚开始进入沙特的时候，中国企业人员的朋友圈主要是中国同事、其他中国企业的员工或者在沙特做生意的中国人等。出于安全考虑，项目部领导也不建议中国企业人员随便跟当地人交往，所以，中国企业人员跟当地人交往是很谨慎的，朋友圈也很少有当地人。但是，当他们在国外工作和生活的时间久了，不管是出于工作关系，还是一些共同的活动等，中国企业人员跟当地人接触的机会越来越多，工作内外的交往也越来越多。关系熟络之后，交流的话题就会越来越广泛和深入。另外，中国企业人员对当地社会文化非常好奇，当地人同样对中国社会及中国文化非常好奇，通过信息的交换，彼此的了解越来越深。这无形之中提高了中国企业人员对社会文化的认知，他们的跨文化适应能力也因此会逐渐提高。所以，中国企业人员朋友圈中当地人的增加与否，以及跟当地人之间的交往密切程度等因素，也影响着中国企业人员的跨文化适应情况。

可见，中国企业人员跨文化适应东道国因素主要体现在文化距离、当地社会接受度、同化压力、当地人朋友圈等几个方面。以当地人朋友圈为例，刚开始在沙特工作和生活的中国企业人员，他们的朋友圈以项目部的中国同事为主，后来随着工作需要以及参与活动的增多，中国企业人员跟当地人交往的机会也越来越多，他们对当地社会与文化的了解也更加深入，这无形中提高了他们的跨文化认知和跨文化意识，跨文化适应能力也逐渐得到提高。

在这三个方面，个人因素的影响最大，也最关键。另外，本族群因素也是影响中国企业人员跨文化适应的重要因素。其中组织支持和家庭及配偶支持直接影响中国企业人员的心理适应，而本族群交往和本族群力量又是中国企业人员跨文化适应的"安乐港湾"，一定程度上缓解了中国企业人员刚进入异文化环境中的焦虑情绪和心理压力，但是长期地依赖本族群支持又削弱了中国企业人员跟当地社会交往的欲望和需求，阻碍了他们的跨文化适应。东道国因素也是影响中国企业人员跨文化适应的重要因素。在东道国因素方面，沙特社会的一元文化特点为中国企业人员的跨文化适应增加了一定的同化压力，但其多元文化特点又为中国企业人员的跨文化适应提供了很多便利。简言之，这三个方面的影响因素是彼此联系、相辅相成的，它们共同影响着中国企业人员的跨文化适应状况。

总之，中国企业人员的个人因素，如身心素质、专业水平、性格特点、语言能力、适应技巧、移情能力、跨文化经历、跨文化意识、跨文化行为等是他们进入异文化环境中应对各种差异与变化的基础。再加上来自本族群的支持，两者共同构成了中国企业人员跨文化适应的坚实支撑。中国企业人员进入异文化环境中，他们会本能地继续按照已有的文化传统和价值观念去看待或应对生活、工作和交往中的各种问题或现象，并在不断碰壁之后，反思不同文化间的异同，从而换个角度看问题，并通过适当调整或改变，他们的跨文化适应能力在坚守自身文化传统与灵活应对异文化环境的过程中逐渐得到提高。

第八章

中国企业人员跨文化适应的结构和方向维度

一、中国企业人员跨文化适应的结构维度

跨文化适应的结构维度，就是指个体或群体进入异文化环境中需要经历哪些方面的跨文化适应，以及这些方面的具体适应情况如何等。也就是把跨文化适应分成具体的几个面向进行研究，使跨文化适应研究更加具体化、可操作化。下面将从跨文化适应结构维度的角度，详细探讨中国企业人员的跨文化适应情况。

1. 生活适应

王丽娟（2011）指出，Black（1988）所说的一般性适应指对在异域文化中生活的适应，包括日常生活有关的食物、住房、生活费用以及健康医疗等。据此，再结合中国企业人员在沙特的生活适应情况，他们的生活适应结构维度应该包含以下几个方面：饮食适应、居住适应、出行适应、购物适应、语言适应、社交适应、安全适应等。

饮食适应方面，中国企业人员以食堂就餐为主，偶尔三五个人宿舍开小灶，有时候也会品尝当地美食，如焖迪、手抓羊肉饭等。居住适应方面，住宿条件跟国内类似，但地理条件和气候环境跟国内没法比，高温少雨、风沙大、绿色植物少，看不见青山碧水，给人一种荒凉的感觉，这多少会影响中国企业人员的生活情趣。出行适应方面，当地车好、路好、油价低，出行的主要方式是驾驶私家车，长途出行靠飞机，公交系统不发达，中国企业人员出门就得开车，出行显然没有国内方便。购物适应方面，中国企业人员工资收入高是优势，会给他们带来一定的适应自信。语言和社交方面的不适应问题，就是中国企业人员跟沙特人或其他外籍人员在语言沟通上存在一定的障碍，双方都不能用对方的语言进行沟通，需要借助英语进行交际，但英语对于双方来说都是外语，交往的广度深度不够，也因此很少能发展成比较私密的朋友关系。安全适应方面，陌生的社会环境总会存在一些意想不到的安全隐患，再加上社会习俗不同，这

些都让中国企业人员养成了非常敏感的安全提防意识，出于安全考虑，他们也不愿意跟当地人或当地社会有比较深入的交往。

所以，在生活适应方面，中国企业人员以吃中国餐为主，以吃当地食物为辅；出行靠驾车，跟当地出行、饮食、购物习惯保持一致；在居住适应方面，中国企业人员也许会发生轻微的高原反应，当地的气候条件也不如国内，中国企业人员克服水土不服的法宝就是注意饮食、加强锻炼、自我调节、逐渐适应；在语言与社交适应方面，一部分中国企业人员会通过语言学习提高自己的英语和阿语沟通能力，但更多的中国企业人员缺乏提高自己语言沟通能力的需求与压力，他们长期局限在中国企业项目部里，以跟中国人交往为主，疏于跟外界进行沟通，这种过分依赖跟同族人的交往在一定程度上限制了他们语言学习的热情以及跟外界交往的动力；另外，即使中国企业人员有与当地人或当地社会交往的想法，但出于安全考虑，很多人也会抱持避而远之、保持慎独的态度。这样看来，中国企业人员在生活适应方面的应对之策就是立足自身文化传统和身份认同，并做到入乡随俗，适当调整或改变自己的生活习惯。换言之，中国企业人员在国外生活，也会偶尔选择吃当地食物，也能逐渐适应居住环境和出行方式，也知道克服外出就餐和购物的不便，一方面愿意学习和提高自身语言能力，以便于跟当地人或当地社会有更好的沟通交流，一方面又出于安全考虑和实际交往障碍，与当地人和当地社会保持着适当的距离。

2. 工作适应

王丽娟（2011）认为，Black（1988）所说的工作性适应是指熟悉新的工作任务、工作角色、工作责任和工作大环境。以中国企业人员的工作适应为例，他们的工作适应结构维度主要表现在上下班考勤管理、加班及节假日管理、上下级管理、工作效率管理、工作态度管理、工作关系管理、本地化管理等几个方面。在这些方面，中国企业人员（包括企业管理人员和普通员工）很清楚他们出国工作的目的和任务，能对自己进行准确的角色定位，并逐渐熟悉与国内不同的工作环境等。例如，他们知道在国外做项目，不但代表国家形象，也代表中国企业形象，同时也要以正面积极的中国人形象示人。所以，他们能够遵守上下班考勤制度，并经常加班加点地工作，上下级关系和谐团结，并能够根据实际工作环境采取灵活有效的企业管理措施，如本地化管理，既提高了管理效率，又帮助培养了一大批当地人和其他外籍人员，体现了中国企业立足当地、发展当地的责任担当等。

上下班考勤管理方面，中国企业刚开始的时候也会按照国内的考勤办法进行严格的考勤管理，但后来发现在国外工作根本不需要上下班考勤管理，一是宿舍、食堂、办公室都集中在项目部，两两之间的直线距离不超过几十米，上下班比较方便；二是中国企业人员比较自觉，下了班也无处可去，大家每天没事就在办公室里待着；三是一部分中国企业管理人员会因为工作需要经常加班，头天晚上加班到很晚，第二天早晨就不可能上班太早，而且他们加班又没有加班补贴，补休也在情理之中。所以，项目部后来就基本取消了上下班考勤管理。

上下级管理方面，项目部管理人员在国外环境中更加关心下级员工，与他们的沟通多一些，上下级关系比国内近很多，上下级等级观念也没有国内那么明显。在工作效率管理方面，正是因为上下级关系比较融洽，而且部门与部门之间离得比较近，所以，在平时的上下级沟通与预约中，基本上采用口头交流的方式，或者上下级之间直接到对方的办公室面谈，很少会形成正规的书面文件。但是，很多中国企业正是因为不注重过程管理，在痕迹管理方面出现疏忽，再加上管理人员更迭频繁，导致文件、信函、工作记录等资料的缺失，一旦与相关方发生纠纷或打起官司，没有清晰确凿的证据，有理说不清。后来，一些中国企业也逐渐重视书面材料与证据的积累，建立完备的资料档案系统。

加班及节假日管理方面，不管是中国企业管理人员因为工作需要无偿加班也好，还是中国企业普通员工有偿加班也好，他们在国外很少为了加班问题而讨价还价，甚至连春节、中秋等这些中国传统节日，他们也会因为工作需要而继续留守在工作一线。工作态度管理方面，多数中国企业人员有工作勤奋、爱岗敬业、工作效率高等优点，但也有一部分中国企业人员存在着只求工作数量、轻视工作质量和不按标准规范严格操作的问题。

在工作关系管理方面，本地化管理是一个新尝试，一方面解决了中国企业管理人员跟当地及外籍员工之间的沟通障碍问题，另一方面也能利用当地人口红利，为企业降低了用人成本，并为当地社会培养了一大批技术和管理人员，有利于当地社会的发展。

所以，在工作适应方面，中国企业人员在工作任务、工作角色、工作责任和工作大环境等方面都跟国内有所不同。虽然中国企业人员出国工作，在工资收入等方面会比国内高很多，但并非每个人都愿意出国工作，也并非每个人都能保证出国就能留得住，中国企业管理人员也明白稳定员工队伍的重要性，在工作和生活中要放低身段，对下级员工多一些关心。另外，中国企业走出去之后，环境变了，在管理方式上也和国内不同，如，上下班考勤管理就不需要像国内那么严格，大家上下班方便，而且都很自觉；加班及节假日管理方面，中国企业人员大都愿意加班加点地工作，目的就是尽快完成工程项目。也就是说，中国企业走出去，在工作适应方面，既要坚持国内的一些比较成熟合理的做法，还要根据东道国的实际情况采取灵活的应对策略，在工作态度、工作方式、工作理念等方面做出适当的调整或改变。

3. 外部交往适应

外部交往适应是指在与东道国人们的社会交往中所感受的舒适性和熟练度，通常是旅居者最难达到的，因为在与东道国人们直接交往中，双方文化的不同似乎难以逾越（王丽娟，2011）。的确，中国企业管理人员在和沙特相关方打交道的过程中就遇到很多意想不到的困难和挑战。中国企业与监理公司打交道，就跟国内情况不同，当地监理公司权力很大，而且在工程验收和质量检测中使用的都是英标、美标、沙标等。而且监理公司在执行标准时又比较严苛，中国企业项目每进展一步都必须通过监理公司的验收审批才能进入下一道工序。另外，监理公司人员构成复杂，来自五湖四海，而且人员更迭频繁，再加上一部分外籍监理工程师有想利用手中的权力贪图小恩小惠的意图，中国企业遭到刁难还不能反映到业主那里，因为监理工程师知道后会迁怒于中国企业，使得双方以后的合作更加困难。

中国企业作为承包商或总包商，与当地分包商的合作也并非顺利。有的分包商是监理或业主向中国企业推荐的，几乎没有什么过硬的资质，但仗着跟监理或业主有关系，不把中国企业放在眼里；有的分包商虽然有资质，但技术人员和工人的素质很差，技术水平不过关，工作效率很低，中国企业技术工程师不得不给他们提供技术指导，并不停地催促他们加快工程进度；也有的分包商不会协调跟其他分包商之间的关系，很多事情都需要中国企业亲自协调，亲力亲为。

中国企业跟供应商打交道也遇到很多难题。在国内，如果供应商听说哪一家建筑公司要承建什么项目，会想方设法向承包商推荐自己的商品、材料、设备等。但是，沙特的市场环境跟国内差别很大，甚至可以说正好相反，承包商需要拿着钱找供应商，求着他们把商品、材料、设备卖给自己。甚至，承包商跟供应商签了采购合同、交了定金或部分货款，甚至付了全款之后，供应商不一定会准时供货，承包商不得不想出各种手段催货追货。这就是沙特的卖方市场特点，跟国内的买方市场存在很大的差异。

沙特的业主虽然跟国内的业主方情况类似，但其业主方不像国内的业主一样事无巨细，什么事情都要过问，他们把工程监督和验收的权力几乎全盘委托给监理公司，所以，中国企业平时跟监理打交道要远远多于跟业主打交道。另外，中国企业除了跟监理公司、分包商、供应商、业主打交道之外，跟文化顾问打交道也是外部交往的一部分。文化顾问，充当着中国企业跟当地社会联系的桥梁、纽带、中间人等角色，有助于中国企业跟相关方进行联系沟通。如化解中国企业跟业主或监理之间的矛盾与纠纷，协助中国企业进行商务谈判或官司诉讼，代表中国企业跟当地政府部门打交道等。文化顾问固然有其自身的优势，但找到合适可靠的文化顾问也是一个难题。

所以，中国企业管理人员在外部交往适应方面的确遇到一些很棘手的问题。如中国企业作为承包商或总承包很多情况下不能直接跟业主面对面沟通，而是需要和横亘在两者之间的监理公司打交道，并且常常处于弱势或被动地位。中国企业跟分包商、供应商、业主打交道，也同样处于弱势或被动地位，中国企业多数情况下只能采取妥协或迁就的态度，很难有主动权。虽然文化顾问在一定程度上有助于中国企业和沙特相关方的沟通与交流，但文化顾问也是一把双刃剑。

4. 心理适应

根据王丽娟（2011）的论述，心理适应是以感情反应为基础，指在跨文化接触中的心理健康和生活满意度。在跨文化接触的过程中，如果没有或较少产生抑郁、焦虑、孤独、失望等负面情绪，就算达到心理适应。而王电建（2011）也提到，Ward 发现心理适应主要受性格特征、生活变化和社会支持的影响。以在沙特工作和生活的中国企业人员为例，他们的心理适应主要体现在出国动机、家庭支持、单位支持和娱乐适应等几个方面。

出国动机方面，中国企业人员出国工作的主要动机就是为了开阔眼界、增加阅历，回国后无论是继续留任原单位还是重新择业等，国外的工作经历都是一笔沉甸甸的资本。事实证明，中国企业人员出国工作的动机能得到满足，他们既得到了历练，也赚到了钱，而且在沙特拿着丰厚的工资收入去银行存钱、外出就餐或购物等，都让他们在其他外籍人员面前或在国内亲朋好友面前赢足了面子，使他们倍感出国工作的自豪，这些都会对他们的心理适应产生一定的积极影响。

家庭支持方面的情况可谓因人而异，但是大多数中国企业人员都存在着家庭支持不力的问题。刚毕业没结婚的大学生负担轻一些，但也面临着被父母逼着找对象或催婚的压力；刚结婚或者结婚一两年的年轻人，长期两地分居是个大问题；中年人的忧虑最多，面临着上有老下有小的牵绊；年纪大快退休的中国企业人员好一些，但也存在着家庭支持方面的问题等。

单位支持方面，那些短期或轮岗去国外工作的中国企业人员还好一些，他们没有跟国内脱节，原来的岗位也会一直给他们保留；但那些长期在国外工作的中国企业人员，他们跟国内严重脱节，国内的岗位也不可能一直为他们保留，因此，一部分人会担忧回国后的工作出路问题；还有一部分外聘的大学生，他们在国外工作多年，做的大都是文秘或翻译等行政性工作，技术性不强，在国外工作还有对应的岗位，但他们担心回国后是否有适合自己的工作岗位以及用人单位是否还会继续聘用自己。

娱乐适应方面，很多中国企业人员认为生活枯燥，很受煎熬，很多人不愿意长期留在国外。至于性格特征对心理适应的影响，如外向和内向，其实对于中国企业人员的心理适应方面的影响不是很明显，因为外向性格的人愿意交流、喜欢交友，能够积极适应当地的社会文化环境，而内向性格的人也有自身的优点，他们好静、坐得住、耐得住寂寞，反而也能适应国外安静而简单的生活，他们可以利用业余时间静静地做自己喜欢做的事情，也同样适应得很好。

所以，中国企业人员在心理适应方面的情况如下：出国动机方面，很多人出国动机很明确，为历练或为赚钱，而且基本上都能得到满足；家庭支持方面，家庭是中国企业人员长期的牵挂，但为了支持企业人员的事业，也为了增加收入，家庭方面的困难也能克服；单位支持方面，尤其那些长期在国外工作的中国企业人员的确很迷茫，不知道何时是归期，也不知道回国后能干什么，只能走一步看一步，有时候又很乐观，认为车到山前必有路，担心也没用；娱乐适应方面，中国企业人员也想出了很多自我娱乐的方式，性格外向和性格内向的人都能找到符合自己兴趣爱好的一些业余活动，尽量把枯燥乏味的生活过得丰富多彩、富有意义。可以这样说，中国企业人员在心理适应方面，出国动机是关键，家庭和单位支持是基础，娱乐适应是调剂，性格特征只影响选择何种心理适应的方式，但不影响适应与否。大部分中国人有"圆形"思维特点，勤奋、隐忍、灵活，能够随遇而安，在困难的生活环境中会把"方形"棱角暂时藏匿起来，或者把"方形"棱角磨圆，以准备随时应对各种生活中的不适应。但是，毕竟人的心理承受力是有一定限度的，很多中国企业人员认为出国工作的周期最好是一到三年，一个周期之后一定要有一个调剂或缓冲的时间，否则真的会"崩溃"。

可见，中国企业人员的跨文化适应结构维度主要包括生活适应、工作适应、外部交往适应和心理适应四个方面。生活适应主要包括饮食、居住、出行、购物、语言、社交、安全七个方面；工作适应主要包括上下班考勤管理、加班及节假日管理、上下级管理、工作效率管理、工作态度管理、工作关系管理、本地化管理七个方面；外部交往适应主要包括与监理、分包商、供应商、业主、文化顾问五个相关方的交往适应；心理适应主要包括出国动机、家庭支持、单位支持、娱乐适应、性格特征五个方面。中国企业管理人员在生活适应、工作适应和心理适应方面主要采取的是整合的应对之策，而在与沙特相关方打交道的过程中，采取的是一种被动同化的应对之策，因为跟这些相关方相比，中国企业始终处于弱势或被动地位，很少有主动权。

通过对中国企业人员跨文化适应结构维度情况的详细阐述与分析，本研究总结出中国企业人员跨文化适应结构维度一览表（见表8.1）。表8.1中，适应策略一栏，借鉴了本文九章中的"内方外圆"应对之策以及John Berry的"双维度四策略跨文化适应模型"理论。根据John Berry的观点，整合策略是指群体或个体既重视保持本族群文化传统和身份，积极保留自己的母文化，同时又重视和主流群体接触并参与主流群体，积极吸取异文化中的精华，并将母文化和异文化融合，最终形成新的文化。同化策略是指群体或个体放弃本族群文化传统和身份，积极接触主流群体并参与主流群体中，全面吸收异文化（祝婕，2014）。可见，中国企业管理人员在跨文化适应的过程中主要采取了整合与被动同化的策略。

表 8.1　中国企业人员跨文化适应结构维度表

适应维度	具体内容	适应策略	备注
生活适应	饮食、居住、出行、购物、语言、社交、安全	整合：酌情"内方"、适当"外圆"	立足国内生活习惯（饮食、居住），适应当地生活习惯（外出就餐、出行、外出购物、语言），保持适当的距离（社交和安全）
工作适应	上下班考勤管理、加班及节假日管理、上下级管理、工作效率管理、工作态度管理、工作关系管理、本地化管理	整合：酌情"内方"、适当"外圆"	工作环境变了，对内管理方式（上下班考勤管理、加班及节假日管理、工作态度管理）、对外管理方式（工作关系管理、本地化管理）、上下级关系（上下级管理）等方面也要随着发生变化
交往适应	与监理、分包商、供应商、业主、文化顾问等相关方打交道	被动同化：适当调整或改变"内方"和"外圆"	中国企业在跟沙特相关方交往的过程中始终处于弱势或被动地位，不得不选择妥协或迁就的应对之策，被动按照对方的意图去做
心理适应	出国动机、家庭支持、单位支持、性格特征、娱乐适应	整合：酌情"内方"、适当"外圆"	坚持明确的出国动机，尽可能取得家庭和单位支持，按照自己的性格特征过适合自己的生活，放弃部分娱乐习惯，选择适合沙特生活环境的娱乐习惯

综上所述，中国企业人员的跨文化适应结构维度主要包括四个方面：生活适应、工作适应、交往适应和心理适应。这个跨文化适应四维度结构也为研究中国企业人员的跨文化适应问题提供了理论和方法依据。以上对中国企业人员在这四个维度层面的跨文化适应状况进行了简单描述，并总结出中国企业人员跨文化适应结构维度一览表。由于沙特社会文化环境的特殊性，如独特的地理气候环境、特殊的市场环境、严格的工程标准规范等特点，这些都使得中国企业人员的跨文化适应结构维度又呈现出非传统的一面。

二、中国企业人员跨文化适应的方向维度

跨文化适应方向维度，主要是对跨文化适应过程、结果及方向的研究，也就是外来者在跨文化适应过程中要经历什么样的心路历程，最终是否被东道国主流文化所同化，或处于不适应到适应的哪个阶段或状态等。以中国企业人员的跨文化适应为例，他们的跨文化适应水平是处于 U 形曲线模型四个阶段（蜜月期、危机期、调整期、双文化期）的哪个时期，处在跨文化适应的四种情感状态（疏远、边缘化、濡化、双重性）的哪种状态，处在从民族中心主义到民族相对主义的哪个阶段，还是处在韩国学者 Young Yun Kim 所说的"压力—适应—成长"动态适应的哪个过程当中等。下面将根据有关跨文化适应方向维度模型理论对中国企业人员的跨文化适应方向维度情况进行详细探讨，并试着提出中国企业人员跨文化适应方向维度的新模型。

1. 中国企业人员跨文化适应可能的方向维度

驻沙特中国企业人员的跨文化适应方向维度是复杂的、情况各异的。从跨文化适应群体的角度来看，中国企业人员的跨文化适应方向维度也可能存在着单维线性模型、双维方向模型、多维方向模型、螺旋上升模型等几种跨文化适应方向维度模型。下面将结合中国企业人员的跨文化适应实际情况，逐一对这几种可能存在的跨文化适应方向维度模型进行详细阐述与分析。

（1）跨文化适应单维线性模型

跨文化适应单维线性模型，意味着外来者或陌生人进入异文化环境中，尽管会遭遇一些跨文化冲突或障碍，但最终的跨文化适应结果一定是向着完全适应或被东道国主流文化所同化的方向而去的。但是，中国企业人员的跨文化适应过程明显是因人而异、不尽相同的。总体上看，中国企业人员多集中生活在项目部里，整个项目部就像一座"中国城"，有许多中国元素在里面。如：项目部里大都是中国人，基本上都来自同一家中国企业，大家都是同事关系；项目部食堂跟国内基本一样，甚至餐桌餐椅都是中国制造，食堂厨师是从国内聘请的，一日三餐是中餐，只不过蔬菜、肉类、米面油等是从当地采购的，甚至餐桌上的青菜也是项目部后勤人员自己种植的；宿舍布局也跟国内基本一样，配备床、柜、桌、椅、网络、电器、独立卫生间等，甚至比国内条件还要好一些；办公室办公环境、条件、设备等，跟国内基本一样。所以，项目部基本上全是中国元素，几乎没有当地文化元素，中国企业人员在生活中并没有感到有太大的陌生感，不同的只是地理位置的变化而已。另外，项目部基本上能够满足中国企业人员的吃、住、休息、娱乐、交往等生活需求，从空间上看又是封闭的。所以，大多数中国企业人员缺乏跟当地人或当地社会交往的迫切需求与动力。

当然，也会有一部分中国企业管理人员或一部分性格外向的中国企业人员会打破项目部的封闭与局限，跟当地人或其他外籍人员有比较深入的交往，会发展成比较要好的朋友关系。中国企业管理人员，出于工作需要，跟当地社会接触的机会要比普通员工多一些。他们要外出采购材料、货物、设备等，需要跟当地供应商打交道；他们要外出购置办公及生活用品，需要跟当地的一些小商小贩打交道；他们需要跟业主或监理打交道，商谈工作上的一些事情；他们需要跟当地政府部门打交道，为员工办理签证、电话卡、银行存款等业务。一来二去，接触得多了，也就和当地人及其他外籍人员认识了、熟络了，慢慢地也就发展成朋友关系了。还有一部分性格外向的中国企业人员，他们喜欢交友，并对当地社会的风俗习惯和风土人情很感兴趣，也喜欢参与当地社会活动之中。他们在工作之余不喜欢闷在项目部里，而是选择开着车四处转转，观光旅游，去健身房锻炼身体，或者加入当地人的足球俱乐部等，为自己创造熟悉当地社会文化、了解当地社会和结交当地人的机会。

这样看来，中国企业人员跟当地人及当地社会的接触情况也影响着他们的跨文化适应状况。一般情况下，那些不局限于项目部束缚的中国企业管理人员或外向型企业人员，他们的跨文化适应能力会强一些；而那些没有机会接触当地社会，或者性格内向喜欢安静，或者对当地社会文化不感兴趣的中国企业人员，他们的跨文化适应能力也许到离开时都没有变化，对他们来说，工作和生活只是换了一个地方而已。如果按照跨文化适应单维线性模型理论，外来者或旅居者经过跨文化适应心理调整或变化，最终一定会适应东道国主流文化或被东道国主流文化所同化。但实际上这只是一种理想化的假设，很多情况下外来者或旅居者会长时间保持自身文化传统与身份认同，抗拒被东道国主流文化所同化，两种文化模式会长期共存。哪怕是那些与当地人或当地社会接触较多、跨文化适应能力较强的中国企业管理人员或一部分性格外向的"活跃分子"，他们能很好地适应在国外的工作、生活或人际交往等，但这只是一种"适应而飘着的生活"，他们的根还在中国。若说真正放弃自身文化传统和身份认同，完全同化并彻底融入当地社会文化环境，这是不可能的。

（2）跨文化适应双维方向模型

跨文化心理学家约翰·贝利（John W. Berry）提出跨文化适应的双维度模型理论。该理论认为，保持传统文化和身份的倾向性以及和主流文化接触并参与主流文化群体的倾向性，是两个相互独立的不同方面。跨文化适应中的群体或个体面临着保持本族群文化传统和身份，以及和主流文化接触并参与主流群体这两个方面的问题。约翰·贝利根据跨文化适应中群体或个体在这两个问题上的不同态度，从非主流文化群体的角度提出其在跨文化适应过程中可能采取的四种文化适应策略，即整合、同化、分离和边缘化（祝婕，2014）。

以中国企业人员为例，他们在沙特的生活、工作、交往及心理适应中也面临着保持本族群文化传统和身份与接触当地主流文化并融入主流群体的心理矛盾和冲突。一般情况下，中国企业人员若是能够保持本族群文化传统和身份，不需要适当调整或改变，那是最好不过的，毕竟这是一种熟悉的、安逸的、"省力的"状态，不需要付出努力。但不管怎么说，项目部毕竟是设在沙特，即使称之为"中国城"或"文化孤岛"，要想完全与当地社会隔绝是不可能的。另外，中国企业人员远离祖国，要想完全像国内一样工作、生活、交往，或者保持跟国内一样的心理状态也是不可能的。所以，中国企业人员在不同的场合采取了不同的适应策略，如分离策略、整合策略、同化策略等，但很少会采取边缘化的适应策略，因为他们无论身处何境，总能找到生活的支点。

分离策略方面，如大部分中国企业人员在饮食方面还是首选在食堂就餐，哪怕外出办理业务，到了饭点也尽量不在外面吃饭，他们会安排食堂厨师留饭，然后返回项目部后再吃饭。再如中国企业人员的朋友圈，他们交往最多的还是中国人，跟当地人交往保持着很强的戒备心理，多是泛泛之交，担心被骗、犯忌，或被骚扰等。但有时候坚持分离策略也会遭遇挫折，中国企业人员在工作和对外交往适应中，有一些想法和做法太过中国化，结果没少吃苦头。如中国企业重口头轻书面、重结果轻过程的工作习惯，就使中国企业吃了不少亏。因为这种习惯，中国企业无法保存完整系统的工作痕迹，缺少书面证据，一旦跟相关方引起纠纷或打起官司，中国企业就很被动。再如在工作态度方面，一部分中国企业人员不能严格按规范操作，导致完成的工程无法顺利通过验收，不得不返工。

整合策略方面，像上面所说的中国企业项目部在工作效率管理方面不注重过程性管控，对痕迹管理不重视，造成很多项目部内部的管理过程以及跟相关方的业务往来没有留下详细系统的资料和证据，结果在跟相关方谈判或打官司的时候吃了不少哑巴亏。不过，一部分中国企业吃一堑长一智，不重要的事情多以口头形式进行联系沟通，而重要的事情则采取书面形式进行沟通交流，并做好记录，建立起比较完备系统的档案资料。再如，中国企业跟监理公司、分包商、供应商及业主等打交道的过程中，一方面要参考国内的做法，另一方面也要根据沙特的社会及市场环境因地制宜，采取不同的交往策略等。还有，在考勤管理和上下级管理方面，中国企业项目部也跟国内的做法有些变化，在国外也要考勤，但又不会像国内那样严格；在国外既要有上下级之分，但上下级关系又比国内近很多，项目部领导对下级员工的管理方式又跟国内不同。

同化策略方面，中国企业人员在跨文化适应过程中，有很多地方不得不采取趋同或被动同化的策略。如：言行举止都要遵守当地的风俗习惯和社会规定；沙特是卖方市场，中国是买方市场，客户跟商家的关系并非完全相同。在这些方面，中国企业人员不得不严格遵守沙特社会的相关要求，或者根据沙特社会的实际情况做出适当调整或改变，与其主流文化保持一致。

所以，中国企业人员在跨文化适应的过程中，主要采取了分离、整合及同化的适应策略。这也说明，中国企业人员的跨文化适应过程是曲折的、复杂的，并非单维线性地直奔完全融入或彻底同化的适应方向或结果。在跨文化适应的过程中，有很多原因会影响跨文化适应的顺利进行，既有保持本族群文化传统和身份认同的遏制力，也有想接触当地主流文化并参与主流文化群体的推动力，跨文化适应的最终方向和结果取决于两种力量的较量结果。这正如磁铁的正负两极一样，两种力量一般情况下会保持均衡，跨文化适应的方向和结果取决于哪种力量先打破这种均衡状态。

（3）跨文化适应多维方向模型

Berry 在双维度的基础上又加了第三个维度，即主流文化群体在文化适应中所扮演的重要角色。当主流文化群体对非主流文化采取包容、尊重的态度时，采用的就是"多元文化"策略；当主流文化群体积极促进少数民族群体的同化，采取的就是"熔炉"策略；当主流文化群体对非主流文化持抵制的态度，并避免与其交流接触时，采用的就是"种族隔离"的策略，在这种策略下，少数民族群体只能被迫采取"分离"的策略；当主流文化群体将少数民族群体"边缘化"时，主流文化群体采用的就是"排斥"策略（陈菊倩，2013）。论及沙特社会主流文化群体对中国企业及中国企业人员的态度方面，"多元文化""熔炉""种族隔离"及"排斥"四种策略都不同程度地存在着。下面重点描述"多元文化"策略。

"多元文化"策略，如：沙特的法律体系借鉴了欧洲法律的一些精神及内容综合而成的；沙标（SASO）也是国际标准化组织（ISO）的成员之一，其相关领域的质量标准和技术规范也采用了英标、美标、欧标的相关标准与规范，合同条款也借鉴了菲迪克条款的一些框架内容等；沙特广泛吸纳外籍人员，几乎在各行各业都能看到外籍人员工作的身影，如在沙特的大学校园里，有超过一半的教职工来自本国以外的国家，他们活跃在管理、教学、服务等不同的岗位上，外籍人员在校园里随处可见。另外，当地人思想开放，愿意接受新事物。他们对外国货情有独钟，如电子产品、汽车、服装、奢侈品等。他们的手机和电脑上使用的是 Google 搜索引擎，并装载很多国际通用的媒体软件，如 Twitter、Facebook、WhatsApp、Imo、Snapchat、Tik Tok、Youtube、Instagram、Telegram、Uber、Googlemap 等，他们跟世界的联系是紧密的。所以，从这些方面来看，沙特社会对待外来者及外来文化的态度是开放的、包容的、接纳的，这就是 Berry 所说的"多元文化"策略。

所以，从跨文化适应多维方向模型的角度来看，沙特社会主流文化群体对待外来者及外来文化的态度是复杂的，也是矛盾的，可以说"多元文化""熔炉""种族隔离"和"排斥"四种策略同在。一方面，沙特社会是开放的、包容的、多元化的，广泛吸纳外籍人员为其社会发展和经济转型做出贡献，但另一方面，沙特社会又是传统的、封闭的、保守的，外籍人数相较过去已经减少了很多。这说明沙特社会对外籍人员既采取"多元文化"的策略，也采取"排斥"的策略。另外，沙特社会在风俗习惯方面，"多元文化"和"熔炉"策略兼具，外国人在沙特生活既面临着一些同化压力，在某些方面又比较自由。

（4）跨文化适应螺旋上升模型

韩国学者 Young Yun Kim 认为，跨文化适应是一个动态过程，是既有压力也有成长的上升过程。当压力和适应这两个元素处于一种动态的紧张情况时，为了达到适应，改变就产生了。在这种方法中，各种文化冲击的反应都被视为遗传应激反应，即当个体无法恰当地满足陌生环境提出的需求时所产生的反应。压力是适应性改变产生的必要条件，是内在的、产生适应性改变的驱动力，能实现个体进入异文化后的精神层面的成长（丘珊、肖书成，2018）。也就是说，陌生人进入新的文化环境中，他们在心理上会发生一定的变化。那些在母文化环境中本来是理所当然和习以为常的思想观念、风俗习惯和行为方式等，在新文化环境中却变得格格不入。在跨文化转变的过程中，陌生人可能会产生一定的心理压力，但在可承受范围内的心理压力又是陌生人跨文化适应的推动力。跨文化适应的过程就是陌生人不断接受新环境的挑战，在一定的积极压力推动下，通过学习并适应新环境中的思想观念、风俗习惯、行为方式以及主流价值观等，逐渐成长的动态发展过程。这种跨文化适应是保持心理平衡与打破心理平衡，产生心理压力与克服心理压力的跨文化转变动态发展过程。

以中国企业人员为例，他们在沙特工作、生活、交往等过程中，是带着以中国儒家文化为主的认知、情感、行为等文化模式进入当地社会的。进入新环境中，他们发现那些在国内形成的一些想法、做法、思想观念等，很大程度上在国外却变了样。如：生活适应方面，衣食住行、购物、娱乐、安全、社交、语言沟通等，都跟国内存在很大差异；工作环境方面，中国企业到了国外，在上下班考勤管理、上下级管理、加班及节假日管理、工作效率管理、工作态度管理等方面都跟国内存在着一定的差异和变化，中国企业管理人员还要考虑本地化管理等方面的问题，这在国内是鲜有涉及的；交往适应方面，中国企业人员如何跟沙特的监理、业主、分包商、供应商以及文化顾问等打交道，这也和国内存在一定的差异。这些不同于中国社会文化特点的社会文化模式，在某种程度上影响着中国企业人员在国外的生活、工作、交往等活动，倒逼中国企业人员对当地主流文化采取一定的趋同策略，这无疑会对中国企业人员的跨文化适应造成一定的压力。

中国企业人员在适应新环境的心理压力下，必须迅速做出决定，采取针对性的适应策略。如：国外社会文化中一些跟国内相同或相似之处，他们可以基本上按照国内形成的思维和行为方式去做，采取整合的适应策略；一些跟国内存在一定差异，但稍微调整或改变一下就能适应的地方，中国企业人员也可以采取整合的适应策略；一些跟国内存在极大差异，几乎完全不同之处，中国企业人员必须按照当地社会的要求和规定去做，他们不得不采取趋同或被动同化的适应策略。

总之，中国企业人员在跨文化适应的过程中，面临着诸多压力和挑战。但中国人随机应变和随遇而安的能力很强，常常抱着既来之则安之的态度，他们会努力地把压力变为动力，视挑战为机遇，在不改变自身文化传统的前提下，积极了解当地社会文化，并不断调整或改变自我，基本上能适应在国外的工作与生活等。当然，中国企业人员的跨文化适应过程并非一蹴而就，跨文化成长并非直指同化方向。他们在跨文化适应的过程中，是压力与适应共存，并在一个阶段内保持相对的平衡状态。一段时间之后，他们又会克服压力、打破平衡，使得跨文化适应向前迈进一小步。然后，他们又会遇到新的适应压力和挑战，跨文化适应又得后退一大步。就是在这样的进退之中，中国企业人员的跨文化适应基本上呈螺旋上升状态。但有一点是肯定的，只要中国企业人员工作和生活在新的文化环境中，跨文化适应就会一直在路上，压力、适应与成长也会一直处于动态变化之中。

2. 中国企业人员跨文化适应方向维度的新模型

结合以上几种跨文化适应方向维度模型理论，再根据驻外中国企业人员的跨文化适应实际情况，本研究试着提出了中国企业人员跨文化适应方向维度新模型（如图8.1）。

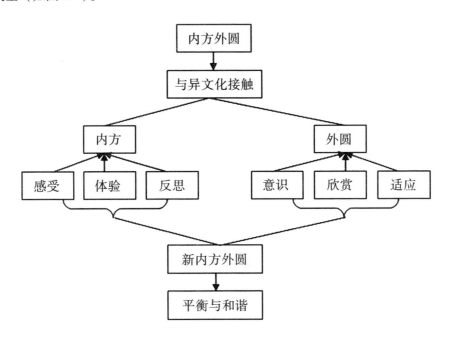

图8.1　中国企业人员跨文化适应方向维度新模型图

首先，中国企业人员是带着中国"文化包"进入东道国工作与生活的，即"内方外圆"①。这个"内方外圆"就是中国企业人员在中国文化环境下习得和学得的所有知识、经验、信念、思想、习俗、态度、语言、社会秩序、行为方式、智慧、策略、伦理道德、法律法规、价值观、时空观、宇宙观等的总和，是一个囊括物质、精神与行为等各方面内容的中国文化系统。类似于人类学家Edward Tylor 在1871 年提出的关于文化的定义，即："所谓文化和文明乃是包括知识、信仰、艺术、道德、法律、习俗以及包括社会成员的个人而获得的其他

---

①　"内方外圆"，本指古钱币的形状，后引申为与人交往和为人处世的智慧和法则。此处，"内方外圆"主要指中国企业人员在每国文化环境中经社会化而形成的文化传统和身份认同，是个体的价值观念、思维方式、行为习惯、情感态度等的总和。"内方外圆"概念详见第九章内容。

任何能力、习惯在内的一种综合体"（胡文仲，1999）。具体到中国企业人员的"内方外圆"，主要指他们在国内养成的在衣食住行、购物、娱乐等各方面的生活习惯；在上下班、加班、上下级、工作效率、工作态度等方面的工作理念、方式和做法；以及待人接物、为人处世的思想、智慧、策略、行为方式等；再加上自身的专业知识、业务素质、语言能力等专业领域的知识技能等所有习惯、观念、态度、思想、行为、知识、能力等各方面内容的总和。中国企业人员的"内方外圆"是他们衣食住行、为人处世、待人接物的指南，影响着他们的思维方式、行为习惯、情感态度、价值观念等。

但是，中国企业人员的"内方外圆"是在中国文化背景下习得或学得的，很多方面只适合中国的社会文化环境，一旦离开了母国文化环境，很多衣食住行、购物、娱乐等生活习惯，以及在工作和交往等方面的思想观念与行为方式等很难在异文化环境中行得通。这里的"异文化"主要指沙特社会文化环境，中国企业人员在沙特工作和生活，不可能不跟异文化接触。在中国企业人员看来，沙特社会文化环境具有这些特点：生活方面，肉类烹饪多炸烤；沙漠性气候为主，绿化少、气温高、风沙大；出行以私家车为主，公交系统不发达；语言方面，那些接受过良好教育或出国留过学的当地人英语说得很好，也有一部分当地人根本不会说英语等。工作方面，多数当地人中午不休息，下午下班早，一部分当地人的加班意识不强，认为工作之余的时间属于家庭时间；沙特的各种质量标准和技术规范等借鉴了英标、美标、欧标的内容，普遍比中国标准高一些。交往方面，沙特的监理、业主、分包商、供应商等跟国内的相关方存在一些差异，与他们交往也跟国内不同。外部环境方面，在沙特工作的外籍人员较多，约占其总人口的三分之一；沙特社会对外来者或外来文化的态度既开放、包容、尊重，又封闭、排斥、限制等。

这样一来，中国企业人员在与异文化接触的过程中，他们的母文化包，即"内方外圆"，就是和沙特社会文化存在一些差异，冲突也在所难免。中国企业人员为了跨文化适应的需要，就不得不在"内方"和"外圆"两方面进行适当的调整或改变。但是，这种调整或改变是一个渐进的过程，因为中国企业人员身处异文化环境中，既要立足和坚持自己的文化传统和身份认同，又要尽量入乡随俗，做到变化而不失"本色"。如"内方"的调整或改变，要经历一个异文化环境中的"感受、体验、反思"的过程。因为"内方"是中国企业人员母文化包中代表其文化传统和决定其身份认同的文化内核部分，如果"内方"的内容和性质发生了改变，就意味着中国企业人员的文化传统和身份认同也发生了变化，这很容易导致他们自身文化传统的丢失和身份认同的混乱，这就很难使他们在异文化环境中再继续保持心理和认知上的平衡状态。所以，他们要先切身感受与体验异文化环境，在情感与行为层面进行文化异同辨析，并进行跨文化认知层面的深刻反思，准确判断应该在多大程度上进行"内方"的调整或改变。但中国人总能既坚持自身文化传统和身份认同，又在一定程度上顺应东道国主流文化，从而得体有效地应对跨文化适应问题。

"外圆"，主要指中国企业人员母文化包中的文化中层和外层内容，是相较"内方"更容易发生变化的部分，如饮食习惯、工作方式、交往策略等。"外圆"的调整或改变也要经历一个渐进的过程，包括跨文化意识、欣赏、适应三个阶段。跨文化意识指跨文化认知层面的内容，包括身份认同意识和文化异同意识两个方面。以中国企业人员为例，他们进入东道国文化环境中，马上意识到自己在国外的身份认同跟国内发生了明显变化。这时候就需要在身份定位方面做出适当调整或改变，既要立足中国人身份认同还要跳出并超越中国人身份认同，并在跨文化适应策略上做出调整或改变。文化异同意识，就是中国企业人员在立足和超越中国人身份认同的摇摆阶段里，会带着非常敏感的认知能力去感知与体察两国文化的差异及其背后的共通之处，从浅层和深层两个方面对两国文化的异同进行准确把握。当身份认同意识与文化异同意识共同对东道国社会文化现状进行清晰的"扫描"之后，中国企业人员在脑海里就逐渐形成清晰的身份认同和文化异同图式。跨文化欣赏是情感层面的内容，也就是中国企业人员通过学习、体验、反思等方式逐渐积累起丰富而清晰的跨文化认知，并借助移情的感知手段，逐渐对东道国社会与文化产生正面的情感态度，愿意在思想和行为上采取积极主动的适应策略。中国企业人员通过跨文化意识和跨文化欣赏情感的培养与提升，他们的跨文化适应能力就会逐渐得到提高。

中国企业人员经过与异文化的接触，并在异文化环境中不断熏染，对自己的"内方外圆"母文化包进行适当的调整或改变之后，他们的"内方"和"外圆"文化包都会发生一定的变异，从而形成"新内方外圆"，一种类似于第三文化的文化包。第三文化既不是第一文化，也不是第二文化，是两种文化相互妥协、协商和融合的结果。中国企业人员在沙特工作和生活多年，迫于适应的压力或需求，经过不断地对"内方外圆"进行调整或改变，每个人都会形成自己的第三文化包，即"新内方外圆"，像百宝囊一样指导和解决他们在异文化环境中的生活、工作、交往等各方面的跨文化适应问题。

但是，中国企业人员跨文化适应的最终结果或方向不是奔着完全融入东道国主流文化或主流群体而去的。他们所进行的"内方外圆"调整或改变，以及最终变异而成的"新内方外圆"，旨在保持在异文化环境中的文化传统和身份认同的平衡与和谐状态。尽管大部分中国企业人员的生活、工作、交往等一切活动都没有问题，甚至能够做得像当地人一样熟练，但这只是浅层次的跨文化适应，要想使他们在文化传统、价值观念、身份认同等文化核心层面发生彻底转变，那是非常困难的。也就是说，中国企业人员在跨文化适应的过程中，一方面要保持本民族文化传统与身份认同，另一方面又要适应当地社会主流文化，这两者之间的拉与推的力要保持平衡，也要保持儒家文化与东道国文化之间的和谐关系，这才是中国企业人员跨文化适应的最终目的或方向。

　　综上所述，跨文化适应方向维度模型理论包括单维线性模型、双维方向模型、多维方向模型、"压力—适应—成长"螺旋上升模型等几种理论。其中，跨文化适应单维线性模型理论认为外来者或旅居者最终都会适应东道国主流文化或被其同化。其实这只是一种理想状态，很多中国企业人员认为他们根本不可能完全被同化或彻底融入东道国社会主流文化。跨文化适应双维方向模型理论认为跨文化适应并非总是呈现单维线性的趋势，而是个体或群体在跨文化适应的过程中会受到两种力量的纠缠，即保持本族群文化传统和身份的遏制力与想接触并参与东道国主流文化的推动力，跨文化适应的过程注定一波三折。跨文化适应多维方向模型理论认为，个体或群体的跨文化适应过程和结果除了受到跨文化双维模型理论中所提到的两种力量的影响之外，还受到主流文化群体对外来族群文化的态度的影响。"压力—适应—成长"跨文化适应螺旋上升模型理论认为，陌生人在异文化环境中的跨文化适应是一个持续上升的动态变化过程。陌生人只要在异文化环境中生活，就会存在适应压力和挑战，他们也会想办法克服压力，并采取一定的适应策略，跨文化适应过程呈螺旋上升趋势。

　　根据以上几种跨文化适应方向维度模型理论，再结合中国企业人员在沙特的跨文化适应实际情况，本研究提出中国企业人员跨文化适应方向维度新模型理论。本研究认为，中国企业人员的跨文化适应过程是一个坚持本民族文化传统与身份认同，在异文化环境中进行熏染变异，并经过"内方"和"外圆"的调整或改变过程，形成"新内方外圆"，最终达到保持两种文化或身份认同之间平衡与和谐的过程。同样，该跨文化适应方向维度新模型理论不认为中国企业人员的跨文化适应是朝着彻底适应东道国主流文化或被其所同化的方向而去的，跨文化适应更多的是浅层文化的调整或改变，文化核心层面的转变很慢很难。

　　总之，对中国企业人员的跨文化适应情况进行研究，至少可以从四个方面的结构维度予以展开，即生活适应、工作适应、交往适应和心理适应。另外，中国企业人员的跨文化适应过程也并非直指跨文化同化或融合，而是大致经历了一个"内方外圆—与异文化接触—内方（感受、体验、反思）+外圆（意识、欣赏、适应）—新内方外圆—平衡与和谐"的跨文化适应过程。不管是从跨文化适应结构维度理论还是从方向维度理论来看，中国企业人员的跨文化适应都是多维度、多面向的。对于中国企业人员来说，他们过的是一种"适应而飘着的生活"，完全融入东道国主流文化或被其彻底同化是不可能的，中国企业人员的跨文化适应只是保持两种文化或身份认同之间的平衡与和谐状态。

第九章

中国企业驻外人员跨文化适应中
"内方外圆"的中国智慧

一、"内方外圆"的中国智慧

"内方外圆"或"外圆内方",本来用来描述古钱币的形状,后来又备受儒家思想影响至深的中国人引申为与人交往和为人处世的智慧和法则,要做到内心严正,方正、正直,外在圆通、圆融、圆润,刚柔相济、宽严结合,方中有圆、圆中有方,智圆行方。这些思想都蕴含了中国传统文化中儒、释、道各家思想的精髓,跟儒家文化所倡导的刚柔相济、中庸和谐、和而不同、动态权变等思想是高度一致的。

1. 刚柔相济

"内方外圆"蕴含着刚柔相济、宽猛相济等辩证法思想。"刚"与"柔"、"猛"与"宽"就像硬币双面、剑之双刃,与人交往和为人处世要做到两者兼备,不可偏废其一,这样才能和谐融洽、有效得体地为人处事。在个人品质和交际策略上,既要有"天行健,君子以自强不息"般的不卑不亢、刚毅坚卓,又要有"地势坤,君子以厚德载物"般的虚怀若谷、容载万物。

中国企业管理人员利用"内方外圆"的刚柔相济、宽猛相济的思想促进了对分包商的有效管理,如改变了当地分包商的时间观念。很多分包商的时间观念很弱,每次开会或见面迟到二三十分钟是常有的事情,浪费了很多宝贵的时间。按照中国人的习惯,双方约定好了见面时间和地点,我们一般会提前 5 分钟左右到达约定地点。后来,中国企业管理人员就采取了一定的措施改变了分包商的时间观念。首先,向他们灌输时间的重要性,严格要求他们一定要养成守时的习惯;然后,提前一两天通知他们开会时间,并在开会前再次提醒他们不要忘记开会时间。经过一次次地要求、督促、迁就、提醒等,分包商的时间观念发生了很大变化。即使他们偶尔也会迟到,但他们会提前打电话说明迟到原因,避免了中国企业管理人员无谓地等待。

再如,与中国企业合作的个别分包商在报批设计变更图纸的时候,由于中国企业管理人员没有审查清楚，在监理审批之后，分包商就把设计变更部分的工程做了。而这部分因设计变更所增加的工程费用，业主是不会支付的，中国企业作为总承包只能自己承担，这无疑增加了工程成本。后来，吃一堑长一智，我们就要求分包报上来的所有设计图纸必须附上报价详单，否则一律不予审批，这就堵住了设计图纸审批过程中的漏洞，控制住了工程成本。还有，中国企业在跟分包商的交往过程中，彼此遵守签订的合同条款非常重要，这是"刚""猛""方"的一面，但双方长期合作交往过程中所培养的基础信任更重要，这又是"柔""宽""圆"的一面。所以，中国企业管理人员在与分包商交往的过程中，所采取的"合同之上建信任"之策充分诠释了"内方外圆"的中国智慧。

另外，一部分中国企业管理人员在跟监理工程师打交道的过程中所采用的"软硬兼施"的策略也体现了"内方外圆"的刚柔相济的思想。当地的监理公司权力很大，很多中国企业管理人员为了保持跟监理工程师的和谐关系，多采用迁就或迎合的交往之策。但是，这样反而使监理人员觉得中国企业管理人员懦弱好欺，一部分监理工程师更是肆无忌惮。鉴于这种情况，也有一部分中国企业管理人员并非一味地向监理人员示弱或妥协，而是只要自己有理有据，就会遇强则强，遇弱则弱。特别对于一些贪图小恩小惠、故意设置障碍的监理人员，表现出更加强硬的态度，这反而赢得了监理人员的尊重与合作。

跟业主打交道也是一样，有的业主摸清了中国人及中国企业的"命脉"，他们知道中国人重诚信，一旦项目签下来，哪怕亏钱也要做完。所以，一些业主在跟中国企业打交道的过程中，会有故意拖延工程款的现象。而一些中资企业盲目垫资，越垫越多，有的最终把自己拖垮。后来，有的中资企业就学聪明了，在完成阶段性工程之后就会及时索要工程款，工程款不到位就果断停工，不会等到工程结束再提出索赔要求，有效地控制风险。其中就体现了中国企业在与业主打交道的过程中，由"柔"变"刚"、由"圆"变"方"的转变。

可见，"内方外圆"的刚柔相济、宽猛相济的中国智慧在中国企业管理人员与监理、业主、分包商等相关方打交道的过程中得到了充分运用。中国企业管理人员不会一味地"圆""柔""宽"，适当的时候也会采取"方""刚""猛"的交往之策，反而取得了不错的效果。

2. 中庸和谐

中庸之道充分体现了中国人"内方外圆"的性格特点，即做事情要保持中道，把握住合适的度，"过犹不及"，"欲速则不达"。就是要做到不偏不倚、不急不躁、不走极端。凡事求稳妥、重和谐、讲团结，为人处世尽量避免发生冲突或激化矛盾，在坚持大的原则和方向不变的前提下，愿意做出适当妥协或让步，相信总能找到解决问题的办法。中庸之道其实就是一种能够长时间保持不偏不倚的状态，这也体现出中国人坚韧不拔和积极乐观的精神品格，他们不畏困难挫折，也不会轻言放弃，总是想方设法尽量克服或解决困难。

中国企业管理人员运用"内方外圆"的中庸和谐思想，至少增进了跟业主、监理、供应商等相关方的私人情感，保持着和谐的人际关系。中国是礼仪之邦，中国人崇尚以和为贵、以礼相待。所以，中国企业管理人员在拜访业主的时候，会带一些具有中国传统文化意义的小礼品，如茶叶、手信等，礼轻情意重，表达中国人的友好热情，以示对业主的尊重。礼尚往来，业主也会送给中国企业管理人员一些具有沙特传统文化意义的小礼品，如香水、椰枣等。一来二去，双方就培养出很深的个人情感，这对彼此的合作交往是有益的。

跟沙特的监理公司的交往也是如此，中国企业管理人员总是尽可能地想拉近跟监理人员的个人情感，希望他们能在工程项目验收或工程款审批等环节上多给予一些配合与支持。所以，中国企业在跟监理公司打交道的过程中，也会施与他们一些小恩小惠，如提供技术支持、添置办公用品、送电话卡和一些小礼品等，增进与监理人员的和谐关系。还有，中国企业管理人员在与供应商打交道的过程中，也运用了类似的交往之策。不过，不是施与他们小恩小惠，而是巧打人情关系牌，邀请他们来项目部参加足球友谊赛，目的同样是促进交流，保持良好的人际关系，有利于采购工作的开展。

另外，中国企业为了便于跟当地社会沟通交流，或者为了迅速融入当地社会文化环境，他们往往会聘请文化顾问作为与外部交流的中介或桥梁，这样就避免了因为文化差异和语言不通等原因有可能产生的跨文化冲突。特别是当中国企业在与业主或监理交往的过程中出现矛盾或僵局的时候，文化顾问的特殊作用就发挥出来了。他在中间起到了很好的沟通协调作用，从中斡旋，扮演了重要的"和事佬"与联络人的角色，很快就能打破僵局，把双方的怨气、怒气化解掉，把双方重新拉回到谈判桌前。

中国企业管理人员不仅在跟业主、监理或供应商等相关方交往的过程中运用了"内方外圆"的中庸和谐思想，在上下级管理方面也充分地运用了这一中国智慧。作为企业领导，中国企业管理人员需要对下级员工多一些关心，沟通也比国内多一些，旨在打造一支团结和谐、凝心聚力的工作团队，顺利完成工程项目。因为，大家都是背井离乡，远赴国外工作与生活，大家面对相同的跨文化适应压力，需要互相扶持、相互慰藉，才能适应相对枯燥单调的沙特社会文化环境。如果员工因为无法适应异文化环境而离岗回国，企业管理人员就一时间很难找到用起来顺手、配合默契、同样称职的人员来代替，这无疑会影响项目的进展。

可见，中国企业管理人员在与沙特业主、监理、供应商等相关方的交往中，以及在驻沙特中国企业内部的上下级管理中运用了"内方外圆"的中庸和谐思想，在一定程度上融洽了人际关系，保证了对内与对外交往的畅通。

3. 和而不同

虽然"内方"与"外圆"是矛盾的统一体，但能够"和而不同"地存在着。"和而不同"，其实就是多样性的统一，世界因多样性的存在而变得丰富多彩。各种思想、观点、方法等，都可以和谐共存，各种事物、族群、文化等，都能够友善相处，都是人类社会不可或缺的重要组成部分。就"内方外圆"来说，我们在与人交往和为人处世的过程中，既允许自己有一定的原则立场，也充分理解和尊重对方的原则立场。"和"与"同"两个概念，都是讲同一性的，但内涵却大相径庭。"同"是指否认矛盾，不承认差异的同一性，而"和"则是承认有矛盾，有差异的同一性。

"内方外圆"的和而不同思想主要体现在中国企业管理人员对待文化差异的态度与情感方面。以沙特人的饮食文化为例，他们喜欢吃炸烤食物，如炸鸡炸鱼、烤羊肉等，也喜欢吃甜食、喝甜饮料等，大部分中国人可能对这些都不太习惯，他们会认为当地人的饮食过油过甜；大部分当地人有用手吃饭的习惯，如手抓羊肉饭，他们习以为常，而中国人却觉得不太适应；再如当地人的一日三餐时间跟中国人是有区别的，他们早饭吃得早，午饭和晚饭都相对晚一些，尤其是晚饭，远远晚于多数中国人吃晚饭的时间，所以中国人跟当地人一起吃午饭或晚饭，需要饿着肚子等很久。但无论怎样，人以食为天的特性不会改变，只是表现形式各异而已。

可见，文化之间存在着很多差异之处，当然也有相同或共通之处。在对待文化差异方面，中国企业管理人员养成了和而不同的跨文化敏感性与移情能力，学会欣赏与尊重异文化，不去对别的文化指手画脚。尽管不能适应或趋同异文化，但双文化或多文化共存是有可能的。

4. 动态权变

"内方外圆"体现了中国儒家文化中动态权变的思想。首先，宇宙间的万事万物一切都在不停地变化之中，唯一不变的就是变化。《易经》之"易"就是变易、变化的意思，阴和阳、天和地、乾和坤等都处在一个不断变化的统一体中。另外，在中国人的思想中，还有很明显的权变通达的思想，即与人交往或为人处世可以根据具体的时空变化做出适当的变通处理。学习孔子的"毋意、毋必、毋固、毋我"思想，不凭空臆断、不绝对肯定、不拘泥固执、不唯我独尊，要根据特殊情况将原则性和灵活性结合起来，用动态的、变化的观念去为人处世。

"内方外圆"的动态权变思想主要体现在中国企业管理人员在应对跨文化适应问题中的灵活性与变化性的特点上。在这一点上，它和"内方外圆"的和而不同思想是相互关联的，即中国企业管理人员在遇到文化差异或冲突时该如何应对的问题。如果说"内方外圆"的和而不同思想主要体现在跨文化认知与情感方面，而"内方外圆"的动态权变思想则主要体现在跨文化行动上，即如何做的问题。驻沙特中国企业管理人员在生活、工作、交往等活动中都要用到动态权变的思想。如：娱乐问题、衣食住行问题、工程标准规范问题以及如何应对不同的商业环境等，这些都需要中国企业管理人员做出适当的调整或改变，并用发展的眼光去看待这些问题。

例如，中国企业人员有很多种可以排遣郁闷烦躁情绪和打发工作之余的枯燥生活的办法。如：当一些"吃货"吃腻了食堂饭菜的时候，三五个同事一起可以趁着周末休息的时间在宿舍吃小灶、吃火锅或包饺子等，其实这也是应对枯燥生活的一种调剂方式；一些"工作狂"喜欢加班，家人不在身边，又无处可去，加班既可以打发空闲时间，又能多赚钱；一些"茶友"吃完晚饭后会聚在一起喝喝工夫茶，边喝茶边聊天，心情愉悦；一部分"学霸型"中国企业人员利用工作之余的大把时间加强学习，学语言、考研、考资格证书等，提高自身综合素质，为回国后的工作出路做准备；还有一部分中国企业人员用健身、爬山、散步、旅游观光、红海捕鱼等丰富多彩的活动自娱自乐，等等。可见，生活环境变了，中国企业人员的娱乐消遣方式也随着变了。

可见，中国企业人员在生活、工作、交往等跨文化活动中，也运用了适当的动态权变思想。另外，他们还用发展的眼光去看待沙特社会的变化，如当地人时间观念与工作效率的变化、当地年轻人工作与生活态度的变化、沙特社会逐渐开放的变化趋势、沙特市场与商业环境的变化等。

综上所述，"内方外圆"一词蕴含着刚柔相济、中庸和谐、和而不同、动态权变等中国智慧与传统思想，这些优秀的思想与智慧影响着中国人的心理结构和性格特点，从而也影响着他们在实际的工作、生活与人际交往等活动中的思想观念、言行举止和思维方式，也为他们应对在异文化环境中遇到的跨文化适应问题提供了丰富的思想与智慧源泉，并帮助他们在生活、工作及与东道国相关方的交往中能够采取适当的跨文化应对之策。

二、"内方外圆"智慧在跨文化适应中的应用

"内方"本义指严格按照原则、规定、标准等刚性要求去与人交往和为人处世的策略，现引申为中国企业人员在中国社会文化环境中生活、工作和人际交往等所遵循的原则立场、标准规定等刚性要求，以及在中国社会文化环境中所形成的思想观念、行为习惯和思维方式等的总称，即中国企业人员的母文化包；也指中国企业人员进入异文化环境中仍然按照自己的母文化包去与人交往和为人处世的原则策略等。"外圆"本义指在特殊情况下为了解决与人交往和为人处世过程中遇到的困境所采取的灵活应对策略，现引申为中国企业人员进入东道国后，适当调整或改变已有的原则立场、思想观念、行为习惯和思维方式等以适应东道国社会文化环境的应对策略，以及中国企业人员根据东道国特殊的社会文化环境所调整或改变后的新的原则立场、思想观念、行为习惯和思维方式等的总称。简言之，"内方"就是中国企业人员的母文化包及按照母文化包应对东道国社会文化环境的原则、立场、策略等；"外圆"就是中国企业人员在异文化环境中对母文化包所做的适当调整或改变，以及应对异文化环境差异与挑战的适应策略。

1. "内方外圆"应对生活适应

在沙特工作与生活，中国企业人员在饮食、居住、出行、购物、娱乐、语言、社交、安全等方面的适应，都跟他们在国内不尽相同。中国企业人员所采取的"内方外圆"应对策略主要有以下几种：一是保持"内方"、无须"外圆"，如在食堂就餐和宿舍小灶方面，中国企业人员完全可以吃上家乡饭菜，在宿舍住宿条件方面，中国企业人员跟在国内基本一样。二是保持"内方"、适当"外圆"，如中国企业人员的交际圈主要是中国人，也适当结交一些当地人和其他外籍人员，但跟他们很难发展成私密的朋友关系。三是酌情放弃"内方"、适当"外圆"，如工作之余的娱乐消遣，中国企业人员要适当改变在国内养成的娱乐习惯，得用其他的娱乐方式来代替。四是在"内方"和"外圆"两方面都要做出适当调整或改变，如沙特的地理条件和气候环境等方面跟中国存在一定的差异，中国企业人员为了适应国外的居住环境，必须做出适当的调整或改变，克服高原反应和水土不服等问题；沙特的出行方式、外出就餐和购物也跟国内不完全相同，中国企业人员同样需要根据实际情况做出适当调整或改变。

2. "内方外圆"应对内部工作适应

中国企业在对内工作适应方面，因为社会环境、市场环境、工作环境变了，一些原本在国内能行得通的思想观念、管理方式、工作方法等在国外却显得不

合时宜。中国企业管理人员在对内工作适应方面所采取的"内方外圆"策略主要有以下几种:一是丰富"内方"、适当"外圆",如在加班管理方面,很多中国企业人员比在国内时更愿意加班,在上下级管理方面,中国企业管理人员的管理方式更灵活,上下级关系更亲近。二是坚持"内方"、适当"外圆",如在工作效率管理方面,中国企业在对内对外的沟通、预约、痕迹管理等方面,基本上坚持国内的做法,并根据国外环境的不同而进行适当的调整或改变,在重视口头的沟通和预约方式的同时,也更加注重书面的沟通和预约方式,并加强痕迹管理。三是在"内方"和"外圆"两个方面都要进行适当的调整或改变,如在工作态度管理方面,中国企业人员也要改变在国内的工作陋习,学习和适应沙特的工程标准和规范,严格按照规范操作。

3. "内方外圆"应对外部交往适应

中国企业人员在跟沙特的监理公司、分包商、供应商和业主方打交道的时候,根据其相关方与国内相关方的异同特点,采取了不同的"内方外圆"应对之策。总结如下:一是坚持"内方"、适当"外圆",如跟业主打交道,既要看到沙特业主方跟中国业主方之间的相似性,也要看到两者的差异之处。二是酌情放弃"内方"、适当"外圆",如跟供应商打交道,沙特是卖方市场,中国是买方市场,尤其是大宗的商品、材料、货物的采购,有钱不一定就能买到货。三是在"内方"和"外圆"两方面都要做出适当的调整或改变,如跟当地的监理公司打交道,他们跟中国的监理公司在业务和权责方面都有很大的差异,当地的分包商也跟中国的分包商存在差异,包括分包公司人员素质、分包商跟承包商之间的关系等方面都跟国内有所不同。

综上所述,"内方外圆"中蕴含的原则性、灵活性、和谐性、适度性、动态性的特征,以及求同存异、包容理解的博大胸怀,即刚柔相济、中庸和谐、和而不同、动态权变等思想充满了中国智慧,驻外中国企业人员在生活、工作、交往等跨文化活动中会自觉或不自觉地运用到这些中国智慧,并采取不同形式的"内方外圆"策略帮助他们解决跨文化适应问题。

"内方外圆"是中国人与人交往和为人处世的策略和智慧,其中所蕴含的刚柔相济、中庸和谐、和而不同、动态权变等中国智慧有助于中国企业人员应对和解决在异文化环境中所遇到的各种跨文化适应问题。通常情况下,中国企业人员在沙特生活、工作和人际交往所采取的"内方外圆"策略主要有以下几种:一是保持"内方"、无须"外圆";二是坚持"内方"、适当"外圆";三是丰富"内方"、适当"外圆";四是在"内方"和"外圆"两方面都要做出适当的调整或改变;五是酌情放弃"内方"、最大程度"外圆"等。"内方外圆"形式的多样性又体现出中国智慧的博大精深，有利于中国企业人员在异文化环境中既能坚守自身文化传统与身份认同，又能大胆超越、灵活应对。

　　总之，中国企业人员在国外工作、生活、交往等方面，都会遭遇各种跨文化适应问题，每个人的跨文化适应过程并非一帆风顺。中国企业人员在异文化环境中与人交往和为人处世的根本是坚持中国文化传统和身份认同，这是他们自信的源泉，也是跨文化适应的"底座"。当然，很多中国人也有大事讲原则、小事装糊涂的思想特点，其实这就是所谓的"内方外圆"的中国智慧，中国人能做到特殊情况特殊对待，灵活应对各种跨文化适应问题，在坚持自身文化传统和身份认同与适应东道国主流文化之间保持一种"黄金"平衡，这也是中国人与人交往和为人处世的重要思想与智慧。

结　语

本研究探讨驻外中国企业管理人员的跨文化适应问题，通过质性研究的方法对 46 位驻外中国企业管理人员和 17 位沙特人及其他外籍人员进行了半结构化深入访谈。并在两次赴沙特调研和访学期间，通过观察、交流、参与活动，以及阅读文献等方式深入了解中国企业管理人员在沙特生活、工作、交往等各方面的实际适应情况以及沙特人和其他外籍人员的行为习惯、思维方式、价值观念等，从而对中国企业人员的跨文化适应状况和沙特社会文化环境有了更为真实全面的认识。下面，将对研究结果和优缺点进行简单总结，对未来的研究进行展望，并试着提出有利于中国企业和中国企业人员跨文化适应的几点建议。

本研究探讨了中国企业管理人员的跨文化适应状况、影响因素、结构维度和方向维度，回应了绪论中提出的问题。

关于中国企业管理人员的跨文化适应状况，沙特的生活环境和当地人的生活习惯等各方面都跟中国存在着明显差异，给中国企业人员的生活带来一些不便，部分中国企业人员产生了水土不服的问题。但这些都不是本质性问题，只要中国企业人员适当调整、主动适应，在国外生活基本没问题。工作方面，沙特的工作环境、社会体制、工作规范等方面都跟国内有所不同，国内的那一套企业管理理念和工作方式是行不通的，但只要因地制宜地适当调整或改变，中国企业人员在沙特工作基本没问题。对外交往方面，中国企业人员在跟沙特相关方的交往中，多数情况下处于弱势地位，只能采取迁就、妥协或被动适应的交往之策，这也是中国企业人员跨文化适应的一大困境。心理方面，家庭牵绊和回国后的工作出路等问题造成了他们的心理焦虑情绪，但毕竟出国工作能给个人和家庭带来积极变化，多数中国企业人员能够克服困难，一定期限内在国外生活和工作还是可以做到的。跨文化环境方面，沙特社会具有传统与现代、封闭与开放等复杂性特点，当地人的性格特点、生活与工作态度等也因人而异，沙特的政商环境还不太完善，中国企业及企业人员"出海"仍面临诸多挑战。

中国企业管理人员的跨文化适应影响因素主要包括个人因素、本族群因素和东道国因素。其中，个人因素是中国企业人员的整个跨文化交际系统和个人素质能力的总和，是影响跨文化适应的内因。而本族群因素很容易使中国企业人员躺在跨文化适应的某个阶段或整个阶段的"舒适区"里而不愿做出跨文化转变，在一定程度上阻碍了对自身文化传统和身份认同的超越。另外，东道国主流文化或主流文化群体对中国人、中国企业及中国文化的接受程度以及两种文化之间的差异程度也对中国企业人员的跨文化适应造成一定的影响。总之，三个方面的因素共同影响着中国企业人员在生活、工作、交往等各方面的跨文化适应状况。

从结构维度上看，中国企业管理人员的跨文化适应包括生活适应、工作适应、交往适应、心理适应，以及外部大环境适应等多个维度，这跟传统的跨文化适应二维、三维或四维结构是有区别的，表现出驻外中国企业人员不一样的跨文化适应结构维度。从方向维度上看，中国企业管理人员也可能存在单维线性、双维或多维方向性跨文化适应特点，跨文化适应的过程也类似于螺旋上升模型，但中国企业人员的跨文化适应过程和方向也有其独特的一面，即跨文化适应并非直奔融入东道国主流文化或被其同化的方向而去的，而是跨文化适应的努力都是为了最终达到保持两种文化或身份认同之间的暂时平衡与和谐。

从跨文化适应与中国文化的关系上看，中国企业管理人员在跨文化适应过程中会有意或无意地运用中国智慧去应对和解决在生活、工作、交往等跨文化活动中所遇到的适应问题，最突出的就是"内方外圆"的中国智慧。中国企业人员运用了不同形式的"内方外圆"策略，尽最大可能地坚持了自身文化传统和身份认同，又灵活有度地采取了适当的圆通策略，促进了在异文化环境中的跨文化适应。

在写作的过程中，我们努力在理论和方法上有所创新。回顾整个研究，如下几点我们认为是做得比较成功的。

选题上有一定的创新。通过文献搜索发现，国内学者多以"旅居者"为跨文化适应研究对象，尤以留学生和商业人士居多，两种人群中前者又占了多数，而研究中国企业管理人员在海外跨文化适应问题的文献还不是很多，研究驻外中国企业管理人员跨文化适应问题的文献几乎为零。另外，虽然国内有很多学者研究沙特社会文化问题，但他们多集中在对沙特政治、经济、贸易、教育、女性地位、法律法规、风俗习惯等方面的宏观研究上，而通过以驻沙特中国企业管理人员的跨文化适应研究为视角，从微观层面对沙特社会文化进行深入研究的文献还比较少。所以，本研究在选题上有一定的新意。

深入访谈法和参与式观察法相结合。本研究主要采用质性研究的方法，利用扎根理论，将深入访谈法与参与式观察法结合起来，广泛收集第一手资料，然后对所获取的研究资料进行加工分析，建构本土化的跨文化适应理论。虽然，质性研究的方法并非首创，但研究者本人在研究期间曾两度赴沙特进行调研和访学，入驻中国企业内部一个月，在沙特哈立德国王大学访学四个月，以参与者的身份体验异文化环境下的跨文化适应情况，并通过观察、访谈、参与活动、阅读文献等方式进一步收集语料。本研究将深入访谈法和参与式观察法结合起来，在研究方法上具有一定的创新性，至少有一定的特色。

共时研究与历时研究相结合。本研究在收集与分析语料的过程中，将沙特社会变化这一因素充分考虑在内。具体做法是：一是既对回国的中国企业管理人员进行深访，又对现在仍在沙特工作的中国企业管理人员进行深访；二是对多年来一直在沙特工作、至今仍在沙特工作的中国企业管理人员进行多次访谈；三是对沙特人以及其他外籍人员进行访谈；四是研究者本人亲赴沙特调研与访学，并在此期间深入当地社会，广泛接触本地人和其他外籍人员，并继续追踪中国企业人员的跨文化适应问题。这样，将共时研究与历时研究结合起来，尽可能地保证了研究资料的连续性和动态性。

但鉴于研究者本人的水平有限，以及研究条件的限制等，本研究也存在一些不足之处。

一是受访对象还不够多。本研究虽然对 63 位中国企业管理人员、沙特人及其他外籍人员进行了半结构化访谈，访谈对象分布在广州及沙特的几个城市，但仍有很多潜在的研究对象，如很多仍在沙特其他城市工作的中国企业人员没有被访谈到，很多中国企业没有被走访到。在以后的研究中，要在访谈人数、样本规模、样本来源等方面更加注重全面性和多样性，尽量使语料更有代表性，更具说服力。

二是深入了解还不够。一方面，对驻外中国企业的了解还不够深入，另一方面，对沙特社会的了解仍显肤浅。虽然，研究者本人曾在驻外某中国企业项目部进行为期一个月的调研，并以该项目部为中心，对周围的其他中国企业、本地公司和其他外国公司进行了考察访问，但对企业内部的管理机制和员工的生活工作状况还了解得不够深入。虽然，研究者本人曾在沙特哈立德国王大学进行为期四个月的短期访学，在此期间也曾广泛接触该校的沙特教师与学生、外籍教职员工、外国留学生等群体，也曾进入当地教师及外籍教师家里做客，与自己的访学教授一起外出就餐，参加外籍教师举行的聚会等，也跟当地的商店店主、当地居民等进行过一些交谈，但还无法亲身参与沙特社会主流文化群体的一些活动，还无法洞悉沙特深层次的社会文化现象。

结合本研究的局限性和不足之处，在未来的拓展研究中，还需要关注以下几个方面的问题：

首先，对沙特社会文化环境进行更深入的研究。如深入沙特社会、社区和家庭，进一步了解当地社会文化，并与儒家文化进行对比研究，进一步了解沙特社会各阶层的生活现状，把焦点放在对沙特社会变化的研究上。

其次，对驻外中国企业及企业人员的跨文化适应情况进行更广泛深入的研究。尽量多走访一些中国企业，多调查访谈一些中国企业人员，在调研的过程中尽量做到语料与数据来源的广泛性，覆盖面更广，规模更大一些。

最后，对比研究驻沙特中国企业人员与在沙特生活多年的中国侨民的跨文化适应状况。研究发现影响两类人群跨文化适应的相关因素，弄清他们的跨文化适应过程与特点有何异同等。通过这样的研究，一方面深化了对驻沙特中国企业人员的跨文化适应研究，另一方面，还可以与本研究相呼应，使该研究更加客观全面，并具有延续性。

根据本研究所取得的研究结果，结合中国企业管理人员的跨文化适应实际情况，以及在分析中国企业在沙特的经营状况的基础上，本研究试着提出以下几条有利于提高中国企业及企业人员跨文化适应的对策。

第一，必须深入调研、谨慎"出海"。中国企业"走出去"，一定要做深入扎实的前期调研，全面了解东道国风俗习惯、市场需求、物价行情、劳务政策、法律法规等，把人力资源、行业规则、法律风险、文化差异等各种可能存在的困难与风险都充分考虑在内，然后再考虑是否"出海"，并谨慎签订合同。

第二，需要改变理念、入乡随俗。中国企业及企业人员进入异文化环境中，就要在企业管理、工作规范、生活习惯、对外交往等各方面适当调整或改变已有的思想观念和行为方式，做到因地制宜、入乡随俗。生活中要尊重当地人的生活习惯和习俗；工作中要适当改变国内的那一套工作管理理念和工作方式；对外交往中要多结交当地朋友，形成和谐健康的人际关系，逐渐摸索出与相关方的交往之道。

第三，要有扎根当地、造福当地的理念。中国企业及企业人员要有扎根当地、造福当地的想法与措施。要树立中国企业、中国产品、中国人在东道国的良好形象，这是扎根和立足东道国社会的根本；要多聘用和培养当地人，带动当地人就业，促进当地社会发展；要多与当地企业或个人合作，这样有利于中国企业及企业人员迅速融入当地文化，并与当地企业或个人形成双赢的合作局面。

第四，提高企业自身的综合实力是关键。提高企业自身的综合实力、企业产品的竞争优势、管理人员的管理水平、企业人员的综合素质等。中国企业必须要有过硬的技术优势和产品质量，有面向国际市场的管理与发展模式，本地化程度较高，有高素质的管理层及员工队伍，并做到从顶层设计到终端产品，再到核心技术、标准制定等全产业链服务。对于中国企业人员来说，他们最好是复合型国际人才，在外语、沟通、商务、专业、学习、适应、移情、心理承受等方面具有扎实的能力素质。

第五，努力抱团取暖、互通有无。很多在沙特的中国企业几乎都是孤军奋战，甚至个别同类企业之间还存在着恶性竞争的现象。其实，中国企业之间要做到互通有无、资源共享、抱团取暖、互相支持。只有中国企业团结起来，并不断提高自身实力和影响，促进当地社会发展，带动当地就业和收入，才会在东道国赢得尊重认可和公平待遇，才能在与东道国相关方打交道的过程中充满底气和信心。

最后，尽管研究已经初步落下帷幕，但我们清醒地认识到，近几年沙特社会改革力度很大，经济转型速度很快，受访者所谈及的跨文化适应问题也许放在眼下的沙特社会已经有所改观，受访者的观点、态度、认识等也许已经不合时宜或者具有很强的个人主观色彩，但无论如何，这些观点、态度、认识等毕竟反映了在沙特生活和工作多年的中国企业人员的亲身经历与感受，在他们看来肯定在沙特社会曾经发生和存在过。沙特还是那个国家，但过去跟现在已不可同日而语，但很多社会现象、风俗习惯、体制制度、价值观念等在短期内也不可能彻底改变，只不过在程度和数量上发生了一些变化，研究结果仍然对中国企业"走出去"及驻外中国企业人员的跨文化适应具有一定的借鉴意义。

主要参考文献

一、中文文献

（一）专著

［1］安然．跨文化传播与适应研究［M］.北京：中国社会科学出版社，2011.

［2］安然，刘程，王丽虹．孔子学院中方人员的跨文化适应能力研究［M］.北京：中国社会科学出版社，2015.

［3］陈国明．跨文化交际学［M］.上海：华东师范大学出版社，2009.

［4］陈国明，安然.跨文化传播学关键术语［M］.北京：中国社会科学出版社，2010

［5］陈建民．当代中东［M］.北京：北京大学出版社，2002.

［6］陈向明．旅居者与外国人——在美中国留学生的人际交往［M］.北京：教育科学出版社，2004.

［7］戴晓东．跨文化能力研究［M］.北京：外语教学与研究出版社，2018.

［8］戴晓东，顾力行．跨文化适应（一）：理论探索与实证研究［M］.上海：上海外语教育出版社，2012.

［9］高嘉勇．跨国公司外派人员跨文化培训——理论与实证［M］.天津：南开大学出版社，2008.

［10］胡文仲．跨文化交际学概论［M］.北京：外语教学与研究出版社，1999.

［11］李加莉．文化适应研究的进路［M］.北京：社会科学文献出版社，2015.

［12］李绍先．李绍先眼中的阿拉伯人［M］.北京：中国书籍出版社，2015.

［13］梁漱溟．中国文化要义［M］.上海：上海人民出版社，2018.

[14] 林大津. 跨文化交际研究——与英美人交往指南 [M]. 福州：福建人民出版社，1996.

[15] 贾玉新. 跨文化交际学 [M]. 上海：上海外语教育出版社，1997.

[16] 任继愈. 老子绎读 [M]. 北京：北京图书馆出版社，2006.

[17] 史兴松. 驻外商务人士跨文化适应研究 [M]. 北京：对外经济贸易大学出版社，2010.

[18] 时秀梅. 跨国公司跨文化管理研究——基于美国在华跨国公司视角 [M]. 北京：经济管理出版社，2013.

[19] 孙有中. 跨文化研究前沿 [M]. 北京：外语教学与研究出版社，2010.

[20] 谢立仁，王立新，陈天荣，等. 现代企业管理 [M]. 西安：陕西人民出版社，2002.

[21] 张仁德，王昭凤. 企业理论 [M]. 北京：高等教育出版社，2003.

[22] 郑立华. 交往与面子博弈——互动社会语言学研究 [M]. 上海：上海外语教育出版社，2012.

[23] 周颖，杜玉梅. 企业管理 [M]. 上海：上海财经大学出版社，2006.

（二）期刊

[1]《新长征》编辑部. 新时代、新使命、新思想、新征程——聚焦党的十九大报告新看点、开启新时代新征程 [J]. 新长征，2017（11）：40-64.

[2] 安然. 孔子学院中方人员跨文化适应能力理论模式构建 [J]. China Media Report Overseas，2013，9（2）：24-30.

[3] 安然. 来华留学生跨文化适应模式研究 [J]. 中国高等教育，2009（18）：61-62.

[4] 包育晓，左志，张丹妮. 文化适应研究综述 [J]. 新闻世界，2013（07）：314-315.

[5] 陈国明，余彤. 跨文化适应理论构建 [J]. 学术研究，2012（01）：130-138.

[6] 陈慧，车宏生，朱敏. 跨文化适应影响因素研究述评 [J]. 心理科学进展，2003（06）：704-710.

[7] 陈菊倩. 文化适应研究综述 [J]. 学理论，2013（32）：194-195.

[8] 程雅丽，华锦木. 文化适应的研究综述 [J]. 科技视界，2013（02）：29，20.

[9] 戴永红，秦永红. 融入"丝绸之路经济带"建设——中巴能源通道的

地缘政治经济思考［J］.南亚研究季刊，2014（04）：23-28，4.

　　［10］杜飞进.继续发展中国特色社会主义的纲领性文献——略论十八大报告中的新思想、新论断、新要求、新部署［J］.哈尔滨工业大学学报（社会科学版），2013（01）：4-19.

　　［11］付丽涵.外圆内方——铜钱的文化寓意［J］.中国科技财富，2008（04）：48-51.

　　［12］何蓓婷，安然.中方外派管理者的跨文化适应压力及应对机理［J］.管理案例研究与评论，2019，12（01）：74-92.

　　［13］何燕珍，王玉梅.跨国公司外派人员跨文化适应的研究综述［J］.井冈山大学学报（社会科学版），2013，34（01）：58-64.

　　［14］黄永红.跨文化适应理论的逆向性研究［J］.外语学刊，2009（04）：88-91.

　　［15］黄展.近十年来国际学生跨文化适应的国外研究新进展［J］.比较教育研究，2014，36（08）：88-92.

　　［16］季庆阳.浅论孔子的"和而不同"思想［J］.西安电子科技大学学报（社会科学版），1999（04）：27-30.

　　［17］雷龙云，甘怡群.来华留学生的跨文化适应状况调查［J］.中国心理卫生杂志，2004（10）：729.

　　［18］黎千驹.孔子的中庸之道及其当代价值研究［J］.湖南学院学报，2019（03）：12-16.

　　［19］李丹洁.跨文化适应中的主要影响因素院跨文化能力和自我身份认同［J］.科学与财富，2014（02）：36.

　　［20］李冬梅，李营.越南留学生在华跨文化适应研究——广西师范大学个案透视［J］.广西师范大学学报（哲学社会科学版），2013，49（03）：161-166.

　　［21］李冬梅，张方良.中国—东盟博览会志愿者跨文化敏感能力的测评与培训［J］.东南亚纵横，2011（10）：21-25.

　　［22］李加莉，单波.文化适应心理学研究的脉络与新走向［J］.理论月刊，2012（06）：49-52.

　　［23］廖泽芳.中国企业走出去困境与策略［J］.全国商情（经济理论研究），2007（13）：94-96.

　　［24］刘爱真.跨文化认知能力与国际化交往［J］.江苏大学学报（社会科学版），2003（01）：92-96.

　　［25］刘博怡.中国维和人员跨文化适应模型——基于三份维和日记的研究

[J].江苏外语教学研究,2018(01):71-74.

[26]刘俊振,张金成.提高企业外派人员的跨文化适应能力[J].经营与管理,2007(12):70-71.

[27]刘俊振.跨国企业外派人员跨文化适应核心影响要素分析[J].广西民族大学学报(哲学社会科学版),2008,30(S2):68-72.

[28]裴燕萍.大学英语学习动机调查及启示[J].外语教学,2007(22):220-221.

[29]乔环润.跨文化敏感度研究述评:回顾与展望[J].大学英语教学与研究,2015(06):12-16.

[30]邱珊,肖书成.跨文化适应研究:国外重要研究理论与模型[J].大学教育,2018(03):101-103.

[31]邱珊,颜晓敏.对Colleen Ward双维度模型中影响因素的研究[J].学理论,2016(11):171-173.

[32]任玥.宽猛相济之道——孔子政治图景中的法治和德治[J].原道,2006(00):184-191.

[33]孙丽璐,郑涌.移民文化适应的研究趋势[J].心理科学进展,2010,18(03):496-504.

[34]孙频捷.身份认同研究浅析[J].前沿,2010(02):68-70.

[35]孙淑女.我国跨文化适应理论研究综述[J].文化学刊,2017(10):98-100.

[36]孙淑女.多学科视角下的跨文化适应理论研究[J].浙江学刊,2018(01):214-221.

[37]谭志松.国外跨文化心理适应研究评述[J].湖北民族学院学报(哲学社会科学版),2005(06):64-67.

[38]陶家俊.身份认同导论[J].外国文学,2004(02):37-44.

[39]王爱军.取象于钱、外圆内方[J].思维与智慧,2007(01):52-53.

[40]王宝.跨文化适应研究文献简要综述[J].兰州交通大学学报,2012,31(05):105-107.

[41]王电建.从多维的角度看国外跨文化适应理论的发展[J].云南师范大学学报(对外汉语教学与研究版),2011,9(06):63-67.

[42]王丽娟.跨文化适应研究现状综述[J].山东社会科学,2011(04):44-49.

[43]王亮,牛雄鹰.外派适应研究述评与展望[J].华东经济管理,2018,

32（02）：176-184.

　　[44] 王玉梅，何燕珍. 跨国外派管理实践对外派人员跨文化适应的影响——基于中国企业的实证研究 [J]. 经济管理，2014，36（05）：80-92

　　[45] 肖芬，张建民. 国际商务中的跨文化能力指标构建 [J]. 统计与决策，2012（19）：84-87.

　　[46] 谢桂梅. 从动机到动机衰竭再到"动机重建"——动机主题研究的"新路径" [J]. 外语教学，2015（02）：61-65.

　　[47] 许菊. 文化适应模式理论述评 [J]. 外语教学，2000（03）：9-13.

　　[48] 杨国荣. 儒家的经权学说及其内蕴 [J]. 社会科学，1991（12）：31-34.

　　[49] 杨言洪，徐天鹏. "一带一路"沿线国家经济社会发展比较分析 [J]. 北方民族大学学报（哲学社会科学版），2016（04）：115-118.

　　[50] 于书颖. 影响学习动机的因素及学习动机的激发和培养 [J]. 沈阳师范学院学报（社会科学版），2002（02）：39-40.

　　[51] 余伟，郑钢. 跨文化心理学中的文化适应研究 [J]. 心理科学进展，2005（06）：134-14.

　　[52] 袁鸿，马建勇，朱开. 论中庸之道的异化及其重塑 [J]. 盐城工学院学报（社会科学版），2007（03）：23-26.

　　[53] 张军凤. 教师的专业身份认同 [J]. 教育发展研究，2007（07）：39-41.

　　[54] 张卫东，吴琪. 跨文化适应能力理论之构建 [J]. 河北学刊，2015，35（01）：218-221.

　　[55] 张霞. 试论儒家的"和而不同"思想 [J]. 青春岁月，2013（02）：368.

　　[56] 赵桂华. 跨文化交际中的移情障碍及其克服 [J]. 学术交流，2006（03）：167-169.

　　[57] 赵化南. "外圆内方"——做人的准则 [J]. 才智（才情斋），2004（12）：9.

　　[58] 郑林科，惠笑吟. 贫困生 UPI 分析：正性人格特征与负性人格特征 [J]. 陕西教育（高教），2009（11）：18.

　　[59] 郑雪，David Sang. 文化融入与中国留学生的适应 [J]. 应用心理学，2003（01）：9-13，28.

　　[60] 周杏英. 大学生跨文化敏感水平测试 [J]. 山东外语教学，2007（05）：62-66.

［61］周杏英，云芳．论跨文化敏感度与冲突处理方式之关系［J］．广东外语外贸大学学报，2011（01）：61-65.

［62］祝婕．论跨文化适应的维度模型［J］．大学教育，2014（16）：8-9.

（三）其他

［1］许慎著，汤可敬撰，说文解字今释（上、下）［Z］．长沙：岳麓书社，1997.

［2］《古代汉语字典》编纂委员会．古代汉语字典（彩色版·大字本）［Z］．北京：商务印书馆，2007.

［3］《现代汉语辞海》编辑委员会编．现代汉语辞海［Z］．北京：中国书籍出版社，2003.

二、英文文献

（一）专著

［1］CARLEY H D. Dynamics of intercultural communication［M］. Shanghai：Shanghai Foreign Language Education Press，2006.

［2］CHEN G M，STAROSTA W J. Foundations of intercultural communication［M］. Shanghai：Shanghai Foreign Language Education Press，2007.

［3］GUDYKUNST W B，KIM Y Y. Communication with strangers：An approach to intercultural communication［M］. Shanghai：Shanghai Foreign Language Education Press，2007.

［4］KIM Y Y. Becoming Intercultural：An Integrative Theory of Communication and Cross-cultural Adaptation［M］. Shanghai：Shanghai Foreign Language Education Press，2014.

［5］LUSTING M W，JOLENE K. Intercultural Competence：Interpersonal Communication across Cultures（5th Ed.）［M］. Shanghai：Shanghai Foreign Language Education Press，2007.

［6］TING-TOOMEY S. Communicating Across Cultures［M］. Shanghai：Shanghai Foreign Language Education Press，2007.

（二）期刊

［1］ADLER P S. The Transitional Experience：An Alternative View of Culture Shock［J］. Journal of Humanistic Psychology，1975（15）.

［2］AKHTAR N，PRATT C B，SHAN B. Factors in the cross-cultural adaptation of African students in Chinese universities［J］. Journal of Research in International Education, 2015, 14 (2): 98-113.

[3] BERRY J W. Immigration, acculturation, and adaptation [J]. Applied Psychology, 1997, 46 (1), 5-34.

[4] BIERWIACZONEK K, WALDZUS S. Socio-cultural factors as antecedents of cross-cultural adaptation in expatriates, international students, and migrants: a review [J]. Journal of Cross-Cultural Psychology 2016, 47 (6): 767-817.

[5] BROWN R, et al. Acculturation attitudes and social adjustment in British south Asian children: A longitudinal study [J]. Personality and Social Psychology Bulletin, 2013, 39 (12): 1656-1667.

[6] CEMALCILAR Z, FALBO T. A longitudinal study of the adaptation of international students in the United States [J]. Journal of Cross-Cultural Psychology, 2008, 39 (6): 799-804.

[7] CHEN G M, STAROSTA W J. The development and validation of the intercultural sensitivity scale [J]. Human Communication, 2000 (03): 1-15.

[8] DAWSON B A. Discrimination, stress, and acculturation among Dominican immigrant Women [J]. Hispanic Journal of Behavioral Sciences, 2009, 31 (01): 96-111.

[9] DITCHBURN G, BROOK E R. Cross-cultural adjustment and fundamental interpersonal relations orientation behaviour (FIRO-B) [J]. Journal of Global Mobility, 2015, 3 (4): 336-349.

[10] EISIKOVITS R A. Gender differences in cross-cultural adaptation styles of immigrant youths from the former U. S. S. R. in Israel [J]. Youth & Society, 2000, 31 (03): 310-331.

[11] FISH H. Assisting cross-border manager adjustment: Psycho-cultural and Socio-cultural interventions [J]. Personnel Review, 2005, 34 (2): 225-245.

[12] GATTINO S, et al. Muslim acculturation in a catholic country: Its associations with religious identity, beliefs, and practices [J]. Journal of Cross-Cultural Psychology, 2016, 47 (9): 1194-1200.

[13] GOFORTH A N, PHAM A V, OKA E R. Parent - child conflict, acculturation gap, acculturative stress, and behavior problems in Arab American adolescents [J]. Journal of Cross-Cultural Psychology, 2015, 46 (6): 821-836.

[14] GORMAN B K, READ J H, KRUEGER P M. Gender, acculturation, and health among Mexican Americans [J]. Journal of Health and Social Behavior, 2010, 51 (4): 440-457.

［15］GULLAHORN J T, GULLAHORN J E. An extension of the U-curve Hypothesis ［J］. Journal of Social Issues, 1963 (19)：33-37.

［16］JIA F, et al. Adaptation of supply management towards a hybrid culture：the case of a Japanese automaker ［J］. Supply Chain Management：An International Journal, 2016, 21 (1)：45-62.

［17］JUN J K, LEE S. On the cultural adaptation ofKorean firms in Slovakia：a case study ［J］. International Area Review, 2008, 11 (2)：111-126.

［18］LEE B K, CHEN L. Cultural communication competence and psychological adjustment：A study of Chinese immigrant children's cross-cultural adaptation in Canada ［J］. Communication Research, 2000, 27 (06)：764-792.

［19］LEE D. Beliefs on "avoidant cultures" in two French multinational corporations ［J］. Cross Cultural Management：An International Journal, 2013, 20 (1)：20-38.

［20］LIN X H. Determinations of cultural adaptation in Chinese-U. S. joint ventures ［J］. Cross Cultural Management：An International Journal, 2004, 11 (01)：35-47.

［21］LIU C H, LEE H W. A proposed model of expatriates in multinational corporations ［J］. Cross Cultural Management：An International Journal, 2008, 15 (2)：176-193.

［22］MARTZOUKOU K, BURNETT S. Exploring the everydaylife information needs and the socio-cultural adaptation barriers of Syrian refugees in Scotland ［J］. Journal of Documentation, 2018, 74 (5)：1104-1132.

［23］MIROSHNIK V. Culture and international management：a review ［J］. Journal of Management Development, 2002, 21 (7)：521-544.

［24］OBERG K. Cultural shock：Adjustment to new cultural environments ［J］. Practical Anthropology, 1960 (7)：177-182.

［25］PARK R E. Migration and Marginal Man ［J］. American Journal of Sociology, 1928 (5)：881-893.

［26］QIN D B, et al. "My Culture Helps Me Make Good Decisions"：Cultural adaptation of Sudanese refugee emerging Adults ［J］. Journal of Adolescent Research, 2015, 30 (2)：213-243.

［27］ROSKELL D. Cross-cultural Transition：International Teachers' Experience of "Culture Shock" ［J］. Journal of Research in International Education, 2013, 12

（2）：155-172.

［28］SHIH S F, BROWN C. Taiwanese International Students：Acculturation Level and Vocational Identity ［J］. Journal of Career Development, 2000, 27（01）：35-47.

［29］SOUSA C, et al. Organizational Practices for the Expatriates' Adjustment：A Systematic Review ［J］. Journal of Global Mobility, 2017, 5（3）：251-274.

［30］STANCIU A, VAUCLAIR C M. Stereotype Accommodation：A Socio-cognitive Perspective on Migrants' Cultural Adaptation ［J］. Journal of Cross-Cultural Psychology, 2018, 49（7）：1027-1047.

［31］STONEQUIST E V. The Problem of Marginal Man ［J］. Journal of Sociology, 1935（7）：1-12.

［32］TAKEUCHI R. A Critical Review of Expatriate Adjustment Research Through a Multiple Stakeholder View：Progress, Emerging Trends, and Prospects ［J］. Journal of Management, 2010, 36（4）：1040-1064.

［33］TANG F Y, et al. Acculturation and Activity Engagement Among Older Chinese Americans ［J］. Gerontology & Geriatric Medicine, 2018,（04）：1-7.

［34］VIJAYAKUMAR P B, CUNNINGHAM C J L. Cross-cultural Adjustment and Expatriation Motives among Indian Expatriates ［J］. Journal of Global Mobility：The Home of Expatriate Management Research, 2016, 4（3）：326-344.

［35］WAFLER B H, SWIERCZEK F. Closing the distance：a grounded theory of adaptation ［J］. Journal of Asia Business Studies, 2013, 8（1）：65-80.

［36］WAXIN M F, PANACCIO A. Cross-Cultural Training to Facilitate Expatriate Adjustment：It Works ［J］. Personnel Review, 2005, 34（1）：51-67.

［37］YAGMURLU B, SANSON A. Acculturation and Parentingamong Turkish Mothers in Australia ［J］. Journal of Cross-Cultural Psychology, 2009, 40（03）：361-380.

［38］ZHANG Y. Expatriate development for cross-cultural adjustment：Effects of cultural distance and cultural intelligence ［J］. Human Resource Development Review, 2012, 12（2）：177-199.

（三）其他

［1］LAURENCE U. The Oxford Thesaurus：An A-Z Dictionary of Synonyms ［Z］. Oxford：Clarendon Press, 1991.

［2］Longman Synonym Dictionary ［Z］. Longman Group Limited, 1986.

跋

需要说明的是，《内方外圆：中国企业驻沙特人员跨文化适应研究》这本书是基于我的博士学位论文，在格式和内容上稍微调整和修改而成的。

时光荏苒，三年的博士生活转瞬即逝。回首往昔，过去的一幕幕仿佛就在昨天。能在工作多年之后再次获得学习深造与提升自我的机会，我倍感珍惜，入校后便明确学习目标，制订作息计划，并严格自律，一千多天如一日，把每天都过得充实而富有意义。教室里，我专心听讲、积极发言；图书馆里，我安坐一隅、潜心学习；操场上，我坚持锻炼、活力四射……功夫不负有心人，三年来，我以优异的成绩修完了博士阶段的所有课程，在学术科研能力方面也取得了长足的进步，并顺利地完成了博士论文的选题、开题、答辩等环节。我深知这些成绩的取得并非我一人之功，是和老师、同学、朋友及家人的帮助与支持分不开的。

首先，我要向导师郑立华教授表达最真诚的感谢。郑老师于我，亦师亦友，又像长辈。郑老师在学术、修养、人品、才华等方面都非常优秀，让我高山仰止，心向往之。郑老师的课堂，语言幽默、深入浅出，将高深的学术理论与鲜活的跨文化案例结合起来，生动形象、妙趣横生，每一节课都让我收获满满。郑老师在博士生培养和指导方面，方法科学合理、循循善诱，作为他的弟子，我很清楚每个阶段该做什么，脚踏实地、不走弯路。当我在学习上遇到困难和挫折并露出畏难情绪时，郑老师总是语重心长地给予鼓励与安慰，提振我迎难而上的信心、勇气与决心。另外，郑老师又像长辈一样在生活上给予我无微不至的关心，每次见面总是叮嘱我要注意身体，注重饮食休息，并坚持锻炼等。如果没有郑老师的谆谆教诲和悉心指导，我不可能有今天的收获。

其次，我要感谢在我成长之路上曾给予我教诲、指导和帮助的广外的老师们。如西语学院的杨晓敏教授。聆听了杨老师一个学期的社会科学研究方法课，使我掌握了深入访谈法、参与式观察法等质性研究方法，奠定了博士论文研究的方法基础。感谢外文中心的杨韶刚教授，杨老师学富五车却为人谦和，并喜欢用鼓励性的话语勉励年轻的博士生们要不断提高学养修为，并要肩负起知识分子的担当，在自己的学科领域有所建树。杨老师的鼓励与期望总让人充满斗志、热血沸腾。感谢外文中心的张进教授，张老师的课集理论性、知识性、趣味性于一体，每一节课都是"干货"，能启迪思想、开阔视野，提高我们的理论修养，越咀嚼越能领悟其中的精妙。其实，要感谢的老师很多，限于篇幅，无法逐一列出，但浓浓师恩始终鼓舞着我不断进取、砥砺前行。

然后，我要感谢广外的博士生同学们。在博士学习期间，我结识了很多志同道合的朋友。有一起在图书馆"泡馆"的学友，有一起坚持每天打篮球的球友，有一起经常探讨学术问题的诤友，我们一起学习、运动、交流等，把"三点一线"的生活过得富有情趣，这是一段终生难忘的珍贵记忆。我还要郑重地感谢好友王桂生先生，他目前为广东某建筑集团中层领导，我们同为郑立华教授的博士生。王桂生热情地帮我引荐一些驻沙特中国企业及企业人员，也帮我介绍一些他在沙特工作期间曾经结识的一些沙特人和其他外籍人员等。正是在他的热情帮助与倾力支持下，我才能很顺利地找到一大批在沙特工作的中国企业管理人员并对他们进行深入访谈；我能成功地赴沙特调研与访学，也多亏了他的帮忙。

另外，我要感谢几十位受访者，他们是驻沙特中国企业管理人员、沙特人和其他外籍人员。他们在接受访谈时，热情、友好、真诚，并敞开心扉分享自己的真实情感、态度与观点等，为我的课题研究提供了宝贵的第一手资料。我还要感谢在沙特调研与访学期间曾给予我关心和支持的中国企业管理人员、沙特人及其他外籍人员，如龚成文先生、韩峰先生、Alkatany 教授、Khalid 先生等。要感谢的人很多，如果列一份名单，这将是一个上百人的大名单。限于篇幅，在此无法逐一感谢。虽然岁月无痕，但曾经的一幕幕已经镌刻在我的心灵深处。

最后，我要感谢我的家人。家是港湾，是"大后方"，家庭的安稳和家人的支持才使我得以安心学习、调研和访学等。没有家人的鼓励和支持，我根本不可能顺利地完成读博期间的学习任务，并撰写出几十万字的博士学位论文。千言万语汇成一句话，感谢老师、同学、朋友及家人在读博之路上所给予的陪伴与支持，未来之路漫漫，吾将初心不改、继续努力！

赵光存

赣南师范大学

2021 年 9 月